「満洲国」地方誌集成 第4巻

新吉林省概説
吉林省概説

[編・解説]

ゆまに書房出版部

「満洲国」地方誌集成　刊行にあたって

ゆまに書房出版部

本来、中国東北地区は遼寧、吉林、黒龍江の三省より構成されており、「満洲国」政府もその成立にあたり旧三省の行政区画を踏襲した。しかし、旧軍閥勢力の削減等の必要性から、同政府は三省を細分化し、最大時には十九の省及び、省と同等の権限を持つ二特別市を設置した。

これらの省・市の行政機関の多くは現地の行政に関する情報をまとめた「要覧」、「実勢」、「略誌」等の資料を作成していた。資料の題名は様々であるが、これらは中国の伝統的な地理書である「地方誌」の一種として位置づけられよう。

「地方誌」とは、主に各地域に赴任した官僚の執務参考とするため、現地の地理、経済、歴史等を概説した書物である。その起源は後漢時代にまで遡り、清朝時代には四千六百種以上が存在したとされる。これらの書物は、現在でも中国の地域社会の研究において不可欠の材料となっている。

「満洲国」においては、各省に派遣された日本人官吏は異国であるゆえ、当然現地の事情には疎く、中国語を解さないものもいた。このため、日本語による情報源が必要とされ、多くの省で参考資料が編纂された。傀儡国家であり、また日本人向けという特徴はあるが、これも「地方誌」としての性格を有している。

「満洲国」の「地方誌」の多くは限定的に配布され、中には「秘」扱いのものもある。その内容は歴史、人口、経済、徴税、商慣行、土地制度、教育、衛生から匪賊の出没や日本人開拓民の状況等などがあり、包括的かつ信頼度の高い情報を提供している。また、これらの資料には、日本において法学、経済学、歴史学を専攻した者によって書かれたと思われるものもあり、彼らの満洲に対する社会科学的認識を示すものとしても、貴重である。

「満洲国」の地方行政については、国務院総務庁情報処による『省政彙覧』や大同学院による『満洲国地方事情大系』もある。これら資料はあくまで中央政府からの視点でまとめられているのに対し、本シリーズ所収の「地方誌」は現地官吏用のマニュアルとして編集されているため、より実用性に即した内容となっている。

「満洲国」の公文書は、日本の敗戦時に多くが散逸したといわれ、地方行政の実態を把握することは困難である。また、現在の中国東北地区の省、市、県等においても「地方誌」の編纂は盛んに行われているが、資料や言語の制約から「満洲国」時代については記述が薄いのが現状である。こうした状況をふまえ、「満洲国」の「地方誌」を可能な限り収集・復刻することで、史料の不足しがちな「満洲国」史研究への一助となればさいわいである。

「満洲国」地方誌集成　凡　例

一、本シリーズは『「満洲国」地方誌集成』と題し、「満洲国」の地方行政機関の発行した「地方誌」を収集・復刻するものである。同国の各省・市等では執務参考資料として、現地の事情を記した「地方誌」を作成していた。本シリーズでは、これらの資料を横断的に収集することにより、「満洲国」における地方行政の実態を把握する手掛かりとしたい。

二、第一回配本全五巻の収録内容、書誌、寸法、所蔵機関は左記のとおりである。

第一巻

一、『吉林省概説』（吉林省公署総務庁調査科編・発行、一九三三年、並製、二一〇㎜）、一橋大学附属図書館村松文庫所蔵。

二、『吉林省現勢便覧』（吉林省長官房編・発行、一九四〇年、上製、一三一㎜）、一橋大学経済研究所附属社会科学統計情報研究センター資料室所蔵。

第二巻

『吉林省各県署誌』上巻（吉林省公署総務庁調査科編・発行、上製、一九三四年、二三〇㎜）

第三巻
『吉林省各県畧誌』下巻（吉林省公署総務庁調査科編・発行、一九三四年、上製、二三〇㎜）北海道大学附属図書館所蔵。
※第二、三巻の原本は全一巻。「満文」の部を上巻、「日文」の部を下巻に分割した。

第四巻
一、『新吉林省概説』（吉林省公署総務庁調査科編・発行、一九三五年、並製、二三〇㎜）、架蔵本。
二、『吉林省概説』（吉林省公署総務庁総務科編・発行、一九三六年、並製、二二〇㎜）、東京大学東洋文化研究所所蔵。

第五巻
『吉林省政務年鑑　康徳三年度』（吉林省長官房総務科編・発行、並製、一九三七年、二一五㎜）、北海道大学附属図書館所蔵。

三、復刻にあたっては、原本の無修正を原則としたが、適宜拡大・縮小をほどこした。原本は戦前に刊行されたものであり、紙質の悪さや経年による劣化の進行もある。印刷上のむら、かすれ、不鮮明な文字、活字の潰れ、書き込みも散見される。特に、『吉林省各県畧誌』には活字で印刷されたノンブルの横に、ゴム印で新たにノンブルが加えられた部分があるが、そのままとした。
また、原本を痛めないために、撮影時見開き中央部分を無理に開くことをしなかった。そのため、中央部分が読みづらい箇所もある。隠れている文字については、欄外にそれを示す。予めご了承頂きたい。

〔付記〕原本ご所蔵の一橋大学附属図書館、同大学経済研究所附属社会科学統計情報研究センター資料室、北海道大学附属図書館、東京大学東洋文化研究所には、出版のご許可をいただき、また、製作上種々の便宜を図っていただきました。ここに記して謝意を表します。

第4巻　目次

新吉林省概説

康徳二年三月

新吉林省概説

吉林省公署總務廳總務科

凡例

一、本編ハ康德元年十二月一日新地方制度ノ實施ニ因ル新吉林省各般ノ概況ヲ示サンガ爲メ大同二年十一月舊吉林省公署總務廳調查科ニ於テ印刷セシ「吉林省概說」ヲ改補セルモノナリ

一、本編ノ內容ニツキテハ資料ノ不充分ト改組期ニ於テ短日月ノ間ニ編纂スルノ要アリシ爲メ其盡サザル所アルハ宜シク讀者諸兄ノ御叱正ヲ乞フ

一、治安並ビニ吉林市ニ就キテハ別冊ヲ以テ補足スベシ

一、本編ノ編纂ニ當リ寄セラレタル各方面ノ御援助ト參考資料執筆者ニ深甚ノ謝意ヲ表ス

康德二年三月

吉林省公署總務廳總務科

新吉林省概説

目次

第九章　新吉林省ノ交通

參考資料

滿洲事情（滿洲事情案內所編）
吉林金融經濟概況（月報）（中央銀行吉林分行調）
滿洲ノ農業（滿鐵調査課）
滿洲農業事情概說（京城帝國大學滿蒙文化研究會）
滿洲在來農業（滿鐵農事試驗場）
滿洲農家ノ生産ト消費（滿鐵農事試驗場）
東三省森林法規類纂（滿鐵庶務部調査課）
滿洲ノ鑛業（滿鐵經濟調査會）
吉林省ノ財政（滿鐵經濟調査會）
滿洲商工事情概要（滿鐵地方部商工課）
吉林教育會報（吉林省教育會）
滿鐵調査月刊（滿鐵資料課）
各縣事情（各縣報告及吉林省公署總務廳調査科編）

第一章　地方行政制度改革ノ由來

滿洲事變前東三省ニハ中華民國政府及ビ各縣公署間ニ於ケル中間行政機關トシテ夫々省公署ヲ存置セラレタリシモ事實ニ於テ各省ハ完全ニ軍閥ノ根據地トナリ獨立ノ体勢ヲトリ地方行政最高ノ機關タリキ。事變ト共ニ各軍閥失脚シテ滿洲國ノ成立スルヤ王道樂土建設ノ大業ニ則リシモ未ダ完全ニ斯ル舊弊ヲ脱シ得ザリシ地方中間行政機關ノ根本的改革ハ既ニ緊要事タリキ然レドモ創業ノ時ニ當リテハ諸般ノ政務多端ヲ極メ居リシノミナラズ急速ナル省公署機構ノ變革ハ其ノ影響スル所廣大ニシテ人心ヲ刺激スルコト絶大ナルモノアルヲ想ハシメシヲ以テ取敢ズ吉林省ニ在リテハ吉林省政府ヲ吉林省公署ト改メ省長ヨリ財政軍政ノ權ヲ中央ニ納ムルニ止メ其ノ機構ノ根本的改革ハ之ヲ後日ニ讓ルコト、セリ

然ルニ各省公署ハ其管轄地尨大ナルニ交通機關ノ發達充分ナラズシテ中間行政機關トシテノ機能ヲ充分發揮スルニ支障ヲ來スコト少ナカラズ加之中央政府ヨリノ委任權限ノ範圍極メテ明瞭ヲ缺キシヲ以テ圓滑ナル機能發揮モ阻害セラレ改革ノ必要ハ次第ニ痛切ニ感ゼラルヽニ至レリ。

然ルニ大同三年初頭國務總理大臣ノ省行政機構改定ニ關スル諮問機關トシテ中央政府ニ臨時地方制

度調査委員會設ケラルヽニ及ビ漸ク具体化ノ機運ニ向ヘリ即チ同一月國務總理大臣ハ同調査會々長ニ對シ

新行々政區劃中省ノ區劃ヲ廢止シ新ニ全國ヲ分チテ地方行政上最モ妥當ナル若干ノ行政區劃ニ劃分スルヲ必要ト認ム其行改區劃及此ニ伴フ地方行政制度並ニ其實施時期、實施上必要ナル措置ニ關シ會ノ意見ヲ諮フ

トノ諮問ヲ發セラレ同調査會ハ本諮問ニ答フベク舊各省公署トモ連絡鋭意調査研究ヲ重ネ六月下旬同調査會委員會ノ議決ヲ經テ答申書ヲ以テ國務總理大臣ニ覆答シタリ

本答申書ニ基キ國務總理大臣ハ民政部大臣ニ示達シ民政部大臣ヲシテ必要ナル諸般ノ正規ノ手續ヲ履マシメタリ爾後民政部當局ハ中央政府ノ各機關並ニ地方機關ノ當局ト屢次折衝ヲ遂ゲ這般ノ省公署官制ノ公布ヲ見ルニ至リシナリ

行政區劃改正趣旨要領

一、各省ノ行政區劃ガ相互ニ均衡ヲ得ルコト

二、自然ノ地理及歷史ノ沿革ニ適合スルコト

三、交通經濟其他ノ關係ニ於テ最モ適當ナル行政ノ中心都市ヲ存有スルヲ得ルコト

四、中間行政機關トシテノ充分ナル機能ヲ發揮シ得ベキ組織形態ヲ具有セシムル爲メニハ相當ノ

地域ヲ管轄セシムル必要アルコト
五、治安及國防上適當ナル區域ニ配備セラレタル軍事關係機關トノ連絡ニ便ナルヲ得ルコト
六、所管區域內ノ各縣ノ事務上及人事上ノ連絡統制ヲ計ルニ便宜ナルコト

組織權限改正趣旨要領

一、新行政區劃ノ管轄官署ハ「省公署」ナル舊名ヲソノ長官ハ「省長」ナル舊稱ヲ襲用スルコト
二、新省公署ノ組織ニ就テハ急激ナル變更ヲ生ズルヲ避ケ且各地方ノ情形ニ適切ナル機構ヲ有セシムルコト
三、中央及地方相互ノ連絡ヲ計リ上意下達、下意上達ノ途ヲ講ジ殊ニ地方事情ノ把握ヲ期スル機能ヲ持ツコト
四、省公署內各廳間ノ統制ヲ計ルニ便宜ナル組織ヲ加味スルコト
五、中央政府ニ對スル隸屬關係ヲ改メ事務ノ連絡統制ニ資スルコト
六、建國以來ノ經驗及時代ノ進退ニ鑑ミ中央政府ノ所管スベキ事務ト地方行政機關ノ所管スベキ事務トヲ明確ニ分別スルコト
七、省長ノ權限ヲ明確ニシ中間機關トシテ充分ナル機能ヲ發揮セシムルコト

（遠藤國務院總務廳長述、　滿洲國ノ公布セル新省公署官制定ノ經緯ト其趣旨）

以上ノ趣旨ニ基キ旧吉林省ハ凡ソ依蘭、濱江、綏寧、及間島ノ各地區ヲ夫々三江、濱江、間島ノ各省ニ分與シ吉林、新京ノ兩地區ヲ以テ新吉林省ノ所管トナシ省城ヲ吉林ニ定メラル

所管地區

吉林市、永吉縣、長春縣、扶餘縣、德惠縣、磐石縣、楡樹縣、伊通縣、農安縣、長嶺縣、舒蘭縣、双陽縣、敦化縣、額穆縣、九台縣、樺甸縣、懷德縣、乾安縣、郭爾羅斯前旗

尙九台縣ノ設置ニ關シテハ吉長線ノ敷設セラレテヨリ下九台ガ特產特ニ大豆集散地トシテ著シキ發展ヲ遂ケ民國十年同地ヲ中心ニ縣設置運動起リシガ省政府ノ認可スル所トナラズ一時立消トナリシヲ建國ト共ニ再ビ該運動發生シ省公署ニ對スル請願熱烈ナルモノアリ茲ニ於テ省公署ハ大同元年八月遂ニ永吉縣第二、第四區、長春縣第一區慶春卿、義昭卿、中和卿、華封卿、愛民卿、永寧卿、太昌卿及北極卿並ニ德惠縣第五及第七區ノ區域ヲ以テ九台縣ヲ設ケ下九台ニ縣公署ヲ置クコト、セリ。爾來康德二年二月二日ニ至ルマデ中央政府ノ認可スル所トナラザリシモ同日漸クニシテ勅令第一號ヲ以テ其認可ヲ見タリ。

第二章　新吉林省ノ全貌

第一節 面積、地勢

本省ノ面積ニ就キテハ往來信憑スルニ足ル計數ナカリシモ旧吉林省約一萬五千日本平方里ナリシニ對シ新吉林省五千八百二十九日本平方里餘ニシテ殆ド五分ノ二ニ縮少セリ。其大サ略々北海道ニ相當ス而シテ面積ニ於テハ十省中第六位ニ位ユルモ政治經濟並ビニ文化的ニハ相當進メル地方ヲ網羅シ又各縣別ニ見ルモ濱江省ノ如ク小縣ノ並立ナク黑河省、三江省ノ如ク人跡稀ニシテ地積廣大ナル縣ノ存在モ無シ。

本省ノ地勢ハ略々之ヲ三地帶ニ分ツヲ得。即チ山岳地帶、山丘地帶、及ビ平原地帶トス。山岳地帶ハ省ノ東部地方ヲ占メ所謂完達山脈ニ屬スルモノニシテ松義嶺、哈爾巴嶺ハ敦化縣ト間島トノ境界ヲ南北ニ走リ老張廣才嶺ハ之ニ並行シテ額穆縣ヲ東西兩地區ニ截斷ス。其南端樺甸縣界ニ於テ牡丹嶺、富爾嶺、漂河嶺東西ニ連リ牡丹江ト松花江上流ノ支流トノ分水嶺ヲナス、然レドモ之等ハ甚シク嶮峻ナラズ山岳中至ル所ニ小平原ヲ有スルヲ特徵トス。山丘地帶ハ山岳地帶ヨリ省ノ西半ヲ占ムル平原地帶ニ至ル間即チ完達山脈西麓一帶ノ地ナリ。而シテ密林地帶疎林地帶ト稱セラル、地帶ハ大凡ニ於テ山岳地帶、山丘地帶ニ一致スルモノナリ。河川ハ松花江及ビ牡丹江アリテ牡丹江ハ牡丹嶺ニ發シテ松義嶺及ビ老張廣才嶺ノ間ヲ流レテ一時鏡泊湖ニ入リ北流ス松花江ハ山丘地帶ノ水ヲ集メタル蛟法河、拉林河ノ外平原地帯ニ於テ伊通河、飲馬河ヲ併セ扶餘ノ下流ニ於テ江瀨ト合スルモノニシテ本省内唯一ノ可能舟航河川トス。斯クテ土地ノ利用狀況ハ自ラ之等地勢ニ左右セラレ本省ノ不可耕地ハ全面積ノ六割ニ上リ密林地帯及ビ平原地帯ノ西端ニ在ル草原地帯ニ最モトル多ク存在ス。而シ之ヲ局部的ニ見ルトキハ丘陵ハ勿論山岳ト雖モ中腹地帯ニ至ルマデ耕地化セラレ居ルヲ見ルナリ。

各省面積比較表

省別	平方粁	平方里	日本平方里
吉林省	八九、九一〇・三五二	三五九、六四一・四〇八	五、八二九・四五〇
奉天省	八五、五四六・二二四	三四二、一八四・八九六	五、五四六・四九六
龍江省	一二五、五三六・五五一	五〇二、一四六・二〇四	八、一三九・三一九
濱江省	一四三、四二五・四六三	五七三、七〇一・八五二	九、二九九・一六九
三江省	一〇七、五四四・六〇八	四三〇、一七八・四三二	六、九七二・七八九
黑河省	一〇九、八一三・〇〇五	四三九、二五二・〇二〇	七、一一九・八六三
間島省	二九、三九四・八九六	一一七、五七九・五八四	一、九〇五・八五五
安東省	四八、二二五 七三五	一九二、九〇二・九四〇	三、一二六・七七六
錦州省	三九、四六一・六四三	一五七、八四六・五七二	二、五五八・五四五

熱河省	九六、五八四・四七〇	三八六、三四一・八八〇	六、二六一・二三九

新吉林省各縣別面積

市縣別	平方粁	平方里	日本平方里
吉林市	一二・三二五	四九・三〇〇	・七九七
永吉縣	八、五九五・八六二	三四、三八三・四四八	五五七・三二三
額穆縣	八、三七八・七六九	三三、五一五・〇七六	五四三・二四八
敦化縣	四、八七七・六四〇	一九、五一〇・五六〇	三一六・二四八
樺甸縣	一〇、四六三・四八六	四一、八五三・九四四	六七八・四一三
磐石縣	三、八一〇・三四五	一五、二四一・三八〇	二四七・〇四八
伊通縣	四、六〇八・三二三	一八、四三三・二九二	二九八・七八六
雙陽縣	二、二七四・二三七	九、〇九六・九四八	一四七・四五三
九台縣	三、一二二・〇八九	一二、四八八・三五六	二〇二・四二五
長春縣	四、〇五八・二三三	一六、二三二・九三二	二六三・一二一
懷德縣	三、一二一・七五二	一二、四八七・〇〇八	二〇二・四〇三
長嶺縣	四、六〇八・三二三	一八、四三三・二九二	二九八・七八六

乾安縣	四、五一三・五六三	一八、〇五四・二五二	二九二・六四二
扶餘縣	五、四六六・一四九	二一、八六四・五九六	三五四・四〇五
農安縣	四、二一九・三〇九	一六、八七七・二三六	二七三・五六四
德惠縣	二、五七三・四七九	一〇、二九三・九一六	一六六・八五五
楡樹縣	四、八六七・六六六	一九、四七〇・六七四	三一五・六〇一
舒蘭縣	五、〇〇七・三一二	二〇、〇三九・二四八	三二四・六五五
郭爾羅斯前旗	五、三三一・四九〇	二一、三二五・九六〇	三四五・六七四
計	八九、九一〇・三五二	三五九、六四一・四〇八	五、八二九・四五〇

第二節　人口並ニ民族

吉林省ノ戸口調査ハ豫ネテ治安維持會ノ手ニ依リ行ハレツヽアリシモ或ハ治安未ダ確立セサルヲ以テ調査不可能ナル地アリ或ハ又人口移動激シキガ爲正確ナル計數ハ掲ケ得サルモノアルモ康德元年五月末現在旧省公署警務廳ノ調査結果ニ依リテ見ルニ次ノ如シ

旧吉林省　七、六五二、六八六人

新吉林省　四、六四七、〇八〇人（但シ新京市ヲ含マズ）

人口密度ニツキ見ルニ旧省ノ二倍餘ニ相當ス。

旧吉林省　毎方里　五、九人

新吉林省　一三、五人

毎日本平方里ニ對シ人口一、五〇〇人以上ノ縣　長春、楡樹、雙陽、九台、懷德

一、〇〇〇人以上ノ縣　德惠、扶餘、農安

五〇〇人以上ノ縣　永吉、伊通、舒蘭、磐石

以上ニ依リテモ旧吉林省ガ面積廣大ナルニ拘ラズ人口稀薄ナル諸縣ヲ多ク包含セシニ反シ新吉林省ハ比較的人口稠密ナル諸縣ヲ包括スルヲ覗ハル。今一人當リ平均面積ヲ見ルモ容易ニ知ルヲ得ルナリ。

旧吉林省　七、〇垧

新吉林省　三、五垧

更ニ民族別ニ見ルトキハ旧吉林省ノ場合ニ於キテハ極メテ復雜ヲ極メ在來民族タル滿洲族、蒙古族、ツングース族、ギリヤーク族ノ外移住民族タル漢族、朝鮮族、大和民族、スラブ族等アリテ民族的政治問題亦少ナカラザリキ。ツングース、ギリヤークノ兩族ハ東北地方僻遠ノ地ニ住シ政治的經濟的ニハ微力ナリシヲ以ツテ重大ナル問題ヲ惹起セシコト殆ド無カリシモ漢族ニ對スル滿洲族、蒙古族ノ暗

鬪並ニ朝鮮族ノ政治經濟上ノ諸問題、スラブ族ノ赤化運動ハ滿洲國ノ健全ナル發達ニモ係ル由々シキ問題タリキ。然ルニ地方制度ノ改革ニ依リスラブ族赤化運動ノ根據地タリシ北鐵沿線ヲ濱江省ニ移管シ更ニ同鐵路ノ移讓ニ因リスラブ族ニヨリテ釀サル、直接、間接ノ諸影響ヨリ離脫セルノミナラズ間島地方ヲ間島省ニ移管シテ間島ノ特殊事情ニ即セル政治ヲ施行セラル、コト、ナリ又本省內唯一ノ蒙古人居住地タル郭爾羅斯前旗ニハ旗制ヲ施カレ益々時機ニ適セル政治行ハレントシ民族的諸問題モ減少スヘク豫想セラル、ニ至レリ然リト雖モ水田耕作者或ハ自由勞働者トシテ本省內各縣ニ居住スル朝鮮民族ハ其數尙少ナカラズシテ漢鮮人間ニ永ク抱カレシ反感ニ因リ誘起セラル、土地問題、課稅問題或ハ勞働問題並ビニ治安ニ關スル諸問題ハ容易ニ解消スルモノトハ見受ケラレズ。

新吉林省戶口表

（康德貳年一月調）

市縣別＼種別	戶數	人口數 男	人口數 女	人口數 計	備考
吉林市	二五、一二八	八一、六三五	五五、三八八	一三七、〇二三	吉林市ハ吉林警察廳調查長春縣、及郭爾羅斯前旗ハ治安維持會報告ニ依リ他ハ吉林警務廳調查ナリ
永吉縣	八〇、〇二九	二八二、二〇〇	二三五、六四一	五一七、八四一	
額穆縣	一九、二五四	六三、六一七	四三、〇八七	一〇六、七〇四	
敦化縣	九、九七六	三一、七九〇	二〇、〇二〇	五一、八一〇	

樺甸縣	三、八〇九	七八、六九一	五四、八八一	一三三、五七二
磐石縣	二三、〇八四	七八、〇二九	五二、八四〇	一三〇、八六九
伊通縣	四九、七七六	一八一、二二一	一五一、五〇七	三三二、七一八
雙陽縣	三六、四五六	一二九、三三五	一二七、八二九	二五七、一六四
長春縣	九二、一三七	三三七、四〇五	二八四、四七五	六二一、八八〇
乾安縣	七、四〇一	二八、三七二	二四、〇六八	五二、四四〇
扶餘縣	五九、八〇〇	二〇〇、七二五	一八四、九六五	三八五、六九〇
農安縣	四〇、四二九	一五五、八六五	一三七、八九七	二九三、七六二
德惠縣	二八、〇九八	一一九、一五四	一一五、〇八四	二三四、二三八
九台縣	四七、四五七	一八三、六二一	一六二、六一四	三四六、二三五
榆樹縣	八〇、三五二	二九五、五六三	二五八、六四三	五五四、二〇六
舒蘭縣	二五、四三九	一二四、四三一	九八、二五七	二二二、六八八
長嶺縣	一八、〇四一	六七、四六〇	五九、〇二二	一二六、四八二
懷德縣	四四、八四五	一六八、三三七	一五五、〇〇七	三二三、三四四

郭爾羅斯前旗	六、四二五	二九、〇二八	二二、七二九	五一、七五七
合計	七三六、九二六	二、六三六、四六九	二、二四三、九五四	四、八八〇、四二三

吉林省在留外國人地方別人員表

（康德二年三月中）

地方別＼性別＼國籍別	日本内地人 男	日本内地人 女	日本内地人 小計	朝鮮人 男	朝鮮人 女	朝鮮人 小計	一般外國人 男	一般外國人 女	一般外國人 小計	合計
吉林市	三、二八四	二、三九五	五、六七九	二、〇三一	一、六一三	三、六四四	六八	三五	一〇三	九、四二六
永吉	四四	三三	七七	二、八三三	二、五三〇	五、三六三	三	—	三	五、四四三
長春	五三	三四	八七	三八一	二三九	六二〇	二	—	二	六九九
額穆	五八七	三三〇	九一七	四、一八三	二、九三七	七、一二〇	一	—	一	八、〇三八
敦化	六五九	四五二	一、一一一	一、九〇二	一、五九〇	三、四九二	—	—	—	四、六〇三
樺甸	一六四	三七	二〇一	一、五八三	一、三六一	二、九四四	二	一	三	三、一四八
磐石	一〇一	四二	一四三	一、三七四	一、〇五六	二、四三〇	—	—		二、五七三
伊通	四六	一三	五九	一、〇八三	七三二	一、八一五	—	—	—	一、八七四
雙陽	七	六	一三	一〇五	八三	一八八	—	—	—	二〇一

懷德	一七	四	三	一、三六四	八五六	二、二三〇	五	三	八	二、二四九
長嶺	三	七	一九	一	一	二	｜	｜	｜	三
乾安	六	二	八	｜	｜	｜	｜	｜	｜	八
扶餘	四五	三四		五五九	四二六	二	二	二	四	一、〇六八
農安	八〇	四〇	一三〇	八八	五〇	一三八	｜	｜	｜	二五八
德惠	一九	六	二五	三	一八	四〇	一	｜	一	六六
楡樹	一五	六	二一	二五三	二一七	四七〇	｜	｜	｜	四九一
舒蘭	二六	一一	三七	三四七	二五一	五九八	三三	三	三六	六七三
九台	五一	三三	八三	二六七	二三六	五〇三	五	七	一三	五九八
合計	五、二五〇	三、四八四	八、七〇〇	一八、三七三	一四、一八六	三一、五六四	一三	五一	一七三	四一、四三七

備考
(1) 長春縣ハ新京市及附屬地ヲ除ケル康德元年八月末現在數トス
(2) 其他外國人中白露人最モ多ク其數一三六名ナリ

各縣別人口密度表 (康德元年五月末現在)

	平方里當	日本平方里當	備考
永吉縣	一五、〇八	九二五、五八	吉林市ハ含マズ

長春縣	三八、三	二、三六三、一	新京市ヲ含マズ
額穆縣	三、二	一九七、四	
樺甸縣	三、一	一九一、二	
磐石縣	八、五	五二四、四	
伊通縣	一四、〇	八六三、八	
雙陽縣	二八、二	一、七三九、九	
乾安縣	二、九	一七八、九	
扶餘縣	一七、九	一、一〇四、四	
農安縣	一七、四	一、〇七三、五	
德惠縣	二二、七	一、三九四、五	
九台縣	二七、七	一、七〇九、〇	
楡樹縣	二八、四	一、七五二、二	
舒蘭縣	一一、一	六八四、八	
敦化縣	二、六	一六〇、四	
長嶺縣	六、八	四一九、五	

懷德縣	二五、八	一、五九八、〇
郭爾羅斯前旗	二、四	一四八、〇
仝省	一三、五	八三二、九

新吉林省內主要市鎭戶口表

（康德元年十二月末現在警務廳調）

都市名	戶數	人口總數	男	女
吉林市	二六、〇三九戶	一四一、一七四人	八四、五六八	五六、六〇六
扶餘縣城	？	六四、九三八	？	？
樺甸縣城	五、九三八	三七、〇五三	二二、九九七	一四、〇五六
懷德城	五、一〇八	二九、八五七	一五、五三六	一四、三二一
農安縣城	四、一九八	二五、一〇八	一四、九〇一	一〇、二〇七
磐石縣城	四、二九六	二二、九七四	一三、一七六	九、七九八
敦化縣城	四、五二五	二二、三七六	一三、七二〇	八、六五六
伊通縣城	二、八一一	一六、九〇五	九、一五三	七、七五二
長嶺縣城	三、一〇八	一六、八〇一	九、二八〇	七、五二一
公主嶺（懷德縣）	二、八六四	一四、六三一	八、六〇六	六、〇二五

九台縣城	二、一一〇	一三、七〇二	八、九二二	四、七八〇
蛟河(額穆縣)	二、四二七	一二、七八八	七、九五九	四、八二九
張家灣(德惠縣)	一、八九五	一一、九〇九	六、七八二	五、一二七
楡樹縣城	二、一一五	一一、六四五	五、五三八	六、一〇七
新站(額穆縣)	一、六七五	八、一五二	四、七四〇	三、四一二
雙陽縣城	一、二二六	七、〇六六	三、九八〇	三、〇八六
乾安縣城	九四一	五、一〇一	二、九七九	二、一二二
德惠縣城	五八五	三、二六七	一、八七〇	一、三九七

第三章　新吉林省ノ地方行政概況

第一節　省公署組織

第一項　滿洲國成立ニ至ルマデノ沿革

旧吉林省ノ地ニ始メテ地方官ノ任命セラレシハ清ノ順治十年昂邦章京一人及ビ副都統二人ヲ設ケ寧古塔ニ駐セシメラレシニ始マリ吉林ノ地ニ其配置ヲ見シハ康熙十年副都統一人ヲ寧古塔ヨリ移駐セシ

メシヲ嚆矢トス。康德元年昂邦章京ハ將軍ト改メラレ同十五年寧古塔將軍吉林ニ移駐シテヨリ光緒末年ニ至ルマデハ將軍ノ治ムル所タリ。

雍正四年ヨリ五年ニ亘リ永吉州（烏拉）泰寧縣（寧古塔）及ビ長寧縣（白都納）始メテ設ケラレ光緒以來漸次府縣ノ設置ヲ見タリ、而シテ光緒三十三年將軍副都統ノ官ヲ改メ吉林ノ巡撫ヲ置キ四道（長春、濱江、依蘭、琿春ニ道治ヲ置ク）ヲ分設シ始メテ吉林行省ノ規模ヲ具ヘタリ。

民國ノ始メ巡撫ヲ改メ都督ト爲シ次イデ二年文武ノ權ニ分シ文權ハ民政長之ヲ司リ其辦事機關ヲ吉林行政公署ト稱シ軍權ハ護軍使之ヲ領シタリ。三年五月民政長ヲ改メテ巡按使トナシ十一月護軍使ヲ鎭安將軍ト改メ鎭安左將軍行署ヲ置ク。五年將軍ヲ改メ督軍トナシ巡按使ヲ省長トナス。十二年督軍ヲ更ニ改メテ東三省保安副司令トナシ十三年副司令ヲ督辦トナシ吉林ニ吉林軍務善後事宜督辦ヲ置ケリ。

而シテ民國ニ於ケル地方制度ハ旧制ニ依リ全省ヲ四路トナセルモ道ノ長官道台ヲ改メテ觀察使トナシ、東南路ノ公署ヲ琿春ヨリ延吉ニ移シ又府廳州縣ヲ一律ニ縣治ニ改メ四道三十七縣トセリ。三年西南路ヲ吉長道ニ、西北路ヲ濱江道ニ、東北路ヲ依蘭道ニ東南路ヲ延吉道ト改稱シ同時ニ觀察使ヲ道尹ト改ム。五年賓淸縣六年ニハ勃利縣ノ設置ヲ見四道三十九縣ヲ管シ十六年葦河珠河縣及ビ乾安設治局設置セラレ四十一縣一設治局トナリ以テ民國十八年道制ノ廢止ニ至ル。

民國十七年十二月二十九日易幟アリ而シテ吉林省ノ實際易幟サレシハ翌十八年二月初メニシテ十八年一月ニハ國民政府令ヲ奉ジ督辦ヲ改メ東北邊防軍駐吉副司令長官トナシ同時ニ省長ヲ廢止シ委員制ノ省政府ヲ設ケ常任主席委員ヲ置キ副司令ハ旧制ニ據レリ。斯クテ二月略々省政府ノ組織完了シ同年六月二十七日ニ至リ國民政府ハ省警務處組織條令ヲ發布シ「省ニ警務處ヲ設ケ民政廳長ノ命ヲ受ケ全省ノ水陸警察事務ヲ掌理」セシムルコトトセラレ本省ニ於テハ公安管理處ヲ吉林全省警務處ト改メ省政府ニ直屬セシメ政府ニ秘書處、民政廳、財政廳、建設廳、敎育廳、農鑛廳、警務處ノ二處五廳置カレタリ。十九年二月三日國民政府ハ更ニ十七年十二月二十七日公布ノ「修正省政府組織法」ヲ修正公布シ省政府委員九人乃至十三人ヲ七人乃至九人トナスト共ニ現任軍職者ノ省政府主席委員又ハ委員ヲ兼任スルヲ禁止セルモ吉林省ニ在リテハ本法ニ據ラザリキ二十年三月二十三日省政府組織法ノ一部更ニ修正セラレ農鑛廳ヲ實業廳ト改稱セラルルヤ本省ニ於キテモ同年六月二十五日之ニ據リ改稱シ以テ滿洲事變ニ至ル。

民國二十年九月十八日滿洲事變勃發スルヤ同月二十三日吉林省總商會省農會ヨリ臨時緊急會議ニ於ケル全体一致ノ議決トシテ全省ノ軍政民政一切ノ事務ヲ掌理シ以テ全省農、工、商敎各民ノ不安ヲ除去シ民意ニ副ヒ以テ大局維持サレ度シトノ請願ヲ受理セシ熙參謀長ハ翌二十四日民衆ニ對シ佈告ヲ發スルト共ニ二十七日各機關ニ對シ吉林臨時政府組織大綱ヲ發表シ吉林省長官辦事機關ヲ吉林省長官公署ト名付ケ新ニ軍政廳ヲ添設シ大同元年三月省公署官制ノ公布ニ因ル改組ニ至ル。

一、滿洲事變前ニ於ケル吉林省政府組織表

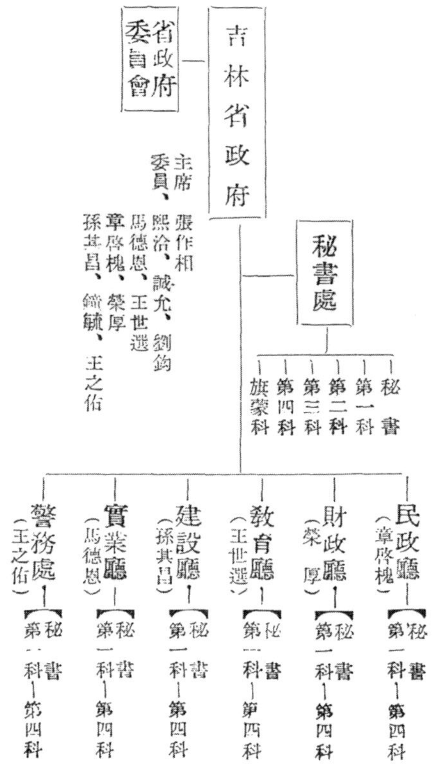

二、滿洲事變直後ニ於ケル吉林省政府組織表

組織事變前ト同樣

軍政廳長　郭恩霖

民政廳長　前永吉縣長王惕

實業廳長　張燕卿

財政廳長　孫其昌

四一

建設廳長　前高等法院長富春田　警務處長　修長餘
教育廳長　李吉林大學校長　榮孟枝
秘書長　　㶚潘年

第二項　滿洲國成立後ノ組織

既ニ第一章ニ述ベシ如ク滿洲國成立ノ直後ニ於キテハ其影響スル所大ナルベシト思量セラレシト諸政務多端ナリシトニ因リ地方行政制度ノ根本的改革ハ後日ニ讓ルコト、セラレ滿洲國成立ノ直後即チ大同元年三月九日教令第十三號ヲ以テ省公署官制公布セラレ吉林省長官公署ハ吉林省公署ト改稱セラレ省長官ノ有セシ財政權軍政權ハ之ヲ中央ニ返還シ省長ト改稱シ爾來康德元年十月十一日發勅令第百二十四號ノ地方行政制度ノ改革ニ至レリ

其ノ間吉林省公署ノ所在地ハ理的ニ偏在シ居ルガ爲メ吉林省東北地方トノ連絡圓滑ヲ缺クノ嫌ナシトセズ黑龍江省ニ於キテモ亦同樣ノ狀況ニ在リシヲ以テ大同元年六月哈爾濱ニ民政部駐哈辦事處ヲ置キ吉林省公署及黑龍江省公署ヨリ夫々駐哈連絡員ヲ派遣シ及各省公署及中央政府トノ連絡ニ當ラシムルコト、ナレリ。斯クテ康德元年十二月一日ヲ以テ哈爾濱ニ濱江省公署佳木斯ニ三江省公署開廳スルコト、ナリシヲ以テ民政部駐哈辦事處ハ十月二十日ヲ以テ事務ヲ打切リ殘務整理員ヲ殘シ閉鎖スルコ

ト、ナレリ。

他方間島ハ其特殊事情ニ基キ既ニ大同元年九月頃ヨリ間島四縣ヲ以テ特別區トナシ間島廳ヲ設立スベシトナスアリ或ハ當時ノ延吉市政籌備處ヲ改革シ之ニ或程度ノ行政上ノ權限ヲ附與ス可シトナスアリ、或ハ又延吉ニ延吉綏靖籌備處ヲ設置スベシトナスアリ更ニ又朝鮮人縣長又ハ參事官ヲ任命シ一般官吏ニモ鮮人ヲ採用スベキカノ積極論ヲ唱フルモノアリシモ日滿各關係機關接衝ノ結果大同二年十二月六日當時ノ延吉市政籌備處ヲ改組シ吉林省公署特派駐延行政專員辦事處設置セラル、コト、ナリ行政連絡事務ニ當レリ。這般ノ新地方制度實施ニヨリ間島四縣ニ安圖縣ヲ加ヘ五縣ヲ所營スル間島省公署設置セラレ同辦事處ハ之ニ包攝セラレタリ。

斯クテ新吉林省公署ハ中央政府ト下級地方行政機關タル縣市ヲ直接ニ結ブ中間行政機關トナリ一市十七縣一旗ヲ所管スルコト、ナレリ。

而シテ省長ノ權限ニ就キテハ舊制ニ於ケルト大差ナシト云フベク即チ舊省公署官制ニ在リテハ國務總理及各部總長ノ指揮監督ヲ受ケシ省長ハ新官制ニ依リ民政部大臣ノ指揮監督ヲ承ケ各大臣所管ノ事務ニ就キテハ其指揮監督ヲ受ケ法律命令ヲ執行シ省內ノ縣長市長及警察廳長ヲ指揮監督シ省內ノ行政事務ヲ管理スルノ外人事ニ關スル權、省令發布ニ關スル權、出兵請求權ヲ有ス。然レドモ新改正ニ依ルモ尚舊官制ニ於ケルト同ジク中央政府ノ委任事務ノ限度ハ依然明確ナラズト言フヲ得ベシ。其確明

ニセラレタルモノ、主要ナルモノヲ具体的ニ例示セバ次ノ如シ

一、省長專決事項

1 縣豫算ノ査定認可權

2 縣稅ノ新設變更

3 所部委任官以下ノ進退賞罰

二、省長ノ認可ヲ受クベキ事項

1 縣ノ手數料、使用料ノ新設變更

2 縣豫算各項ノ流用及豫備費支出

3 縣ノ一時借入金

又各廳ニ於ケル所管事項モ從前ト殆ド差ナキモ唯曾ツテ實業廳ノ所管ニ屬セル鑛山ニ關スル事項ハ凡テ鑛山監督署ニ移管セラレ國有林ニ關スル事項ハ森林事務所ノ設置ニヨリ該所ニ移管セラレツ、アリテ實業廳所管ノ森林ニ關スル事項ハ公有林、私有林並ニ其植林等ノ事項ニ止マル

一、滿洲國成立後ニ於ケル組織

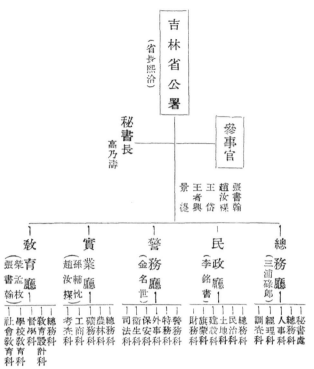

- **吉林省公署**（省長熙洽）
  - 秘書長 高乃濤
  - 參事官
    - 張書翰
    - 趙汝楳
    - 王岱
    - 王者興
    - 景湜
  - 總務廳（三浦碌郎）
    - 秘書處
    - 總務科
    - 人事科
    - 經理科
    - 調査科
  - 民政廳（李銘書）
    - 總務科
    - 民治科
    - 土地科
    - 建設科
    - 旗蒙科
    - 財務科
  - 警務廳（金名世）
    - 警務科
    - 特務科
    - 外事科
    - 保安科
    - 衛生科
    - 司法科
  - 實業廳（孫輔忱　趙汝楳）
    - 總務科
    - 農林科
    - 礦務科
    - 工商科
    - 考査科
  - 教育廳（榮孟枚　張書翰）
    - 總務科
    - 教育設計科
    - 督學科
    - 學校教育科
    - 社會教育科

二、勅令第百二十四號ニ依ル組織

吉林省公署（省長　李銘書）

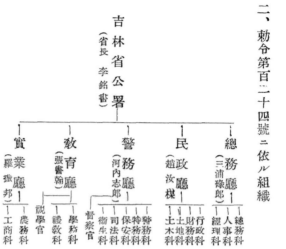

- 總務廳（三浦碌郎）
  - 總務科
  - 人事科
  - 經理科
- 民政廳（趙汝楳）
  - 行政科
  - 財務科
  - 土地科
  - 土木科
- 警務廳（河内志郎）
  - 警務科
  - 特務科
  - 保安科
  - 司法科
  - 衛生科
  - 督察官
- 教育廳（張書翰）
  - 學務科
  - 禮教科
  - 視學官
- 實業廳（羅振邦）
  - 農務科
  - 工商科

附、舊省制ニ於ケル參事官制（大同元年敎令第十四號暫ク省公署ニ參事官ヲ置クノ件）秘書長制（大同二年敎令第十七號省公署ニ秘書長ヲ置クノ件）ハ本改正ト共ニ廢止セラル

（勅令第百二十四號附則）

第二節　縣行政

第一項　縣公署組織

事變前ノ縣公署組織ハ何レノ法規ニ準據シテ組織セラレシヤ不明確ナルモ大体ニ於テ國民政府ニヨリ民國十七年九月五日並ニ翌十八年六月五日ニ公布サレタル縣組織法ニ民國十三年四月財政廳ヨリ吉林省長公署ニ呈請シ省議會ニ於テ修正サレタル修正吉林省各縣地方財務處章程ヲ加味シ舊慣習ニ從ヒ漠然ト組織シアリシモノト言フベシ。從ツテ狹義ニ於ケル縣公署組織並ニ各局ノ名稱モ種々ナリ。新吉林省各縣ニツキテ之ヲ見ルニ狹義ノ縣公署ヲ總務科行政科ノ二科ヲ設ケシモノニ敦化縣アリ總務科、司法科ヲ設ケシモノニ雙陽縣アリ行政科司法科ヲ設ケシモノニ磐石縣アリ單ニ總務科ノミ設ケシモノニ伊通長嶺ノ二縣アリ。別ニ縣長ノ區署ヲ受ケシ公安局、財務局教育局ノ三局ヲ置キ、實業局ヲ置キシハ長嶺、伊通、永吉、德惠、楡樹ニシテ財務局ト稱セシハ磐石縣ノミニシテ他ハ財務處ト稱セリ。次イデ公安局ハ警務局ナル名稱ニ統一セラル。

縣公署ノ名稱ニツキテモ民國十八年五月一日ヨリ縣公署ヲ縣政府ト縣知事ヲ縣長ト改稱シ滿洲國ニ於テ縣公署ノ名稱ヲ用ユルマデ縣政府ノ名稱ヲ用ヒタリ

滿洲國成立スルヤ地方制度ノ根幹ヲナス縣行政制度ヲ定メントシ奉天省ニ在リテハ自治指導部ニ於

テ編ミシ新縣官制自治制ヲ作リ元年七月公布セシモ之ニ先タチ三月十五日指導部ハ解散セラレタル爲メ唯縣參事官屬官ノ配置アリシニ止マリシモ本省ハ稍事情ヲ異ニシ參事官或ハ屬官ノ正式任命サレシハ十月ニシテ爾來必要ナル縣ヨリ參事官、屬官、警務指導官ノ配置ヲ見タリ

滿洲國成立シテ一年有半統一的ナル縣管制ヲ制定セントスル機運起リ民政部ニ於キテハ縣官制並縣制案ヲ作製シ二年七月一日ヨリ實施セント企圖セシモ種々ノ事由ニ依リ實施中止トナリ次イデ九月十二日附民政部訓令第五三三號ヲ以テ民政部ハ各縣改組臨時辦法ヲ出シ各局ヲ縣長ノ指揮監督下ニ歸セシメタリ。

尚康德元年十一月ニハ各縣ニ經理官ノ配置ヲナセリ新省間經理官ノ配置セラレシハ德惠、農安、長嶺、伊通、磐石、敦化、額穆、榆樹、扶餘、九台ノ十縣ナリ

大同二年八月十二日附各縣改組臨時辦法ニ依ル縣公署組織次ノ如シ

科局別	股別	甲類縣定員數 科員以上	甲類縣定員數 雇員	甲類縣定員數 合計	甲類縣定員數 夫役	乙類縣定員數 科員以上	乙類縣定員數 雇員	乙類縣定員數 合計	乙類縣定員數 夫役	丙類縣定員數 科員以上	丙類縣定員數 雇員	丙類縣定員數 合計	丙類縣定員數 夫役	丁類縣定員數 科員以上	丁類縣定員數 雇員	丁類縣定員數 合計	丁類縣定員數 夫役	備考
總務科	庶務股 文書股 會計股	11	11	22		11	10	21		10	7	17		7	4	11		

內務局	警務局	財務局	敎育局	總計
行政股 實業股	警務股 司法股 保安股	徵收股 理財股	學務股 禮敎股	
9	13	9	7	
8	12	13	5	
17	25	22	12	98
17				17
8	12	9	7	
6	12	12	5	
14	24	21	12	92
12				12
11	8	8	內務局ノ一股ヲナス	
8	8	9		
19	16	17		69
10				10
7	6	6	內務局ノ一股ヲナス	
4	5	5		
11	11	11		44
10				10
	其下ニ各區警察署局長ノ區署スル警察隊アリ			

甲類縣(三)　永吉、長春、扶餘

乙類縣(四)　德惠、磐石、九台、楡樹

丙類縣(七)　伊通、農安、長嶺、舒蘭、雙陽、敦化、額穆

丁類縣　樺甸、乾安

第二項　縣以下ノ地方行政組織

國民政府ハ全民政治ヲ目標トナシ縣市ヲ以テ地方自治ノ單位トナシ縣區自治ノ完成ヲ俟チ省自治ニ移ラント企劃シ民國十八年六月縣組織法ヲ公布シ區及鄉鎭自治區域ヲ劃定スルト共ニ自治公約ヲ制定セリ其組織ヲ見ルニ次ノ如シ

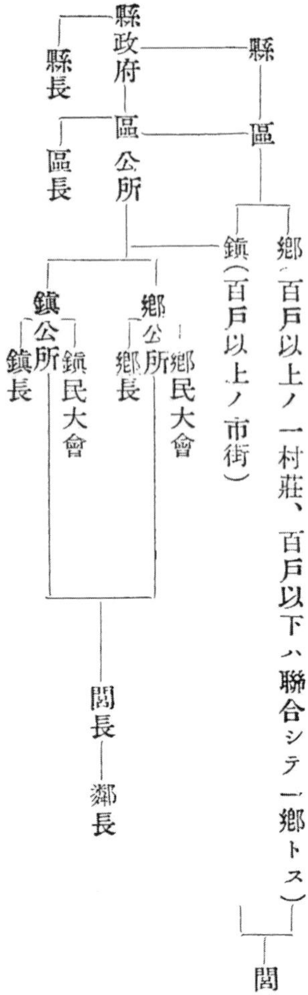

舊吉林省ニ於キテモ縣區自治實施ノ爲メ民國十八年一月民政廳ヨリ「吉林省各縣設置村政指導員章程」ヲ公布シ民政廳ニ於テ訓練ヲ受ケシ村政指導員ヲ各縣ニ派シ同時ニ又「吉林省各縣區鄉自治施行程序」ヲ以テ民國十九年九月一日マテニ全省各縣ノ自治完成ヲ規定シ次イテ民國十八年十二月「民政廳ヨリ吉林省各縣劃區簡明辨法」ヲ以テ各縣自治區ハ現有警察區域ニ基キ劃定シ順序ニ第一區第二區ト呼稱シ區數ハ四區乃至十區トナス等ノコトヲ規定シ同時ニ「吉林省各縣編劃鄉鎭閭鄰簡明辨法」ヲ

民政廳ヨリ出シ區鄕劃定標準、劃定者並ニ呼稱等ニ付キ規定セリ爾來引繼キ「吉林省各縣鄕鎭大會選擧鄕長、鎭長、暫行章程」「吉林省各縣鄕鎭大會選擧鄕鎭監察委員暫行章程」等ヲ公布シ專ラ縣區自治ノ實施ニ努メタルモノヽ如シ

他方之ニ準ジ編定セラレタル各鎭ハ其自警機關トシテ多ク縣城鎭ニ在リテハ縣民負擔ノ下ニ職業的自衞團ナル保衞團ヲ其他ノ各鎭ハ該地商農民ノ負擔ニテ同樣職業的自衞團ヲ有シタリ。而シテ其惡質ナルモノニ在リテハ該鎭好個ノ自衞團ナルモ他ノ鄕鎭ニトリテハ土匪ト大差ナカリキ。

然ルニ民國二十年九月地方自治制度ノ基礎未ダ凝ラザルニ滿洲事變ノ勃發トナリシ爲メ滿洲國成立當時ニ於ケル地方自治制度ハ區々ニシテ舒蘭、德惠、雙陽、伊通等ノ如ク既ニ右制度ニ準ジタルモノアリ或ハ依然百家長十家長制度アリ又間島地方ノ如キハ鄕社、甲屯ノ制度ニ依ルノ狀態ニアリキ而シテ職業自衞團ハ事變ト共ニ或ハ軍閥反滿反日軍ニ合流シ或ハ據カニ匪賊的傾向ヲ帶ビ土匪トシテ地方ノ治安ヲ紊亂スルコト甚シク農民ニシテ之ニ通ズルモノ又少カラザリシヲ以テ大同二年四月敎令第二十六號ヲ以テ暫行保甲條例及暫行保甲條例施行準則ヲ次イデ十二月二十二日敎令第九十六號ヲ以テ暫行保甲法三年一月ニハ民政部令第二號ニテ同施行規則ヲ公布シ治安維持會ニ依ル職業自衞團ノ淨化警察隊ヘノ改編ト相俟ツテ地方ニ「保甲及牌ノ制ヲ布キ隣保友愛ヲ以テ相倚リ官憲ト共力シ地方ノ康寧ヲ保持シ不測緊急ノ危害防止ニ當ラシムルト共ニ連坐ノ責ヲ負ハシメ犯罪ノ防止ヲ計レリ

一、保甲ノ組織

暫行保甲條例施行準則ニ於テハ縣管内ヲ數保（各警察區域ニ依ル）ニ分チ保ヲ甲ニ、甲ヲ牌ニ分チ凡ソ十戸ヲ次テ牌トナシ、大凡十牌ヲ以テ甲トセルモ（第一條）暫行保甲法ヲ以テ村又ハ之ニ準スベキモノ、區域内ノ牌ヲ以テ甲トナセリ始メ保ニ保董、甲ニ甲長、牌ニ牌長ヲ置キシモ暫行保甲法ヲ以ツテ之ヲ改メ保ニ保長、副保長、各一人、甲ニ甲長、副甲長各一人牌ニ牌長一人ヲ置キ夫々互選ニ據ラシム甲長、牌長ハ警察署長ノ保長ハ地方行政官署長官ノ許可ヲ受ケ其ノ任ニ就クコト、ナレリ、保長甲長、牌長ノ職務次ノ如シ

保長ノ職務

一、保内住民ノ敎誡ニ關スル事項

二、褒賞救恤事業

三、保及甲ノ自衛團ノ事務監督

四、保所要經費豫算ノ編成

五、甲及牌ノ所要經費豫算ノ審査及其徵收監督

甲長ノ職務

一、甲内住民ノ敎誡ニ關スル事項

二、規約違反者ノ處分及過怠金ノ徴收處理
三、甲自衛團事務ノ監督
四、甲及牌所要經費豫算ノ編成及其賦課徴收
牌長ノ職務
一、牌內住民ノ敎誡ニ關スル事項
二、牌內ノ戶口調査及銃器取締ニ付警察官吏ノ補助

二、自衛團

暫行保甲條例施行準則ニ於テハ自警ノ目的ヲ以テ警察署長ヲ經テ縣長ノ許可ヲ受ケ以テ保甲牌ニ壯丁團ヲ組織スルヲ得、而シテ保ノ壯丁團ハ保內甲ノ壯丁團ヲ以テ、甲ノ壯丁團ハ甲內牌ノ壯丁團ヲ以テ組織シ又土地ノ狀況ニ依リ甲長又ハ保董協議ノ上數甲ヲ合シテ一壯丁團ヲ合成シ壯丁團ニ團長一名副團長若干名ヲ置キ縣警務機關ノ監督ノ下ニ自衛ノ任ニ當ルト共ニ警察官吏ノ指揮ノ下ニ出動シ、各壯丁團ハ相互ニ應援スルノ義務ヲ有シタリ

暫行保甲法ニ在リテハ保長又ハ甲長ハ保ハ甲ノ緊急ノ危害ヲ警戒防衛スル爲甲長自衛團ヲ組織セル場合ハ保長ヲ經テ、保長自衛團ヲ組織セル場合ハ直接警察署長ニ報告ヲ要スルコト、ナシ又警察署長ハ必要ト認メタルトキハ保長又ハ甲長ニ對シ自衛團ノ組織ヲ命ズルコトヲ得、而シテ保ノ自衛團ハ保

内各甲ノ自衛團ヲ以テ編成シ自衛團相互ハ援助スルノ義務ヲ有スルコト前ト同ジ。
各甲自衛團ニハ團員ノ互選ニ依リ警察署長ノ認可ヲ受ケタル團長及副團長各一名ヲ置キ保ノ自衛團ニハ團長、副團長ノ互選ニ依リ地方行政官署長官ノ認可ヲ受ケタル團總副團總各一名ヲ置キ一年ノ任期（但シ重任ヲ妨ゲズ）ヲ以テ其任ニ當ル、而シテ自衛團ノ事務ニ付キ團總ハ第一次ニ保長、第二次ニ警察署長ノ指揮監督ヲ受ケ自衛團ノ指揮ニ就キテハ警察署長ノ指揮監督ヲ承ク、團長ハ前者ニ付キテハ第一次ニ甲長、第二次ニ保長、第三次ニ警察署長ノ指揮監督ヲ受ケ自衛團ノ指揮ニ就テハ第一次ニ團總、第二次ニ警察署長ノ指揮監督ヲ受ク。

三、犯罪ニ對スル連坐

暫行保甲條例及暫行保甲法ハ犯罪ニ對スル連坐金賦課ヲ規定シ努メテ保甲内犯罪ノ減少ヲ計レリ、即暫行保甲條例ニハ「縣管内ヲ保、甲、牌ニ分チ保、甲、牌ノ居住民ヲシテ各連座ノ責任ヲ有セシメ其連座者ヲ罰金ニ處スルコトヲ得」ト規定シ暫行保甲條例施行準則ニテ牌内ノ各家長連座ノ責ニ任ズベキ場合ヲ規定シ其場合ニ於テハ縣長ノ認可ヲ經テ警察署長連座ノ責ヲ決定スルコトナシ、但シ「事前ニ官ニ申告シ若シクハ自ラ警防ニ從事スル等時宜ヲ失セズ害惡ヲ輕易ナラシメタル者ハ連座ノ責ヲ免スルコトヲ得」セシム、連座スベキ場合次ノ如シ

一、匪賊强盜其他重大ナル犯人ヲ出シタルトキ

二、犯罪者ヲ隱匿シ其他之ニ便宜ヲ與ヘタルモノアリタルトキ
三、列車又ハ鐵道線路ニ瓦石竹木ノ類ヲ投擲シ其他危險ナル障碍ヲ與ヘタルトキ
四、電線ヲ切斷レ電柱若シクハ郵便函ヲ毀損シタル者アリタルトキ
五、材木ヲ盜伐シ又ハ濫リニ山林原野ニ於テ火ヲ焚キタルモノアリタルトキ
六、銃砲火藥類ノ無許可所持者又ハ製造者ヲ出シタルトキ
而シテ暫行保甲法ニ於テハ次ノ如ク改メタリ。「牌ノ住民中左ノ各號ノ一ニ該當スル罪ヲ犯シタル者アルトキハ警察署長又ハ其牌ノ各家長ニ對シ二回以下ノ連坐金ヲ課スルコトヲ得但シ牌ノ住民中犯罪ノ官ニ發覺スル前犯人ヲ官ニ申告シ若ハ犯罪ニ因ル被害ヲ防止シタル者アルトキ又ハ犯人官ニ發覺スル前自首シタルトキハ連坐金ヲ減額又ハ免除スルコトヲ得
一、內亂罪
二、外患罪
三、公共危險罪
四、暫行懲治叛徒法ニ規定スル罪
五、暫行懲治盜匪法ニ規定スル罪
六、暫行銃砲取締規則ニ規定スル罪

四、經費

保甲牌ノ經費從ッテ自衛團ノ經費モ亦甲内各人負擔ニシテ即チ「甲及牌ノ經費ハ甲内各家長カ其所有スル土地及資産ノ多寡ニ應シ夫々之ヲ分担ス、但シ保長及警察署長ヲ經テ地方行政官署長官ノ認可ヲ受ケ甲長之ヲ徴收スルコトヲ得」「保ノ經費ハ警察署長ヲ經地方行政官署長官ノ認可ヲ受ケ保内各甲ニ割當テ甲ノ經費ト共ニ前條ニ準ジ甲長之ヲ徴收ス」而シテ其ノ豫算決算ハ警察署長ヲ經地方行政官署長官ノ監督ヲ受ク。

新吉林省保甲狀況並ニ自衛團現勢（康德元年十二月末現在）

縣別	警察區數	保數	甲數	牌數	自衛團數	自衛團丁數
永吉	八	八	一七七	六、九九六	五四	二、四九〇
長春	五	五	八四	？	三五	七三四
扶餘	八	八	三〇八	五、六九二	五七	一、二六七
德惠	六	二七	二六六	二、七四四	六一	一、六八三

磐石	六	二三	二三〇	二、三七九	九〇	二、三七九	
楡樹		九	五五〇	五、五五四	九	八五〇	
伊通	八	八	一一四	三、四四七	七五	一、三七九	
農安	六	六	二九八	三、九四八	二九	七一五	
長嶺	八	八	一七一	一、七一〇	一九	六二九	
舒蘭	五	五	一三三	三、三六六	四三	六五六	
雙陽	六	六	五四	三、三七六	六一	一、三七一	
敦化	四	四	九三	九四〇	三五	六三八	
額穆	三	三	一〇九	八七四	六一	一、二一二	
九台	五	五	九二	三、二八九	五五	一、一四八	
樺甸	八	八	四三	一二七	四三	一、三〇八	五區不明
乾安	六	六	六八	六三六	六	四三三	
懷德	一一	一一	九六	四、四七二	五一	二七、四二一	

五七

計	一一二	一五〇	二、八八六	四九、五五〇	七八四	四六、三一二

備考　舒蘭、敦化、額穆、九台ノ四縣ハ康德元年五月始現在

第三項　旗行政組織

滿洲ノ地ガ漢人ノ進出ニヨリ蒙地ノ解放、縣治ノ設置トナリ蒙旗行政ノ衰頽ニ向ヘルニ反シ所屬旗民ニ對スル管轄治理權ヲ行使シテヨリ三百年嚴然タル自治行政ノ下ニ縣治ニ對立シ來レル郭爾羅斯前旗ノ行政ニ就キテハ項ヲ改メテ記述スベシ

一、沿　革

郭爾羅斯前旗ノ行政ハ奎蒙克塔斯哈喇ヨリ四世ノ孫固穆ガ崇德元年征明ノ功ニヨリ札薩克輔國公ニ封セラレテヨリ十二代今ノ齊默特色木丕勒ニ至ル迄約三百年來ノ傳流ヲ有ス而シテ本旗ノ開墾ハ乾隆ノ年間札薩克恭格喇布坦ガ私ニ流民ヲ私招開墾セシメタルニ端ヲ發シタルモノナリ。

二、王府組織

本旗王倉ニ拜生達、哈板、包衣達、隨員ノ數職ヲ置ク、拜生達ハ一名ニシテ王府內ニ於ケル內務總官ニ位シ札薩克ノ重要ナル私的補佐役ヲ務メ、哈板又一名ニシテ拜生達ヲ輔佐スル所謂內務帮辦タリ、包衣達ハ內務管事ニシテ三名ヲ置キ王府內ノ庶務ヲ掌リ隨員ハ名又命ヲ受ケテ事務ヲ分掌ス、會計ハ

拜生達ノ辦理タリ、其他王倉直轄ノ警備機關トシテ衛隊三〇名、保安隊三〇名アリ。

三、旗公署組織

旗ニ旗公署有リテ旗内事務ヲ掌理シ來レルモ地方新制度ノ實施ト共ニ即チ康徳元年十一月二十九日付勅令第百六十八號ヲ以テ同年十二月一日ヨリ本旗ニ旗制ヲ施行セラル、コト、ナレリ。

從來ノ旗公署組織ヲ見ルニ次ノ如シ

札薩克—協理—管旗章京—｛管旗梅倫／印務梅倫｝—印務札蘭—達筆帖式—學習筆帖式

「札薩克」（旗長）ハ全旗務ヲ掌理シ世襲旗ニシテ其最高輔佐機關トシテ二名ノ「協理」アリテ台吉中ヨリ選バレ印務、軍務、旗務ヲ分掌ス「管旗章京」ハ旗情ニ通ズル有能者ニシテ梅倫階級ヲ經タルモノヨリ拔擢サレ事實上旗政ノ事務的統轄者トシテ旗内一切ノ行政ヲ掌ル。「管旗梅倫」（二名）「印務梅倫」（二名）「印務札蘭」（二名）ノ三職ハ常ニ印務處ニ在リ管旗章京ノ命ヲ受ケ旗務ヲ分掌ス、管旗梅倫ハ二名ニテ旗務司法及軍務ヲ分掌シ印務梅倫二名ハ地局總辦及印務ヲ分掌シ會計事務ハ印務札蘭ニヨリ辦理セラル。「達筆帖式」「學習筆帖式」ノ二職ハ所謂書記ニシテ旗公署以外ニ各地局ニ配署サル。

警備機關トシテ王府ニ在ル衛隊、保安隊ノ外ニ所謂慓悍ナル騎兵ヲ以テ知ラレタル巡防騎兵團アリ。

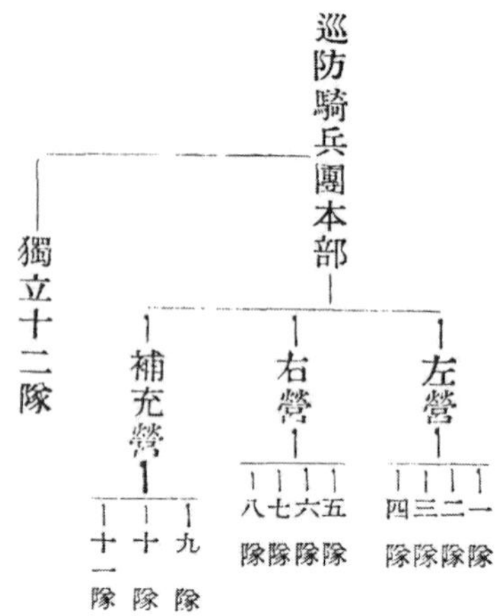

四、地方組織

（イ）箭佐組織

本旗地方行政ノ一般組織ハ箭佐組織ニシテ行政上旗內ヲ廿八箭ニ分チ十名ノ參領（管箭札蘭）各々管轄下ノ一般行政ノ任ニ當ル、即チ三箭ヲ管理スルモノ八名、二箭ヲ管理スルモノ二名アリ。參領ノ管轄下ニ佐領二十八名アリ佐領ノ下ニハ補佐役トシテ驍騎校二十八名アリ

參領ハ前述ノ如ク管內ニ於ケル一切ノ行政戶籍及徵兵事項ヲ掌リ陰曆十二月下旬及正月下旬ノ封印啓印時期ニ於ケル全旗定例行政會議及臨時行政會議ニ出席シ管內行政ニ關シ打合セヲナスヲ例トス

本旗ノ參領ハ八名佐領二十四名旗騎校二十四名ナリシモ民國十年公主ニ隨行ノ滿洲人ニシテ歸化セ

ルモノニ依リ更ニ四箇ヲ構成シ參領二名佐領四名驍騎校四名ヲ增置セルモノナリ、負担ノ義務ハ本旗人ト何等ノ差別ナキモ梅倫以上ニ陞官スルヲ得ズ。

(ロ) 台吉統轄ノ旗組織

箇佐組織以外ニ王ノ一族タル台吉統轄ノ特殊制度アルモ劃然タル區劃ヲ存スルニ非ザルハ勿論ナリ一般旗民ト區別スル爲メニ生セシモノニシテ蒙古固有王旗制度ノ變遷トモ稱スヘシ、本旗ハ之ヲ形式的ニ左族二及右族二ノ四族ニ分チ十二名ノ旗長(台告長)ヲ設ク(一族三名)旗長ハ旗内台吉ニ對スル一般行政事項、戶籍征兵事項ヲ掌リ實質的ニ於テ旗長ニ直屬ス、各台吉ガ徵兵ノ義務ヲ有スルハ一般旗民ト同樣ナルモ實際ニ於テハ奴才ヲ以テ代派セシムルコト多シ。

第四項 集團部落

滿洲國集團部落ノ企劃ハ間島ニ於ケル朝鮮總督府ノ計劃ニ由來ス。即チ滿洲事變以後共產匪ノ蟠居地タル間島ニ在リテ共匪、土匪ノ被害甚大ニシテ住民ノ約八割ヲ占ムル鮮農中家屋ヲ燒却セラレ身ヲ以テ鐵路沿線ソノ他都市ニ避難シ或ハ歸鮮セントスルモノ大約三萬五千人ニ達シ之ガ救濟策トシテ朝鮮總督府ハ間島出張所ノ發意ニ基キ大同二年三月斯ル鮮農ヲ現地ニ定着セシメ以テ生活ノ安定ヲ圖ランガ爲集團村落ヲ計劃セリ、然シテ初年度(第一期)トシテハ六千人ヲ選ビ之ヲ收容スベキ十一ヶ村中十ヶ村ハ一切ノ建設完成シ康德元年度(第二期)ハ十五ヶ村ノ選定着工ヲ行ヘリ之ニ刺戟セラレテ滿洲國側ニ於キテモ大同二年秋頃ヨリ駐延辦事處中心トナリ延、琿、和、汪ノ四縣當局ト緊密ナル連絡ノ下ニ三個年繼續事業集團部落建設ノ計劃ヲ樹立シ他方磐石縣ニ於キテモ縣當局中心トナリ之ガ計畫アリタリ。大同三年一月ニハ吉林省參事官會議ニ於テ間島及磐石縣ニ於ケル集團部落建設ノ件討議セラレ間モ無ク額穆縣、濛江縣舒蘭縣ニ計畫實施セラル。次イデ康德元年末民政部ニ於キテモ集團部落建設ノ重要性ニ鑑ミ建設計畫アル各縣ニ對シ報告書ヲ提出セシメ講究スル所アリ。斯クテ本年度ニ入リ本省ニ於キテハ更ニ雙陽、伊通、永吉、敦化、樺甸ノ五縣ニ其計畫實施ヲ見ルニ至レリ。

建設補助ニ就キテ見ルニ間島ニ於ケル滿洲國側建設費中公共施設費ハ關東軍所管ノ補助金ヨリ承ケ集團民家屋建設費ハ中央銀行ヨリノ縣名儀低利借款ヲ以テ之ニ充當シ濛江縣ニ在リテハ縣費ヲ以テ實施シ、磐石、額穆、舒蘭其他本年度ニ於テ計畫セシ諸縣ハ治安維持會ヨリ補助ヲ承ケタリ。其金額次ノ如シ

縣別	大同二年度	康德元年度	計
磐石縣	三〇、〇〇〇圓	四、〇〇〇圓	三四、〇〇〇圓
額穆縣	三〇、〇〇〇	—	三〇、〇〇〇
舒蘭縣	一〇、〇〇〇	一二、七九二	二六、二九二
雙陽縣	—	八、六五〇	八、六五〇

伊通縣	ー	ー	ー
永吉縣	ー	八四〇〇	四、九〇〇
敦化縣	ー	三、三〇〇	三、三〇〇
樺甸縣	ー	九〇〇	九〇〇
計	七〇、〇〇〇	四八、〇四二	一〇八、〇四二

本省内集團部落建設目的ヲ要約スルニ次ノ如シ。

（一）匪賊地帶ト良民地帶トヲ劃分スル目的ヲ以テ從來ノ灰色地帶ニ集團部落ヲ建設シソノ圈外ヲ匪賊地帶ト看做シ其地域内ニ於ケル住民ヲ總テ收容スル目的ヲ以テ建設セルモノ（額穆縣）

（二）治安ノ確保上絶對的必要ナル地点ニ防禦ノ據点ヲ形成スル意味ニ於テ建設セルモノ即チ該地点ニ集團部落ヲ形成シ防備力ヲ附與スル事ニ依リ匪賊共匪ノ通路ヲ扼シ該地点以内ノ治安ヲ確保シ匪賊地帶ト治安良好ナル地帶トノ分岐点タラシムル目的ヲ以テ防禦ノ第一線的據点ヲ形成スル爲メ建設セルモノ（舒蘭縣、伊通縣、永吉縣、敦化縣）

（三）治安線ノ擴張ト産業復興ノ目的ヲ以テセルモノ。匪賊ノ手ニ依リ或ハ日滿軍ノ討伐ニ際シ燒拂ハレタル地域或ハ治安不良ノ爲メ他ニ避難シ現在治安モ完全ニ確保サレズ且從來ノ農耕地ハ放棄セラレアル地帶ニ對シ集團部落ヲ建設スル事ニ依リ治安ノ確保ヲ計リ他面避難民ノ歸農ヲ誘致シ

荒廢地ノ復興ヲ行ハシムルモノ、（磐石縣、伊通縣、雙陽縣ノ一部）

（四）散在小部落ヲ合シテ匪賊ニ對スル危險性ヲ免レシムルモノ。即チ小部落散在スル場合ハ十人二十人程度ノ小股匪ニ對シテモ容易ニ襲擊ヲ蒙リ易ク仍ッテ之等ヲ合シテ小股匪ニ對スル危險ヲ防止セントスルモノナリ（舒蘭縣ノ一部磐石縣ノ一部）

（五）特殊ノ事情ニ基クモノ。即チ國都建設局ノ雙陽縣内ニ於ケル水源池ノ築造ニ伴ヒ該區域内ノ居住民立退ヲ餘儀ナクセラレ之ヲ集團部落トシテ安住セシメタルモノ

斯クテ集團部落建設ノ結果ハ自ラ保甲法ノ實施容易トナリ縣當局トノ關係密トナルノミナラズ思想的指導モ簡易トナリテ新文化ニ浴セシムルコトニ依リ民衆ノ思想的純化ヲ期シ得ベク兒童教育ノ普及モ亦容易タルベシ。然ルノミナラズ荒廢セル耕地ノ囘復並ニ農業生產並ニ農家消費經濟ニ對スル國家的或ハ自主的諸協同施設ノ實施容易タルベク率ヒテハ國地稅ノ增收期シテ見ルベキモノアルベシ。

（一）磐石縣集團部落實施計劃

本縣ノ集團部落實施計劃ハ既ニ大同二年十一月ニ着手セラレ、縣公署ニ集團部落建設委員會ヲ、各集團部落豫定地ニ監修委員ヲ組織シ實地調查ヲナシ實施方針ヲ定ム、最初ハ全縣六區ニ亘リ通匪防禦ノ爲メ、共產黨根據地掃蕩ノ爲メ及產業回復ノ爲メ整理集團セシムル目的ヲ以テ八ヶ村一、〇一〇戶ノ建設計劃ナリシモ後變更セラレテ十ヶ村トナシ大同三年一月十五日ヨリ二月十日ニ亘リ再ビ縣公署ヨリ

共同調査ヲ行ヒ本計劃ヲ定ム實施計劃地域次ノ如シ

區別	部落名	收容豫定戸數	整理セラルベキ旧有部落
第一區	拐子炕	一五〇	福安屯、拐子炕
第一區	太平屯	三〇〇	
第三區	郭家店	六〇	
第三區	驛馬泊子、雙馬架	一八〇	大黒山、黒熊溝、小様子溝、梨樹溝、滾馬嶺
第三區	石咀子	一五〇	
第三區	富太河	二〇〇	
第四區	報馬川	一二〇	濛江及輝南縣境地域
第四區	細林河	一〇〇	
第五區	横山屯	八〇	一歩嶺、紅石子、横山屯
第六區	猪腰子嶺	七〇	花樓
計	一〇ヶ村	一、四一〇	

建設費トシテ三萬圓ノ國庫補助認可ヲ承ケ大同三年一月下旬ヨリ一齊着工ノ筈ナリシモ資金受領ノ遲延（五月）播種期ニ入レル等ノ關係上五月十一日着手セラレ、今日完成セルハ石咀子、富太河、細林

河、太平屯及ビ多少再度變更ヲ見タル草廟子（第五區）ノ五ヶ村ナリ
部落ハ方形又ハ矩形ニシテ其周圍ニ防壁トシテ塹壕及ビ土壁ヲ築キ周圍ノ四隅ニ砲塔ヲ設ケヤガテ鐵條網ヲ繞ス豫定ナリ。而シテ中央ニハ公共廣場ヲ作リ公共施設ハ此處ニ設ク民家ノ構造ハ任意トスルモ太凡上家屋五間東向廂房五間トシ小家族ニ在リテハ上房三間、廂房三間トシ各々菜園地ヲ有ス。將來入村希望者出現ノ場合ハ菜園地ヲ區劃スル豫定ナリ。

集團部落建設中ノ警備ハ其地附近ニ駐屯軍警ナキトキハ縣警察隊ヲ分駐セシメ或ハ國軍ノ派駐ヲ乞ヒシモ完成後ハ分駐警察隊ヲ引續キ駐在セシムルコト、シ自衛團ト共ニ警備ニ當ル。公共施設費並ビニ農戸補助基準次ノ如シ

公共施設費	一村當リ計	一、三〇〇元
内譯	警備屋舍費	五〇〇元
	土壁費	五〇〇元
	磚瓦窰費	三〇〇元
農家補助	一戸當リ最高限	四〇元（所要經費ノ四割補助）
内譯	家屋建築費補助	三〇元
	土壁築造費	五元（本費ハ性質公共施設費ナルモ農戸補助トシ監修委員ニテ保管土工請負ニ附ス）

移轉運搬費　五元

目下磐石縣ニ在リテハ縣復興ヲ目指シ五ヶ年計劃ヲ樹立シタリ同計劃ニ在リテ未完成集團部落ヲ加ヘ第一、二年ノ兩年度ニ亘リ二十五ヶ村ノ建設ヲ企圖ス、其地域次ノ如シ

第一年度　十二ヶ村

郭家店　大黑山　馬宗嶺　拐子炕　驛馬泊子　快當溝　黃瓜營　小城子　德升鄉　哈嗎河子　三家子　大梨樹河

第二年度　十三ヶ村

八棵樹　黃河套　玻璃河套　水曲綠川　小呼蘭河　柳樹河子　東北岔　報馬川　西村河　大荒甸子　熱鬧街　雙泉眼　三道崗

右工事費豫算額

工程種類	第一年度	第二年度	計
兵營建設費	一四、四〇〇圓	一五、六〇〇圓	三〇、〇〇〇圓
兵營備品費	三、六〇〇	三、九〇〇	七、五〇〇
學校建築費	九、六〇〇	一〇、四〇〇	二〇、〇〇〇
學校備品費	六、七二〇	七、二八〇	一四、〇〇〇

村事務所建築費	三、一二〇	三、三八〇	六、五〇〇
炮台建築費	一二、〇〇〇	一三、〇〇〇	二五、〇〇〇
井戸築費	一、八〇〇	一、九五〇	三、七五〇
鐵條網費	七、二〇〇	七、八〇〇	一五、〇〇〇
雜費	六、〇〇〇	六、五〇〇	一二、五〇〇
民戸補助費	五四、〇〇〇	五八、五〇〇	一一二、五〇〇
計	一一八、四〇〇	一二八、三一〇	二四六、七五〇（一村當リ經費九、八七〇圓）

（二）額穆縣集團部落實施計劃要領

一、縣內主要都市及主要農村ヨリノ實距離約四十里ノ治安上不安地帶及全然匪賊ノ勢力範圍內ニアリテ匪賊ト共存ノ實況ヲ呈シツヽアル地帶ニ居住スル農民ヲ移住集團セシム

二、集團部落建設地ハ警備機關ヨリノ距離、地方人口密度及民衆生活上ノ經濟的環境ヨリ考慮シテ決定ス

三、十戸單位ノ組合ヲ作リ自作農タリ得ルガ如ク計劃指導ス

四、經　費

1 十戸ヲ一集合住宅ニ居住セシメ集合住宅一棟建築費四百圓トス

2 收容後ノ食費農具費補助ヲ無カラシムル爲メ食糧農具運搬費トシテ一戸ニ對シ四圓ヲ補給ス

五、實施狀況

集團部落ノ建設實施ハ嶺西地區ヨリ先ニシ康德元年春季ヨリ着手セラレ嶺東地區ニ於テハ康德元年十二月ヨリ康德二年三月ニ至ル治安工作期間ニ於テ治安工作班現地調査ノ上決定シ五月中旬迄ニ建築材料準備ヲ完了セシメ解氷ト同時ニ一齊ニ着工スルモノトセリ

嶺西地區集團部落建設實施狀況

集團部落名	收容戸數	收容人員	整理村落	備考
杉松嶺	五一戸	三〇〇人	杉松嶺、四道溝、杉松嶺頂杉松嶺南川	嶺東地區ヨリ着手
六道溝	四七	二九八	八家保內ナル六道溝、大條子溝、小六道溝、荒地溝、西南岔、張家樓小盤、梨樹溝、黑瞎子溝、太陽溝、西葦塘溝、小青背、石頭河子、大青背	
荒地溝	三九	三四九		
太陽溝	三七	三三三		
大青背	四九	二五八		
小東溝	八一	四〇八	新站保小東溝內ニ散在シ居ルヲ集結セシム	
伊們河	六二	三五四	新站保伊們河內ニ散在シ居ルヲ集結セシム	

老爺嶺	三〇			
冷風口	九〇			
黃松甸	七	二二	南陽旗外站西南沙河溝口站東山坡外	
威虎嶺	一〇三	五一八		康德元年六月三十日第一期工作終了ノ豫定ノ所本二村ハ敦化縣內ニ屬スル故ヲ以テ六月中旬同縣ニ移管ス
黃泥河子	一一七	四五六		
合計	七一三			

以上ノ各部落ハ既ニ建築完了シ部落民ノ收容モ了シタルヲ以テ目下嶺東地區ニ建設計畫中ナリ

嶺東地區集團部落建設豫定

集團村落名	座落	收容豫定數	收容豫定人員 男	收容豫定人員 女	濠、防所門建設費	各戶補助
河北屯	義氣保北大溝	一五戶	四一人	二九人	五〇〇円	三〇〇円
里仁村	義氣保樺樹林子	四二	一一三	六八	五〇〇	八四〇
田家堡	義氣保馬鹿溝	三三	九七	七六	五〇〇	六六〇
新安屯	義氣保青溝子	四四	一二七	一〇四	五〇〇	八八〇
新立屯	義氣保蘇子河屯	二〇	四七	三一	五〇〇	四〇〇

老塔站	搭拉保搭拉站	三二	一八七	五〇〇	六四〇
朱敦溝	仝	二四	一三二	五〇〇	四八〇
千鶴咀子	仝	三〇	一七〇	五〇〇	六〇〇
二道溝村	東關保二道溝	五〇	二五〇	五〇〇	一、〇〇〇
荒溝村	東關保荒溝	四五	二三〇	五〇〇	九〇〇
前迎架溝	東關保迎架溝	四〇	二〇〇	五〇〇	八〇〇
小計		三七五	一、九〇二	五、五〇〇	七、五〇〇
豫備費					五〇〇
合計					一三、五〇〇

(三) 舒蘭縣集團部落建設狀況

王德林匪ノ根據地タル本縣ハ其警備力ノ不足ニ因リ匪賊ノ永久的蟠居地帶ヲ生ミ匪患ニ禍ヒセラル、コト夥シキノミナラズ昨年ニ於ケル水災ニ因ル農村ノ疲弊ハ農民ヲシテ匪化セシムルコト又甚シキニ鑑ミ集團部落ノ建設ニ據リ自衞力ノ強化ト農村產業ノ回復ヲ第一ノ目標トシ全縣下ニ亘リ二十八ケ村ノ集團部落ノ建設企圖セラレタリ。而シテ治安維持會ノ援助ノ下ニ康德元年九月ヨリ既ニ建築ニ着手セラレ本年八月マデニハ完成スル豫定ナリシモ諸經費ノ都合上、全面的完成困難ナリシヲ以テ特ニ重要ナルモノ十ケ村ヲ選ビ先ツ之ガ完成ヲ見タル後漸次他ニ及ボスコト、セラレタリ。警備諸施設ニ對スル計劃ハ磐石縣ニ於ケルト大差ナキモ本縣ニ於イテハ本部落ヲ中心ニ農民復興貸款ヲ放出セントスル所ニ特徴ヲ有ス。

第一期計畫タル二十八ケ村建設狀況次ノ如シ（康德二年一月末現在）

區別	部落名	收容豫定戶數	收容豫定人口	家屋建築軒數	家屋建築間數	防禦設備鉄條網、	防禦設備壕	街道
第一區	二道河子(一)	一三四	八六二	二八	八一	完成	未成	半成
	二道河子(二)	一〇五	八五六	四三	一二七	完成	未成	半成
	二道河子(三)	一三二	八〇〇	一一	三三	完成	未成	半成
	三道河子	九六	六〇〇	三九	一一八	完成	未成	半成
	燒鍋甸子	七七	四七二	材料集積		未成	未成	未成
	下平安營	一〇〇	八〇〇	四六	一五〇	未成	未成	半成
	上平安營	八〇	四五〇	四〇	一二〇	未成	未成	半成
	六道嶺子	七八	六八二	四四	一六六	仝	小成	仝
	三道嶺子	九三	六三四	五一	一六一	仝	未成	仝
	徐家大院	七〇	三〇三	三〇	一〇〇	仝	仝	仝

第三區

十五奎頂子	八三	四四五	三〇	八九	未成	未成	半成
哈螞塘	一〇五	五五五	二〇	六四	完成	仝	仝
菱角街	四一	二一三	六	一八	仝	仝	仝
岔河咀子	六六	三六八	六	一八	未成	仝	仝
十里灣	六八	三八〇	二二	六四	完成	仝	仝
永安川	一六七	一、一一九	四一	一二二	仝	半成	仝
腦枝子溝	六七	三七三	三七	一一七	半成	小成	仝
大北岔	一一七	五六七	二九	八七	仝	仝	仝
築山河	四七	三四六	四	一五	未成	未成	仝
香水河子	四九	三三二	一三	四三	仝	仝	仝
石門子溝	五八	三六一	一二	三八	仝	仝	仝
八道嶺子	七〇	三九〇	二八	八四	仝	仝	仝
筒子窩棚	一一五	七七七	三一	一一八	仝	仝	仝
四合屯	一三二	八二三	四七	一五三	未成	未成	半成
任家街	五九	三五四	三六	一〇三	仝	仝	仝

黃梁子	三〇	一五三	二二	六四	未成	未成	半成
腰嶺子	五六	二九〇	二一	六三	仝	仝	仝
北干棒子溝	六〇	三四〇	二一	六〇	仝	仝	仝

計　二十八ヶ村　二、三五五戸　一二、五九五人　七五九軒　二、二七八間

一戸當リ所要費（二間房子標準）

普通人員	二四、〇〇圓	（一日賃金三〇銭八〇人分）
大工	一二、〇〇	（一日賃金八〇銭一五人）
馬車	一五、〇〇	（一圓五〇銭一〇輌分）
材料補充費	九、〇〇	
計	六〇、〇〇	

公共施設費（一ヶ集團村標準）

學校建設費	一五〇、〇〇元
甲辦事處、甲自衛團宿舍、警察分所	一五〇、〇〇
井戸建設費	一二五、〇〇
防禦設備及街道修理費	六〇〇、〇〇

合　計　一、〇二五、〇〇

補助金總豫算

種別	總額	補助ヲ要スル金額	備考
家屋建築費	一四一、三〇〇、〇〇元	四七一〇〇、〇〇元	三分之一補助一戸當リ二〇圓
公共施設費	二八、七〇〇、〇〇	一九、一三三、〇〇	三分之二補助一村當リ六八三圓
指導工作費	一一、七六〇、〇〇	一一、七六〇、〇〇	
計	一八八、八三五、〇〇	七七、九九三、〇〇	

以上二十八ヶ集團部落中ニハ農民ノ自發ニ依ルモノ三、四ヶ村アリテ緊急ヲ要スルモノ十ヶ村ハ收容戸數ニ多少ノ變更ヲ加ヘラレ次ノ如ク決定セラレタリ

村落名	收容豫定數戸數	收容豫定數人員
哈螞塘	一三〇	五五五
十里灣	九六	三二八
永安川	一三〇	九六七
腦樹子溝	五〇	三七三
大北岔	九〇	四四四

腰嶺子	五六	二九〇
四合屯	一〇〇	七六七
六道嶺	七八	六八二
筒子窩棚	一一五	七七七
小老營	八〇	四〇七
計	九二五	五、五九〇

右十ヶ村建設所要補助額

家屋建築補助金	一五、二〇三圓	計算根據前同
防禦設備補助金	二、〇〇〇	
公共施設補助金	二、四〇〇	
計	一九、六〇三	

(四) 雙陽縣集團部落建設狀況

本縣ニ於キテハ從來數十ヶ所ノ新部落建設ノ方針ナリシモ指定地方ノ水害甚シキ爲メ民力疲弊シ居ルト所要經費ノ都合上本年度ニ於キテハ取リアヘズ淨月潭水源地築造ニ伴フ立退者ノ安居地撰定ノ爲メト長春ノ有數ナル背後地タリシ雙磐縣界ニ位セル白楊樹ノ回復ノ爲メ石溪河子及白楊樹

ノ二ヶ所ニ集團部落ヲ建設スルコト、セラレタリ。
其主管機關トシテ縣公署ニ縣公署職員ヲ中心トスル雙陽縣集團模範新村建設委員會ヲ地方實行機關トシテ建設地ニ現地警察署長並ニ士紳ヲ以テ組織セル同委員分會ヲ設ク。
部落裝備ハ磐石縣ニ於ケルト大差ナク建設概況並ニ總經費ヲ見ルニ次ノ如シ

	白楊樹		石溪河子	
	建設件數	經費	建設件數	經費
市街計畫	南北街道五、東西街道五	—	東西街道三、南北街道三	—
新田戶數	現在戶數三〇新添戶數四〇	—	現在戶數六一新添戶數四〇	—
新設家屋數	一五〇間	五、二五〇圓	一六〇間	四、八〇〇圓
公共建築物	學校警察署、保甲自衛團所 計一五間	九〇〇	同 計 一〇間	七〇〇
畑屋敷用地（古有地面積 租地料）	二五晌 租地代每晌穀物二石計五〇石		六〇晌 租地代每晌穀物三石計一八〇石	

新舊井戸數	附近農耕地	圍壕面積	計
現在井數一、新設立五	四七〇晌	幅員一丈二尺延長七〇〇丈	
二〇〇		二、八〇〇	九、一五〇
現在井數六、新設四	六〇〇晌	幅員一丈延長一、三五〇丈	
一六〇		五、四〇〇	一一、〇六〇

補助金支途

1 治安維持會補助　八、六五〇圓

右ハ專ラ公共建築物卽圍壕施設費其他所要警備施設費ニ充當ス

2 縣支出金　一〇、〇〇〇圓

右ハ專ラ家屋新設費、井戸新設費其他自治農村トシテノ所要經費ニ充當ス

3 國都建設局補助費　二、〇〇〇圓

右ハ淨月潭土地買收金豫算殘額ノ集團部落建設助成金トシテ振リ向ケラレタルモノニシテ右ハ腰站水源池地並ニ其附近立退農民ノ收容家屋新設費ニ充當ス

（五）永吉縣集團部落建設概況

本縣ニ於テ計畫サレアルハ舒蘭、額穆縣界ニ近キ大荒溝、沙河子、孫家屯ノ三村ニシテ集團ヲ要スル現散在戸數夫々約三十五戸、三十戸及二十五戸ナルモ收容豫定戸數ハ八〇戸乃至百戸以テ治安線ヲ擴大セントスルモノナリ。本年三月中旬大荒溝ノ實地見分ニ着手セラレタリ。

所要補助額次ノ如シ（三ヶ村合計）

建築補助費

現散在家ノ集家サス分	三、六〇〇圓（九十戸、一戸當リ半額補助ニテ四〇圓當）
歸農新規入村ノ分	三、〇〇〇圓（百五十戸一戸當リ二十圓當）

共同施設費

防護設備費	一、八〇〇圓
甲辦事處自衛團宿舍建設	七五〇圓
學校其他教育機關	四五〇圓
井戸　二個	三〇〇圓
其他共同小設備費	三〇〇圓
電話架設費	二、〇〇〇圓（一粁五〇圓當四〇粁份）

諸雜費　三〇〇圓

合　計　一二、五〇〇圓（治安維持會ヨリノ既令達額四、九〇〇圓）

（六）敦化縣集團部落建設概況

額穆縣第一期計畫ニ於テ敦化縣内ニ存スルモ額穆縣トノ關係密接ニシテ且同縣集團部落建設ノ効果ヲ完全ナラシメンガ爲メ着手セラレタル威虎嶺黃泥河子ノ二部落ハ去ル六月末ヲ以テ第一期工作終了ノ豫定ナリシモ仝月中旬敦化縣ニ移管セラレ仝縣ニ於テ建設スルコト、ナリ既ニ其完成ヲ見タリ其後治安線ノ擴大ノ爲メ劉家店、頭道河子、東溝ニ計畫セラレ、本年三月前二村ノ着手ヲ見タリ。其主管トシテ縣治安維持會之ニ當リ縣長參事官以下縣公署職員隨時現地ニ駐屯シ建設指導ヲナス、建設後ニ於ケル警備ハ自衛團ヲ以テ經トシ通信網ノ架設ニ依ル各警備團ノ流動警備ヲ緯トス。

建設費次ノ如シ

一戸當リ。三間房子ヲ標準トシ農民自身ノ手ニテ建設スルトキハ一二〇圓ヲ要スベク中五〇圓ヲ補助ス

共同施設費（一集團村）

防禦設備費　一、〇〇〇圓　鐵條網五〇〇圓砲台築造四〇〇圓ソノ他一〇〇圓

甲辦事處自衛團家屋　二五〇圓
學校建築費　八〇〇圓　一間房子八〇圓
警察署建設費　仝
井戸（三個―四個）　五〇〇圓　一個當リ一三〇圓―一四〇圓
其他諸設雜費　二〇〇圓
計　三、五五〇圓

（七）伊通縣集團部落建設計畫

集團部落豫定地

第一種集團部落建設豫定地（匪患ノ爲メ耕地放棄セラレアル區域）

第三區　信發成、韓奎五、太平橋

第二種集團部落建設豫定地（耕作ハナスモ匪患ノ絶エザル地域）

第二區　疙瘩屯　三道溝

第三區　二道溝　旺遠屯　趙家屯

第四區　天德堡

第五區　太平淸　溝丈溝

建設費

一戸當リ　平均五〇〇圓

共同施設費（一村當リ）

井戸	二〇〇圓	一個五〇圓
道路	一五〇圓	村内東西一里、南北一里
倉庫	五〇圓	一村一倉
學校	八〇〇圓	一村一校

第三節　地方財政

第一項　概觀

新吉林省ハ舊吉林省中比較的優良ナル地方ヲ包括シ康徳元年度ニ於ケル各縣豫算合計ニ就キテ見ルニ舊吉林省約九百四十萬圓ナルニ對シ新吉林省約四百九十三萬圓（郭爾羅斯前莊ハ含マズ）ニシテ新省十七縣ノ財政ハ旧省爾餘ノ三十七縣ニ比シ遙カニ良好ナリト概評シ得ルモ各縣別ニ之ヲ見ルトキハ尚磐石、乾安、長嶺、額穆、敦化等何等カノ方策ヲ講ズルニ非ラザレバ自立シ得サルモノ少カラザル

ナリ

一、康德元年度歲入歲出豫算

歲入	
經常部	四、四一一千餘圓
稅收入	三、九二七千餘圓
財產收入	一三〇千餘圓
雜收入	三五四千餘圓
臨時部	五〇二千餘圓
前年度繰越金	三〇一千餘圓
國庫交付金（縣長、科局長俸給）	二〇一千餘圓
歲入總計	四、九一三千餘圓
歲出	
經常部	四、四九二千餘圓
縣（市）公署費	一、三三六千餘圓
警察費	一、五五四千餘圓（吉林市長春縣ニハ警察權ナキ故本費ナシ）

教育費	七一七千餘圓
其他	二〇八千餘圓
豫備費	六七四千餘圓
臨時部	四四三千餘圓
土木費	一六二千餘圓
補助費	五三千餘圓
借欵償還	一二八千餘圓
其他一般臨時費	一〇〇千餘圓
歳出總計	四、九三五千餘圓
差引不足額	二二千餘圓

右ニ於テ直チニ知ラルヽ如ク警察費ハ全省ニテ經常部歳出額ノ三四%ニ達シ某縣ノ如キハ五〇%ニ上ルモノアリテ其如何ニ縣財政ノ重壓トナリツヽアルヤヲ覗ヒ得ルナリ。尚豫備費ノ比較的大ナルハ富裕ナル數縣ガ比較的多額ノ剰餘金ヲ有スル爲ニシテ又一般臨時費中ニハ調査費、救卹金及ビ子彈費ヲ含ムガ故ニ相當多額トナリ居ルナリ。

二、行政補助金（康德元年十二月現在）

旧吉林省所管申請行政補助金額　九三九、〇〇〇餘圓（延吉縣以下十七縣）
中央政府査定額　八一〇、〇〇〇圓（國庫交付金制ニ依ル赤字補塡ヲ控除シテ）
中央政府認可額　五六九、〇〇〇餘圓（約七〇％）

豫算決定後冷水災其他ノ原因ニヨル地方歳入ノ著減豫想サレシニヨリ各縣ノ實行豫算ヲ組セ十月末査定ヲナス

舊吉林省管下實行豫算赤字査定額　一、一〇八、〇〇〇圓
中央政府既認可額　五六九、〇〇〇餘圓
追加申請額　五三八、〇〇〇餘圓

右ニ就キ新吉林省管內份ヲ見ルニ次ノ如シ

中央政府配付濟額　一五五、〇〇〇圓（磐石、徳惠、額穆、長嶺、乾安、樺甸ニ配付濟）
追加申請額　四二五、〇〇〇餘圓（磐石、徳惠、額穆、敦化、長嶺、乾安份）

三、行政借款

各縣ハ何レモ七月ヨリ十月ニ至ル間ハ殆ド收入ナキヲ常トシ從ツテ此ノ間ハ行政借款ニ依リテ諸經費ヲ辦ズルヲ普通トス

康德元年十二月ニ於ケル借款情況次ノ如シ

舊吉林省所管借款申請額　八五六、〇〇〇餘圓

舊吉林可省所管認可額　五六三、〇〇〇圓

舊吉林省所管追加申請額　一二六、〇〇〇餘圓（十月以降ノ實情ニ鑑ミ）

舊吉林省所管追加申請認可額　八四、〇〇〇圓

行政借款認可額合計　六四七、〇〇〇圓

右ニ關シ新吉林省所管份ヲ見ルニ次ノ如シ

借款額　三五〇、〇〇〇圓

借款縣　扶餘、德惠、磐石、伊通、農安、舒蘭、敦化、額穆、樺甸

第二項　各縣市別財政實況

康德元年度各縣歲入歲出豫算表

縣別	歲入			歲出		
	經常部	臨時部	合計	經常部	臨時部	合計
永吉	三一〇、五六四圓	一三五、〇〇〇圓	四四五、五六四圓	四四二、二〇一圓	三、三六三圓	四四五、五六四圓
長春	二三三、五九四	—	二三三、五九四	二〇九、六二九	二三、九六五	二三三、五九四
扶餘	二六九、八八一	—	二六九、八八一	二五七、九八〇	一一、九〇一	二六九、八八一

九台	三〇三、九二〇	五〇、〇〇〇	三五八、九二〇	三一三、一三八	四五、七八二	三五八、九二〇
德惠	三三五、〇〇〇	—	三三五、〇〇〇	三三二、〇〇〇	三、〇〇〇	三三五、〇〇〇
磐石	一九三、五〇二	五二、〇〇〇	二四五、五〇二	二三八、一四二	七、三六〇	二四五、五〇二
楡樹	四〇七、六七八	—	四〇七、六七八	三四一、〇四六	六六、六三二	四〇七、六七八
伊通	三〇八、五五六	—	三〇八、五五六	二九七、四七二	一一、〇八四	三〇八、五五六
農安	二四五、九〇五	—	二四五、九〇五	二三六、二八二	九、六二三	二四五、九〇五
長嶺	五二、七〇八	五八、五五七	一一一、二六五	一〇九、一八五	三、〇八〇	一一一、二六五
舒蘭	一九一、〇五五	五四、三〇二	二四五、三五七	二一〇、一七六	三五、一八一	二四五、三五七
雙陽	二一三、九〇六	七六、七〇七	二九〇、六一三	二六八、五六六	二二、〇四七	二九〇、六一三
敦化	一六一、七九二	—	一六一、七九二	一五一、四一一	一〇、三八一	一六一、七九二
額穆	一三八、五三四	五〇、〇〇〇	一八八、五三四	一八四、〇三四	四、五〇〇	一八八、五三四
樺甸	二七六、五五九	—	二七六、五五九	二六六、六五八	九、九〇一	二七六、五五九
乾安	五二、三八〇	三〇、五九二	八二、九七二	八二、九七二	—	八二、九七二

懷德	四六三、八〇四	一八、八七三	四八二、六七七	三七六、七六一	一〇五、九一六	四八二、六七七
吉林市	三五七、二〇〇	一〇、二七二	三六七、四七二	二八五、一一三	八二、三六〇	三六七、四七三
計	四、四二二、五三八	五一六、三〇二	四、九三八、八四〇	四、四九二、七六四	四四六、〇七六	四、九三八、八四〇

大同二年度各縣歳入歳出決算表

縣別	歳入 經常部	歳入 臨時部	歳入 合計	歳出 經常部	歳出 臨時部	歳出 合計
永吉	三六一、一四〇圓	二六〇、五三三圓	六二一、六七三圓	三九九、二七九圓	五七、一七六圓	四五六、四五五圓
長春	二〇三、二三六	二二、八〇〇	二二六、〇三六	一四九、六三二	四三、一五四	一九二、七八六
扶餘	二九五、八一七	六二、九九九	三五八、八一六	二四二、八五七	一〇一、八八七	三四四、七四四
九台	三三九、七二八	五六、四二五	三九六、一五四	二一四、八四八	五一、九二五	二六六、七七三
德惠	二一〇、四〇九	三八、七七五	二四九、一八四	二三三、六三九	五、九〇八	二三九、五四七
磐石						
榆樹	三七九、七七一	九八、二九五	四七八、〇六六	二八五、六〇五	五三、九九〇	三三九、五九五

伊通	三五八、二五一	一〇六、一一八	四六四、三六九	二九一、八二三	一六九、四一四	四六一、二三八
農安	二三五、二八〇	三六、四三三	二七一、七一四	一八五、一四九	六八、七九七	二五三、九四七
長嶺						
舒蘭	一六四、九〇〇	七四、八一七	二三九、七一七	一四七、〇六六	二九、二九一	一七六、三五七
雙陽	二三〇、九六九	一〇七、六二〇	三三八、五七九	二〇五、二〇四	—	二〇五、二〇四
敦化	九七、七五七	四八、一五五	一四五、九一二	一三二、三六五	五、七〇三	一三八、〇六八
額穆	八四、七五五	七八、八五九	一六三、六一四	一三九、八六一	二三、一七七	一六三、〇二九
樺甸						
乾安	三四、〇一五	六二、三〇二	九六、三一七	八五、四四二	一〇、八七〇	九六、三一二
懷德	三四五、三六五	一七一、七九三	五一七、一五八	四一六、九二八	四八、四二三	四六五、三五一
計	三、三三一、四三〇	一、二二六、〇六八	四、五四七、四八八	三、一二〇、六八四	六七九、七二八	三、八〇〇、四一三

吉林省各縣行政補助費一覧表（康德元年度）

縣名	金額	備考
德惠	一二三、〇〇〇圓	

磐石	四四、〇〇〇	
長嶺	四〇、〇〇〇	
敦化	一五、八〇〇	敦化、額穆ノ中二七、〇〇〇圓ハ山林警備隊ノ補助費
額穆	三九、二〇〇	
樺甸	五、〇〇〇	
乾安	二五、〇〇〇	
合計	一八二、〇〇〇	山林警備費ヲ除ケバ一五五、〇〇〇圓ナリ

吉林省各縣行政借欵額一覽表（康德元年度）

縣名	借款額
舒蘭	一〇、〇〇〇圓
德惠	四五、〇〇〇
伊通	二八、〇〇〇
農安	三〇、〇〇〇
懷德	四〇、〇〇〇
扶餘	三〇、〇〇〇

敦　化　五〇、〇〇〇
額　穆　二五、〇〇〇
磐　石　五二、〇〇〇
樺　甸　四〇、〇〇〇
合　計　三五〇、〇〇〇

省政改革ト共ニ旗制ヲ布キ本省ノ所管ニ入レル郭爾羅斯前旗ノ財政ハ少ナカラズ事情ヲ異ニシ旗ノ收入ハ札薩克ノ收入ニシテ其收支ハ私經濟トモ稱スベク極メテ漠然タルモノナリキ。
其概況次ノ如シ

收　入

地　租　國幣　三五六、六八〇元　毎晌哈洋三角（完全旗收）及附加税毎晌永洋五角（國收三角二分旗收一角八分）長春總局、德惠、九台小雙城堡ノ三分局、農安局、長嶺局ニ於テ徵收ス

新京蒙旗房基　八、〇〇〇

津貼收入　一一〇、〇〇〇　三成統捐及牲畜税（百分之一五）蒙酒税（百分之五十）斗税（百分之三〇）米穀税（百分之二〇）註册費（百分之三〇）驗契費（三分之一）。長春、德惠、農安、長嶺、乾安縣下蒙地ヨリ徵收ス

養兵費　二〇、四〇〇　熟地毎晌國幣四毛毎伏犁（五〇晌）羊草一、一〇〇綑、秫楷一、一〇〇綑ヲ徵收ス

入册費　？　兵役適齡者ハ登記ニ際シ十元乃至二十元ヲ徵ス

計	四九五、〇八〇
支出	
王倉經費	三九、六〇〇圓
府內經費	二八、八〇〇（食費ヲ含ム）
招待費	一〇、〇〇〇
薪水	八〇〇
旗公署經費	三一、四〇〇
辦公費	一五、〇〇〇（食費ヲ含ム）
通信費	一〇、〇〇〇
薪水	六、四〇〇
旗長參領等薪水	六〇〇
巡防騎兵國經費	六三、六七八
薪水	一九、一六八
軍衣費	一〇、〇〇〇
子彈費	二五、〇〇〇

銃器修繕費　六〇〇
團部補助費　八、九一〇
地局經費　一七九、七九三（地稅徵收機關經費）
計　三一五、〇七一
剩余　一八〇、〇〇九

第三項　地方稅

滿洲國成立後財政部ノ稅制ニ對スル態度ハ地方稅制方面ニモ反映シ來リ財政的中央集權ノ確立ヲ期サンガ爲メ　現行稅捐ハ其徵收機關ノ如何ヲ問ハズ從前中央並ビニ省政府ノ歲入ニ屬セシモノハ總テ之ヲ國稅トシ其他ハ之ヲ地方稅トシテ市縣及ビ設治局ノ收入ニ歸セシメ」（大同元年九月十九日財政部訓令第七十六號）從來省財政廳ニ於テ徵收セシモノヲ國稅トシテ引揚ゲシ外國稅ト地方稅ヲ劃分シ又舊政權治下ニ於ケル甚シキ惡稅ノ應急的改廢ヲ行フト共ニ其甚シカラザルモノハ漸進的ニ改革ヲ行フコト、シ先ヅ軍備補助ノ名儀ヲ以ツテ人民ヲ重壓セシ給養雜捐ハ一切免除セラレ（大同二年七月二十九日民政部訓令第四七五號）次イデ大同二年十二月ニハ「各市縣ニテ徵收ノ車牌捐暫行規則」康德元年八月ニハ「地方稅木捐規則」公布セラレタリ

爾來地方稅ニツキテハ種々研究ヲ重ネラレツ、アルモ未ダ施行セラル、ニ至ラズ從ツテ現行地方稅ノ

大多數ハ事變前施行セラレタルモノニシテ其數二十種ニ上ル。而シテ純然タル附加捐タルモノハ木捐及ビ舒蘭縣ニ於ケル菸蔴附加捐ノミニシテ形式的ニハ附加捐ノ如ク見ラル、田賦附加捐（晌捐）及ビ營業附加捐ハ實質的ニハ其他ノモノト同樣獨立捐ナリ。其主ナルモノヲ擧グレバ收益税的性質ヲ有スルモノハ晌捐、營業附加捐、商捐等、消費税的性質ヲ有スルモノハ粮捐、木捐木炭捐、屠捐、肉捐、牲畜捐山貨捐等、交通税的性質ヲ有スルモノハ車捐、汽車捐、船捐、渡船捐等ニシテ其他戯捐、妓捐、旅店捐等アリ

次ニ徴税機關ニ就キテ見ルニ事變前ハ極メテ多岐ニ分レ居リシモ漸次統一ニ向ヘリ。即チ國税省税ヲ徴收シ居リシ吉林省財政廳、吉林省印花處及ビ吉林省菸酒事務局ハ省税ガ國税ニ引揚ゲラル、ト共ニ廢止セラレ新ニ財政部ニ直屬スル吉林税務監督署設置セラレ國税ノ徴收ニ當レル税捐局ノ監督ニ當ルコト、セラレ而シテ其後ト雖モ都合上已ムヲ得ズ省公署實業廳ニ於テ國税タル鑛區税ヲ徴收シ居リシモ昨年鑛業監督署設置セラレ同署ニ移管セラレテヨリハ省公署ハ一切國税ノ徴收ニハ關セサルニ至レリ。

地方税ノ徴收ニ於テ多岐ヲ極メシハ吉林市ナリトス。即同市行政區域内ニ於テハ吉林市政籌備處吉林警察廳（前省會警察）及吉林松花江水上警察局夫々地方税ヲ徴收シ居リシモ吉林警察廳ノ諸經費ハ國庫ヨリ支辦セラレ居ルヲ以ツテ其徴收セシ地方税ハ康徳元年七月一日ヨリ吉林市政籌備處ニ移管セ

ラレ更ニ又大同二年ノ始メ松花江上游水上警察局經費モ亦既ニ國庫ヨリ支給セラレ居ルヲ以ツテ其徵收セル水警捐ハ稅務監督署ニ引續ガントセシコトアリシモ水警捐ハ純然タル地方雜捐ナルヲ以ツテ暫時舊例ニ據ルコト・シ其徵收金ハ省公署ニ送ラレ居リシモ康德元年七月一日ヨリ同局徵收ノ水警捐ハ永吉縣財務局ニ於テ代徵シ吉林稅務監督署ニ送ルコト、ナレリ。

尚各縣ニ於テ徵收セシ營業附加捐ハ商會々費ト共ニ縣商會ニ於テ代徵シ居リシモ大同二年十二月ヲ以テ之ヲ禁止セラレタリ。

縣市別現行地方稅（由康德二年度縣市提出豫算書）

捐種別	捐名	課稅標準及捐率	納期年月日隨時捐別	納捐義務者	起徵年月	康德元年度收入豫算
永吉縣						
地捐	晌捐	每晌地徵〇元六九	年捐	地主	光緒二四	一七九、八二六円
營業捐	營業附加捐	按賣價百抽一	月捐	商號	仝	九、六〇〇
雜捐	糧捐	按糧價值百分之一徵收	隨時捐	賣主或買主	民國一〇	七〇、〇〇〇
	屠宰捐	牛一頭〇元一〇羊一隻〇元、〇四猪一口〇元〇二	仝	屠戶	仝	二〇
	牛馬捐	照賣價每元徵〇元〇四五	仝		宣統二	—
	車捐	車牌一套二元、二套三元三、四套四元、五套以上六元	年捐	車主	大同二、一二	二三、九二〇

九五

妓捐	每妓館收三元八五、每妓女納〇元七七	月捐	妓館妓女	民國一〇	三〇〇
木捐	按正稅百抽二十五	隨時捐		康德元、八	

長春縣

地捐	晌捐	每晌地征〇元八四六	年捐	地主	光緒三四	一六九、二三一
營業捐	資本捐	按商號資本金千分之三徵收	月捐	商號	光緒三二	五〇〇
	商捐	按各商號賣錢百分之一、五				一二〇〇
雜捐	粮米捐	賣粮商百元徵〇元八五	隨時捐			四、一〇〇
	屠宰捐	牛一頭收〇元一〇、羊一隻〇元〇四、豬一口〇元〇二	隨時稅	屠戶	民國一〇	
	牛馬捐	照賣價百元徵〇元〇四五			宣統二	五
	車捐	車牌一套二元、三套三元、三、四套四元、五套以上六元	年捐	車主	大同二、一二	一二、〇〇〇

扶餘縣

地捐	晌捐	每晌地收〇、四三八	年捐	地主	光緒三四	一四二、〇〇〇
營業捐	營業稅	按貨物賣錢值百抽一	月捐	商號		六、〇〇〇
	附加捐	一成粮捐、四厘四捐、菸蔴城捐每項〇、〇三元加收二厘、又四厘捐、牛馬特捐、營業稅每項〇、〇二元加收二厘	隨時捐	粮商店行、販牛馬者、商號	民國二、三	四厘捐二三、四厘四捐一三、附加捐一、二四七
雜捐	粮捐	二成粮捐按買價百分之二徵收	仝	粮商	宣統三、八	一八、三四六
		一成粮捐按賣價百分之一徵收	仝	賣粮者	仝	四、一六五
		站一成買主粮捐、按買價百分之一徵收	仝	粮商	民國七、一一	一七、八一〇
		站一成賣主粮捐、按賣價百分之一徵收	仝	賣粮者	民國一九、八	一七、八一〇
	屠宰捐	牛一頭〇元六九、豬一口〇元三三、羊一隻〇元三三	仝	營業者	宣統三、八	一、三六七
	車捐	車牌一套二元、二套三元、三、四套四元、五套以上六元	年捐	車主	大同二、一二	二〇、〇〇〇
		馬車收〇元七六九	月稅	馬車營業者	民國三、一〇	一七六
		汽車大號每輛九元五角小號四元八	仝	車主	民國一五、三	七二
	攤床捐	一等一元一五四、二等〇元七六九、三等〇元三八五、棹每張〇元三八五	仝	營業者	民國一二、九	四八〇

縣別	捐別	捐目	徵收標準	徵收時期	納捐者	開始年月	收入額
		鷄子捐	每百個收四厘	隨時捐	鷄子商	民國三、一〇	二〇
		木炭捐	炭商包納年收一四元	期捐	炭商	宣統二、一	二八
		妓捐	每妓女一等三元〇八、二等二元三二、三等二元一五四等〇元七七	月捐	妓女	宣統三、八	三四二
		戲捐	按實票價千分之八十八徵收	隨時捐	營業者	民國九、八	二二
德惠縣	地捐	晌捐	每晌徵〇元九七	年捐	地主	宣統元	一六四、九〇〇
	營業捐	營業捐	按商號賣錢百抽一	月捐	商號	仝	五、〇〇〇
		商捐	按商資本百分之二	年捐	舖商	民國元、一	五〇〇
	雜捐	粮捐	賣錢價百分之一			自下新設申請	
		屠宰捐	牛一頭〇元七〇猪一口〇元一六羊一隻〇元〇八	隨時捐	屠戶		二五〇
		車捐	車牌一套一元二套二元三套三元四套四元五套以上六元	年捐	車主	大同二、一二	二九、〇〇〇
			汽車、每輛四元八〇	月捐	車主	民國一三	一〇〇
		攤床捐	每攤床一角六分	仝	攤床小賣人	宣統元、六	二〇〇
		妓捐	三等每人一元一五	仝	妓女	宣統元、六	四〇〇
		旅店捐	旅客每人四厘	隨時捐	客人	宣統二、三	一〇〇
		鷄子捐	按鷄卵值百抽一	仝	鷄卵商	民國三、一	五〇
磐石縣	地捐	晌捐	每晌地共收一元一六	年捐	地主	宣統元、二	七九、〇〇〇
	營業捐	營業捐	從價值百抽一	月捐	營業者	宣統二	五、〇〇〇
		營業附加捐	各商號統共納四六一元五〇	年捐	仝		四六〇
	雜捐	粮捐	從價值百抽二、四	隨時捐	仝	宣統三	三二、〇〇〇
		屠宰捐	猪羊每頭收〇元二〇	仝	屠戶	民國二二	八四〇
		牲畜捐	從價值百抽一	仝		宣統二二	三六〇
		車捐	車牌一套二元二套三元三、四套四元、五套以上六元	年捐	車主	大同二、一二	二六〇〇
			汽車、按期（四個月）百元收六元	季捐	仝	民國一七	一二〇
			馬車按月每輛收一元	月捐	仝	民國二〇	四二〇
		妓捐	每名按月收一元	仝	妓女		二一六
		戲捐	每開演一日收〇元二〇	日捐	營業者	民國一〇	二四
		木捐	按正稅百抽二十五	隨時捐		康德一、八	一

榆樹縣

地捐	晌捐	每晌地〇元五三八四	年捐	地主	宣統元	二四二、二八〇
營業捐	營業附加捐	從價值百抽一、八	月捐	營業者	宣統二	二二、〇〇〇
雜捐	糧捐	按糧價值百分之二徵收	隨時捐	糧主	民國三	四八、五〇〇
	屠宰捐	牛一頭〇元四六豬一口〇元一五羊一隻〇元一五	仝	屠戶	民國一三	四、四八八
	車捐	車牌一套二元二套三元三、四套四元、五套以上六元	年捐	車主	大同二、一二	四〇、〇〇〇
		汽車大號每輛八元小號五元	月捐	仝	民國一五	五〇
	妓捐	妓女每人一元五角	仝	妓館戶	民國元	二四〇

伊通縣

地捐	晌捐	按每晌地徵收〇元八〇	年捐	地主	宣統三、五	一八五、六〇〇
營業捐	營業捐	按商號賣錢每百抽一	月捐	商號	宣統三、一一	四、八〇〇
	商捐	按各商資本多少推繳共十二元八角	年捐	仝	宣統三、二	一二
雜捐	糧捐	按糧每石徵收〇元一一六	隨時捐	賣買主客納一半	民國一八、二	五三、三六〇
	屠宰捐	牛一頭一元豬一口〇元三〇羊一隻〇元二〇	仝	屠戶		一、八〇〇
	木捐	按正稅百抽二十五	仝		康德元、八	
	車捐	車牌一套二元二套三元三、四套四元、五套以上六元	年捐	車戶	大同二、十二	二二、〇〇〇
	旅店捐	甲店每客日收六厘乙店每客四厘	日捐	客人	民國一八、三	八〇

農安縣

地捐	晌捐	每晌地徵〇元八〇八內有自治費〇元二二	年捐	地主	光緒三三	一五〇、〇〇〇
營業捐	營業附加捐	雜貨價百抽一	月捐	商號	光緒三八	一〇、〇〇〇
雜捐	糧捐	雜糧值百抽一	隨時捐	糧主	宣統三、三	五、九四〇
	屠宰捐	牛一頭一元一五四豬一口〇元四六二羊每隻〇元二四	仝	屠戶	宣統元	一、六八一
	牲畜捐	從價百抽一	仝	買主	民國二	七二〇
	車捐	車牌一套二元二套三元三、四套四元、五套以	年捐	車戶	大同二、一二	二五、九四〇

		上六元				
		汽車大車月一〇元小車六元	月捐	營業車主	民國一四	一〇一
	妓捐	每名一元五〇	月捐	妓女	民國五	三一四
	戲捐	實票價值一日收〇元二〇	日捐	營業者	民國一六	二五〇
	旅店捐	大店每客一泊收四厘、小店收二厘	月捐	客人	民國三、三	四〇〇
長嶺縣						
地捐	晌捐	每晌地徵收一元	年捐	地主	宣統元	三六、〇〇〇
營業捐	營業捐	從價值百抽一元	月捐	商號	民國三	二、〇〇〇
雜捐	粮捐	從價值百抽二	隨時捐	營業者	民國三	三、〇〇〇
	居捐	按宰豬一口〇元四〇羊一隻〇元三〇	仝	居戶		三〇〇
	車捐	車牌一套二元、二套三元、三、四套四元、五套以上六元	年捐	車主	大同二、一二	五、〇〇〇
		汽車大車七元七〇小車四元六〇	月捐	車主	民國一五	一五〇
	妓捐	每妓女收二元	仝	妓女	民國四	四八〇
舒蘭縣						
地捐	晌捐	每晌收〇元八五	年捐	地主	宣統元	一三二、七五五
營業捐	營業捐	按商號賣錢百分之一徵收	月捐	商號	民國元	—
	商捐	按商號資本百分之一	季捐	仝	仝	—
房捐	房捐	查縣城各鎮所有出租房間共價值按百分之三				—
雜捐	粮捐	每粮一斗按稅捐局每石價千分之十六徵收	隨時捐	賣主	民國四	一五、〇〇〇
	居宰捐	宰牛一頭一元一五四豬一口〇元四六二羊一隻〇元二四	仝	居戶	民國一七	六〇〇
	木捐	按正稅百抽二十五	仝		康德元、八	一、〇〇〇
	車捐	車牌一套二元、二套三元、三、四套四元、五套以上六元	年捐	車主	大同二、一二	一二、〇〇〇
		汽車、大號每輛七元七〇小號四元六〇	月捐	車主	民國一九	二四〇
	營業捐	查縣內全年賣買木炭共價值額百分之四				
	菸蔴捐	按正稅抽收一成	隨時捐	賣主	民國一四	一、五〇〇
	妓捐	每妓女收〇元五〇	月捐	妓女		

	旅店捐	按店住客每名四厘	月捐	客人	民國一七	一、〇〇〇
雙陽縣						
地捐	畝捐	每垧地徵收一元	年捐	地主	民國三、七	一四三、九三八
營業捐	營業捐	按商號賣錢徵百分之一、二	月捐	商號	宣統二、七	四、四九九
雜捐	粮捐	按價百分之一、六徵收內有自治款十分之一、五	隨時捐	賣主	民國一一、七	二三、八二七
	屠捐	牛一頭一元一一猪一口羊一隻夫々〇元三七	仝	屠戶	民國元、一〇	八九一
	車捐	車牌、一套一元、二套三元、三、四套四元、五套以上六元	年捐	車主	大同二、一二	一八、八五八
敦化縣						
地捐	晌捐	每晌徵收〇元七七	年捐	地主	宣統元、七	七七、六六〇
營業捐	營業附加稅	按商號賣錢及出境者百分之一徵收	月捐	商號	宣統二、三	一〇、二二〇
	五厘營業捐	按舖賣錢及出境者百元收〇元五〇	仝	仝	民國一一、一	六、九〇〇
	七厘商捐	按商號賣錢百元收〇元七〇	仝	仝	宣統元、七	五、二〇〇
雜捐	粮捐	按粮石價百分之四徵收	隨時捐	出境賣主本市賣買不收	民國六、二	二五、九〇〇
	屠宰捐	牛一頭〇元三〇八豬一口羊一隻〇元一五四	仝	屠戶	民國元	五六〇
	木捐	按正說百抽二十五	仝	仝	康德三、八	一、五七〇
	車捐	車牌、一套一元、二套三元、三、四套四元、五套以上六元	年捐	車主	大同二、十二	六、四五〇
		人力車、每輛〇元三八五	月捐	仝	民國一九、三	八五〇
		馬車、每輛〇元七七		仝		
		汽車每輛七元七〇		仝		
	土產山貨捐	按價百分之四徵收	隨時稅	賣主	民國二、三	五六〇
	妓捐	門捐一等三元八五二等二元三一三等一元五四四等一元一五	月捐	妓館主	民國一五	八六〇
		妓女捐一等每人一元五四二等一元一五三等〇元七七四等〇元三八五	仝	妓女	仝	

懷德縣

地捐	畝捐	上則每畝收〇元一四六中則〇元一四下則〇元一三四減則〇元〇六七	年捐	地主	光緒三一	三二〇、七二〇
營業捐	營業商捐	按各商資本千分之四八	月捐	營業者	宣統三	一三、五〇〇
雜捐	屠宰捐	牛每頭三元猪一口羊一隻〇元二〇	隨時捐	屠戶	宣統元	三、〇〇〇
	肉捐	牛每頭收一元猪每口〇元五〇羊一〇元二〇	仝	仝	宣統三	一、五〇〇
	車捐	車牌一套二元、二套三元、三、四套四元、五套以上六元	年捐	車主	大同二、一二	二〇、〇〇〇
		汽車每輛收六元	月捐	仝	民國一三	五〇
		馬車每輛收一元	仝	仝	仝	六〇〇
		轎車每輛一元	仝	仝	民國一七	五五
	妓捐	一等每名三元二等二元三等一元五〇四等一元	仝	妓女	宣統三	一、三〇〇
	戲捐	每齣一次收一元	隨時捐	興業者	民國元	二〇

額穆縣

地捐	晌捐	按每晌地〇元八五	年捐	地主	民國元、一	二九、七五〇
營業捐	營業附加稅	按賣錢百分之一徵收	月捐	商號	民國五	六、七五〇
	商捐	按賣錢百分之二徵收	仝	仝	民國元、五	一七、〇〇〇
雜捐	屠捐	牛一頭〇元七七猪一口〇元二三羊一隻〇元二三	隨時捐	屠戶	民國元、五	一、二九六
	木捐	按正稅百抽二十五	仝		康德元、八	七、〇〇〇
	車捐	車牌一套二元、二套三元、三、四套四元、五套以上六元	年捐	車主	大同二、一二	六、〇〇〇
		人力車、每輛〇元五〇	月捐	仝		
		乘用馬車、每輛一元五〇	仝	仝		
	山海捐	按縣境所有水陸出產按賣價百抽二	隨時捐	賣主	民國一一、二〇	一、〇〇〇
	煤捐	按賣價百抽二	仝	賣主	民國一七、四	三、〇〇〇
	妓捐	妓女每名〇元七七	月捐	居戶	民國一六、五	一、二〇〇
	粮捐	按價值百抽三	隨時捐	賣主	民國七、八	二七、〇〇〇
	魚網捐					一五〇

一〇一

九台縣	地捐	畝捐	每晌〇元八五	年稅	地主	大同二、二	一五二、八〇〇
	營業捐	營業附加捐	資本五〇〇元以上七元七〇五〇〇元以下六元一五四〇〇元以下四元六〇三〇〇元以下三元〇八二〇〇元以下一元五〇一〇〇元以下〇、七七	月捐	商號		一九、二〇〇
	雜捐	糧捐	每百元抽收一元	隨時捐	營業者	大同元、一一	五三、三五〇
		屠宰捐	屠牛一頭〇元七七豬一口〇、元三六羊一隻〇元三三	仝	屠戶	大同元、一一	八四〇
		牲畜捐	從價値一元抽四分				—
		木捐	按正稅百抽二十五	隨時捐		康德元八	—
		車捐	車牌一套二元、二套三元、三、四套四元、五套以上六元	年捐	車主	大同二、一二	一九、二〇〇
			汽車、大汽車每輛七元七〇小汽車四元六二	季捐	仝		
		妓捐	每戶一元五四每妓一元一五	隨時捐	妓館 妓女	大同元、一二	八四〇
樺甸縣	地捐	晌捐	每晌徵收〇元七七	隨時捐	地主	光緒三四	四八、七〇〇
	營業捐	營業附加捐	按營錢每百抽一成	月捐	商號	宣統元	一六、五四九
		商舖捐	一等五元二等四元、三等三元四等二元五等一元	仝	仝	仝	二、〇〇〇
	雜捐	糧捐	按價値百抽二、徵收	年捐	營業者	宣統元	三八、〇〇〇
		屠捐	牛馬每匹〇元七七豬羊每頭〇元三三	仝	仝	仝	一八、五八八
		木捐	按正稅百抽二十五	仝		康德元、八	一三、五五九
		車捐	車牌一套二元、二套三元、三、四套四元、五套以上六元	年捐	車主	大同二、一二	一一、〇〇〇
			汽車大號每輛七元七〇小號四元六二	月捐	仝	民國一四	三一二
		菸蔴捐	菸按價値百抽四蔴按價値百抽二	隨時捐	營業主	民國一四	一九、七四〇
		山貨捐	從價値百分之六	仝	仝	宣統元	一、五三一
		妓捐	每人一元二三	月捐	妓女	民國六	一、八四三
		戲園捐	按營錢每百抽五	月捐	園主	宣統三	
		店捐	每住客一人徵收五厘	月捐	客人	民國九	三七六

乾安縣

地捐	晌捐	每晌地徵收〇元四二三	年捐	地主	民國一九、二	三五、三八〇
雜捐	糧捐	按糧價徵收百分之二	隨時捐	營業者	民國二〇、三	一、二〇〇
	屠宰捐	宰牛一頭〇元六五猪一口〇元三一、羊一隻〇元一四	仝	屠戶	大同元、四	三〇〇
	車捐	車牌一套二元、二套三元、三套四套四元、五套以上六元	年捐	車主	大同二、二	八、七〇〇

吉林市

地捐	八百壟地捐	每號地(長十五丈寬六丈)特等八元甲等六元乙等四元丙等二元	年捐	地主		五〇六
房捐	房捐	每間房租得額爲標準百分之一	月捐	房主	民國一八、一〇	二七、二六三
營業捐	營業税	商號賣錢百分之一	仝	商號	康德元、七接管	一五、〇〇〇
雜捐	糧捐	按每石賣價百分之一	隨時捐	營業者	民國一九、二	四〇、〇〇〇
	屠宰捐	宰猪一口〇元一五、牛一頭〇元三四羊一隻〇元一一	仝	屠戶	康德元、七接管	一七、六七二
	車捐	營業車自用車 人力車每輛〇、三一 一元五四 馬車仝一、七〇 七、七〇 寬輪車仝一、七〇 七、七〇 玻璃車仝一、七〇 — 水車每輛〇元三九 一元五四 汽車仝三、七〇 — 大車仝 — 九、三四 手車仝 — 〇、七七				四七、二七九
	攤床營業捐	一等三元八六二等三元〇八三等二元三一 四等一、五四五等〇、七七六等〇、三九				
	牌照捐					
	妓捐	妓女捐頭等妓女三元八五頭等清妓一元 五二等妓女二、三二等清妓一、一六三等 妓女〇、七七四等妓女〇、七七	月捐	妓女	民國一八、七城内四等由康德元、七接管	一〇、二五〇
		門捐頭等每戶一元九二二等一元五二 等三元八五	仝	妓館	民國一八、七	

戯捐	賣戯價錢百分之五	日捐	戯主	民國一六、七	二、〇〇〇
廟捐	按錢抽千分之五	月捐	九大商店	康德元、七接管	一、〇〇〇
永吉縣代徵水警捐					
雜捐					
船体捐	按船載重量足五千斤收吉大洋一元五角一萬斤四斤每千斤追加二元	年捐	船主	康德元年七月	
渡口捐	頭號攔渡船每支吉大洋三十元、二號十五元三號以船之大小收十元、八元、六元、小號舢舨每支四元	仝	仝	仝	
漁網捐	大號每架每季收吉大洋八元中號四元小號三元	季捐(春秋二回)	網戶	仝	
雜貨捐	值百抽一	隨時捐	買主	仝	
粮石捐	值百抽五厘	仝	仝	仝	
面粉捐	每小布袋收國幣二分	仝	仝	仝	

第四章　新吉林省ノ金融

第一節　舊紙幣及ビ流通券

第一項　舊紙幣

舊政權時代吉林哈爾濱ニ在リテ紙幣發行權ヲ有セシ永衡官銀號、及ビ東三省官銀號、邊業銀行、廣信公司、中國銀行交通銀行ノ支店ノ發行セシ紙幣ニシテ本省內ニ流通セシモノ永大洋票、哈大洋票、官帖、吉小洋票、現大洋票ノ五種ニ上ル。而シテ之等ハ舊政權軍備ノ擴大スルト共ニ漸次增發ノ一途ヲ辿リ特ニ特産出廻期ニ於テ之ガ買入ヲナサンガ爲メ盛ンニ紙幣ノ增發ヲナセルヲ以ツテ激カニ價値ノ下落ヲ來シ農民ノ利益ヲ剝奪スルコト甚シク經濟的發展ヲ阻碍スルコト又夥シカリキ

政府ハ之ニ鑑ミル所アリテ大同元年六月貨幣法ヲ定メ同年七月一日開業セル中央銀行ヲシテ新發行ノ國幣ノ流通ヲ圖ラシムルト共ニ舊貨幣整理辦法ニ據リ全滿十五種ニ上ル舊貨幣ノ回收整理ニ當ラシメタリ。而シテ始メ舊貨幣ノ流通期限ヲ二年後タル康德元年六月三十日マデトシ殆ド凡テノ回收ヲ豫想セラレ居リシモ尙避遠ニ住スル農商民ノ其機ヲ逸シ利益ヲ失スルノ懼アルヲ慮リ流通期間ヲ更ニ一ケ年延長セラレタリ。

因ミニ新吉林省管內ニ流通セラレシ舊紙幣ハ次ノ如シ。

項別＼幣種	官帖	吉小洋票
發行機關及銀行	官帖局 官錢局	永衡官銀號
發行年月	光緒二四年 光緒三四年	民國六年十二月
種類	所謂銀元官帖）一、二、三、五、十、五十、一百帖	一、二、三、五角及ビ一、五、一〇、一五元ノ八種
價値	小銀元一元ニ對シ官帖二吊二百文	中國銀行交通銀行ノ小洋票ト同價
備考	民國中期ヨリ增發、張作霖ノ列車事件、十八年ノ露支抗爭事件等ニ因リ下落ノ一途ヲ辿ル	民國八年奉吉抗爭後慘落ス依リテ民國九年永小洋一元ヲ吉林官帖十吊ニ公定ス

永大洋票	永衡官銀號	民國七年一月	一、五、十元ノ三種	現大洋票ト同價値	發行後兌換準備不足等ニ因リ間モ無ク價値下落シ郵局吉長鐵路ト現大洋ト同價値收納ノ協約アリシモ官銀號內ノ紊亂ニ益々價値下落シ同協定ハ廢止セラレ兌換ハ完全ニ停止サル
哈大洋票	東三省官銀號、邊業銀行、廣信公司中國銀行交通銀行ノ支店	民國七年三月	一、五、十元ノ三種	大洋錢本位	吉林省南方ノ永大洋票ト拮抗シテ北部吉林省ニ流通シ諸取引ノ建値ニ用ヒラル
現大洋票	聯合準備庫 東三省官銀號 邊業銀行 中國銀行 交通銀行	民國七年四月 同一月 同四月 同五月 同	一、五、十元ノ三種 一、二、五角及ビ一、五、十、一百元ノ七種 一、五、十、五十、一百元及一、二、五角ノ八種 一、五、十元ノ三種 一、五、十元ノ三種		奉天省ノ價値ト落ニ因リ之ニ代ルモノトシテ發行サレシモノニシテ聯合準備庫發行ノモノト單獨發行ノモノトアリ準備率良ク價値維持セラレ廣ク流通ヲ見タリ

第二項　私帖、流通券、救濟券

私帖ハ官憲ノ公認ナク個人商店等ガ自ラ發行セル紙幣ニシテ多ク邊境ノ諸縣ニ流通ヲ見、再三法令ヲ以テ流通ヲ禁止セラレタルモ尚流通ヲ見タルモノニシテ其額面雜多ナリ

救濟券及流通券ハ民國二十年九月滿洲事變以來地方ノ金融梗塞セル結果之ガ救濟ノ爲メ或ハ軍警給養ノ爲メ或ハ又反滿軍ノ强制ニ因リ、地方財務處、地方農商會或ハ救濟委員會等ヨリ發行セラレタルモノニシテ舊吉林省內ニ於テ之等私帖及紙幣類似諸券ノ發行セラレシハ濛江、楡樹、穆稜、同江、密山、寶淸、富錦、樺川、方正、依蘭、阿城、德惠、賓、珠河、勃利、乾安、虎林、東寧ノ十八縣其發

行高ノ國幣換算額三百七十八萬四千圓ニ達ス。現大洋本位ノモノ多ク中ニハ名目的ノミニテ何等實質的擔保ナキモノアリ或ハ擔保アリシモ既ニ喪失セルモノアリ、其價値ニツキテモ下落甚シク五分ノ一或ハ十分ノ一ニ、甚シキハ流通性スラ喪失セルモノアリ。斯ル價値ノ下落ニ因ル損失ハ其所有者即チ地方縣民ノ負擔トナリ事變以後ニ於ケル匪災水災ニ因ル苦痛ヲ一層增大セシメタリ。之等證券ノ整理ハ舊紙幣ノ統一ト共ニ政府ノ注心セルモノナリ。

新吉林省管內ニ於テハ私帖ノ發行ナク流通券、救濟券ノ發行アリシハ楡樹、德惠、乾安ノ三縣トス

1 楡樹縣

本縣ノ流通券ハ民國二十年秋舊吉林軍駐屯ノ際其給養費ヲ强制セラレシヲ以ツテ縣城ニ籌應會、外鎭ニ籌應分會ヲ設ケ商議ヲ重ネシ結果同年度陳欠晌捐ヲ擔保トシ地方財務處發行名義ノ地方捐票百吊券五千萬吊ヲ印刷發行シ給養費ニ當テシニ因ルモノニシテ其價値ハ吉林官帖ト同價ナリキ。爾來政府ノ方針ニ從ヒ縣當局ハ其回收整理ニ努メシ結果康德元年三月マデニ殆ド全部ノ回收ヲ見國幣換算額二、九二三圓ノ未回收アリシノミナリ。

回收燒却狀況次ノ如シ。

大同元年五月	七六、〇〇〇枚	七、六〇〇、〇〇〇吊
仝　六月	九五、三八〇枚	九、五三八、〇〇〇吊

仝　十二月	七〇、〇〇〇枚	七〇〇、〇〇〇吊
大同二年一月	六、九〇〇枚	六九〇、〇〇〇吊
仝　二月	一三、三〇〇枚	一、三三〇、〇〇〇吊
仝　三月	五三、四〇〇枚	五、三四〇、〇〇〇吊
仝　四月	六〇、〇〇〇枚	六、〇〇〇、〇〇〇吊
仝　六月	五八、五〇〇枚	五、八五〇、〇〇〇吊
仝　七月	四四、〇〇〇枚	四、四〇〇、〇〇〇吊
仝　十月	二一、〇〇〇枚	二、一〇〇、〇〇〇吊
大同三年十一月	二六、〇〇〇枚	二、六〇〇、〇〇〇吊
康徳元年三月	二四、〇〇〇枚	二、四〇〇、〇〇〇吊
計	四八五、三八〇枚	四八、五三八、〇〇〇吊（國幣換算額九七、〇七六元）

2 德惠縣

大同元年九月警團給養ノ爲メ餉捐ヲ擔保トシ財務處ト農會商會ノ共同責任ニテ壹元五元ノ臨時流通劵四萬九千零七十二元ヲ印刷シ中三萬九千三十元ヲ發行セリ。其價値ハ吉洋ト同價ニシテ其國幣換算額三萬二十三圓ニ當ル。而シテ大同元年十一月三日回收ノ三千元ト未發行ノ八千五百六十五元ト計一萬一千五百六十五元ヲ燒却シ其後三萬五千七百元ヲ回收シタルモ殘存額三千三百三十元ハ二月十日ヨリ一ケ月以内ニ兌換スベキヲ佈告シ期限後ハ無効トセシヲ以テ現在ニ於テハ市場ニ其流通ヲ見ズ

3 乾安縣

本縣ノ流通券ハ乾安縣公債流通券ト稱シ五元、一元五角ノ三種アリキ。民國二十年主トシテ警學團末拂給費ノ支拂及ビ金融ノ活潑ヲ計ル目的ヲ以ッテ當時ノ設治員徐晋賢ナルモノ地方各團體ト相諮リ乾安縣公債流通券委員會ヲ組織シ地方收入晌捐ヲ擔保トシ商民ノ交易、晌捐ノ納入ニ行使スヘキ流通券ヲ發行スルコト、ナリ民國二十一年一月左ノ如ク印刷ヲ完了セリ

五元券	五、〇七二枚	二五、三六〇元
一元券	一四、九〇〇枚	一四、九〇〇元
五角券	二〇、〇五〇枚	一〇、〇二五元
計	四〇、〇二二枚	五〇、二八五元

斯クテ民國二十一年一月吉大洋ト全價格ヲ以テ發行シ左ノ如ク使用セラレタリ。

	元
警學團經費	二七、九六七、〇〇
見本	一三、〇〇

印刷費及委員會經費　一、〇二〇、九七
大豆購入費　一七、八八一、三七
大豆運搬費　二、〇〇一、四〇
其他　一、四〇一、二六
計　五〇、二八五、〇〇

大同元年三月委員會購入大豆賣上金ヲ以ッテ流通劵一萬一千二百五十四元ヲ回收燒却シ次イテ大同二年七月縣長出省シ回收資金借款交涉ヲナセルモ纒ラザリキ。當時流通劵ハ既ニ價値ノ下落ヲ見國幣一元ニ對シ二元ノ率ニテ流通セラレタリ。

康德元年三月第二回ノ回收ヲナシ前後合計額四萬四千六百〇四元五角ニシテ殆ド全部ノ回收ヲ見タリ。

第二回回收額
無償回收額　一、一六七、五〇元（縣財務局保管ノモノ）
有償回收額　三二、一八三、〇〇（國幣一元對流通劵十元ノ割合ニテ回收）
内譯
五元劵　一五、三二五、〇〇

一元券　九、八二八、〇〇
五角券　七、〇三〇、〇〇

第二節　金融機關ト金融狀況

本省ニ於ケル金融機關ハ日露戰爭ニ至ルマデハ甚ダ幼稚ナリシモ戶部銀行ノ設立ト共ニ近代的金融機關漸次發達シ民國以來著シキ發達ヲ見タリ。然レドモ其發達ハ多ク近代的都市ニ限ラレ庶民ノ大多數ヲ占ムル中小農民ハ地理的ニ惠マレザルノミナラズ其貸出率比較的割高（月利一分二、三厘之至三分以上）ニシテ且抵當物或ハ確實ナル保證人ヲ要スル等ノ爲メ克ク利用シ得ル所トナラズ僅ニ其中間ニ立ツ大地主、糧棧等ヨリ金融ヲ受ケシニ止マル。然ルニ事變以來中央銀行成立シテ氾濫シ居リシ舊紙幣ノ回收ヲ行ヒ又支那系資本ノ本國ニ引揚グルモノ少カラズシテ「デフレーション」ハ急速ニ進ミ又地方治安ノ紊亂ニ因リ糧棧ノ閉店、大地主ノ移住スル者多クシテ地方農民ノ金融ノ途ハ全ク遮斷セラレ正ニ枯渇ノ狀ニ陷レリ。政府ハ玆ニ於テ春耕貸款、商工貸款ノ辦法ヲ實施シ其應急的圓滑ヲ圖ルト共ニ金融合作社ヲ設置シ自力更生ノ途ヲ構ズルニ至レリ。

第一項　滿洲國側金融機關

（一）　新式金融機關

中央銀行吉林分行

所　在　地　吉林省城西大街

本店所在地　新　京

本省内支店所在地　吉林省城河南街、敦化、樺甸、磐石、伊通、農安、長嶺、德惠、扶餘
楡樹、公主嶺

光緒二十四年官帖局吉林ニ創設セラレ三十四年ニハ官錢局附設セラレシガ次イデ宣統元年十一月兩者併合セラレテ吉林永衡官銀錢號ト稱シ本省ニ於ケル中央銀行トシテ金融界ニ君臨シ居リシモ大同元年六月十五日滿洲中央銀行創設セラル、コトトナルヤ舊來ノ發券銀行タリシ東三省官銀號黑龍江省官銀號及ビ邊業銀行ト共ニ之ニ統一セラレ吉林官銀錢號ハ中央銀行吉林分行トシテ同年七月一日營業ヲ開始セリ

益　通　銀　行

民國十五年設立セラレタル股份有限公司ニシテ本店ヲ新京ニ有ス。公稱資本壹百萬圓拂込額二十五万圓ナリ

益　發　銀　行

民國十五年ノ創立ニシテ新京ニ本店ヲ有ス公稱資本二十万圓全額拂込ノ獨資銀行タリ

益華銀行

民國七年ノ創立ニシテ本店ヲ新京ニ有ス、公稱資本三十万圓全額拂込ノ合資組織ノ銀行ナリ

康德元年上半期ニ於ケル營業狀況次ノ如シ

中央銀行吉林分行及河南街支行

預金、國幣 二、四一三、四六九、四六円 金三三、三七九、〇六円（康德元年六月末）

貸金 國幣一五、二八一、六三九、八五 金 ―（同上）

爲替（自大同三年一月至康德元年六月末）

取組 國幣一〇、一〇九、七一三、三〇円 金、一九六、〇二〇、九三円

銀二九七、五二六、〇一円

支拂 國幣四、一一五、一五八、二五円 金三〇八、三九六、六一円

銀 ―

益發銀行

爲替。取組 國幣一二二、四六九、五八円支拂地國內（大連、哈爾濱、奉天、公主嶺、營口、新京）

銀 八八、四七九、二八 支拂地國外（天津、樂亭、昌黎、上海 北平、濟南、留守營、太谷）

金 一、五四一、〇四 支拂地國內（新京大連）

鈔　　四、五〇〇、〇〇　支拂地國內（新京）

支拂、國幣　一一、九七〇、〇〇　取組地國內（新京、哈爾濱、奉天、四平街）

銀　　一一五、〇〇　取組地國外（樂亭）

益　通　銀　行

爲替取組、國幣一〇、四〇六、六一円　支拂地國內（新京奉天、哈爾濱）

銀　　三七、〇七八、四〇　支拂地國外（天津、北平、濟南、樂亭、昌黎）

（二）　舊式金融機關

舊式金融機關ハ儲蓄會、銀號票莊、錢莊、錢舖銀爐、當舖講等トス。爲替及ビ貸付ヲ專業トスル票莊ハ新式銀行ノ出現ト共ニ消滅シ銀錠ヲ鑄造シ預金及貸付ヲナス銀爐ハ本省ニハ殆トナシ儲蓄會銀號ハ殆ド同性質ノモノナルモ唯銀號ハ法律的ニ株式會社ナルヲ異ニスルノミニシテ共ニ農商民ノ預金貸付ヲ業トス。錢莊ハ個人或ハ合資組織ニヨル兩替商ニシテ外國貨幣ノ投機的賣買ヲ營業トシ傍ラ爲替及貸付ヲ營ムモノナリ錢舖ハ小資本ニテ專ラ兩替及ビ外國紙幣ノ賣買ヲ主業トナシ一般貸付ヲナスモノハ稀ナルモ中ニハ預金抹兌、貸付ヲモ營ムモアリ。當舖ハ所謂質屋ニシテ舊式銀行中最モ多數ヲ占ムルハ錢舖トス以上ニ於テ明カナルガ如ク儲蓄會、銀號、錢莊、錢舖等、ハ其業務ヲ見ルトキハ實質的ニハ銀行業務ト何等變ル處ナク唯其經營、商慣習ニ於テ新舊ノ相違アルノミナリ然ルニ銀行ハ一般公衆ノ利害ニ關スル所大ニシテ且國家産業ノ興亡ニモ密接ナル關係ヲ有スルヲ以テ滿洲國政府ハ之カ指導誘掖スルト共ニ適當ナル取締ヲ行ヒ産業ノ健全ナル發達ヲ助成センガ爲メ大同二年十一月(敎令第八十六號)銀行法ヲ公布シ　(一)預金ノ受入、ト金錢ノ貸付又ハ手形ノ割引ヲ併セ爲スコト　(二)爲替取引ヲナスコト、ノ一ニ該當スル業務ヲ營ム者ハ其名稱ノ如何ニ拘ラズ總テ之ヲ銀行トナシ、舊來ノ銀行ニシテ銀行業務ヲ繼續シテ營マントスルモノ及ビ從來實質的ニ銀行業務ヲ營ミ來リシモノニシテ將來銀行トシテ營業ヲナサントスルモノニ對シテハ康德元年十二月末ヲ限リ財政部總長ニ對シ許可申請ヲナサシム。其結果在來ノ錢莊、錢舖或ハ銀號ニシテ新ニ銀行トシテ銀行法ニ據リ營業ヲナスモノ多數ヲ見タリ

舊式金融機關モ亦近代的都市ニ多ク集中シ縣城鎭ニハ僅カニ當舖アルノミニシテ錢舖ノ存スルハ稀ナリ。而モ事變ト共ニ之等地方ニ存在スルモノハ殆ド閉店シ其復活ハ他種商舖ニ比シ極メテ遲レタリ

大同二年五月現在新吉林省管內ニ於ケル舊式金融機關ヲ見ルニ錢莊、錢舖計六十二戶中新京ニ三十二戶、吉林市ニ二十五戶アリ當舖計八十八戶ノ中新京ニ二十四戶、吉林市ニ二十一戶アルノ狀態ナリ　尙吉林市ニハ吉林益民儲蓄會(民國十四年五月設立資本金哈大洋三十萬元金額拂込)吉林實業儲蓄會(民國十四年七月設立資本金哈大洋三十萬元全額拂込)吉林大同儲蓄會(民國十四

年九月設立資本金、哈大洋三十萬元）ノ三儲蓄會アルモ目下營業停止ノ狀態ニアリ。又裕東銀號（民國十五年三月設立、資本金哈大洋三十萬元）裕農銀行（民國十年設立資本金哈大洋三〇万元）農工銀號（民國十八年七月設立拂込資本金六万六千元）中孚銀號（民國十七年七月設立拂込資本金十万元）ノ四銀號又目下營業停止ス

大同二年十一月九日付敎令第八十六號ニ依ル吉林市內新銀行ノ爲替取組高（康德元年上半期）

銀行別	幣種	取組金額	幣種	支拂金額	備考
功成玉	銀	一、五〇四、八六〇、二七			國外＝上海、天津、北平、留守營、樂亭濟南濰縣、太谷、太原
	國	二四、九二一、八七			國內＝新京、哈爾濱、大連
種順德	國	八五、七〇〇、八二			國內＝奉天、新京、哈爾濱、營口
	銀	八二七、七一六、四四			國外＝青島、濟南、天津、北平、上海、掖縣、黃縣、烟台
天和興			國	三一、二七九、七七	國內
			銀	三、二二三、九八	國外
	銀	三三一、五三一、一八			國外＝天津、上海、北平、濟南、青島、烟台山東各處
			國	四五、二七四、九九	國內＝新京
			鈔	四〇〇、〇〇	國內＝大連

信誠永	國銀	一三一、一四八、〇八 二三四、三六五、五四	國內＝營口、奉天、濱江、大連、新京 國外＝天津、北平、青島、上海、山東
	鈔	六、四三三、三〇	國內＝大連
	國	三、二四三、〇〇	國內＝奉天、大連、新京 國內奉天、依蘭、臨江、營口、遼陽

吉林市內當舖貸出狀況（康德元年上半期）

店名	種別	一月末	二月末	三月末	四月末	五月末	六月末
永衡茂	1	一五、一八〇、七〇	一三、五八二、一〇	一六、三八七、一〇	一五、八七一、四〇	一五、七四六、八〇	一四、六六二、六〇
	2	二四、〇五六、五三	二〇、九四三、七〇	一四、六六三、七〇	一八、五八四、二〇	一四、七二三、二〇	一一、四三一、八〇
	3	一三五、七二一、九〇	一二八、三六〇、三〇	一三〇、〇八三、七〇	一二七、二七〇、九〇	一二八、三九四、五〇	一三一、六二五、三〇
永衡昌當	1	一四、二二六、〇〇	一六、〇一六、九〇	一八、七三八、一〇	一九、七〇五、三〇	一九、二五九、一〇	二一、七九一、三〇
	2	二四、二五五、九七	二三、三九九、六〇	一四、一五五、五〇	一三、八八九、一〇	一三、五三三、四〇	一〇、七四〇、一〇
	3	一三五、八一五、七〇	一一八、四三三、〇〇	一三三、〇二五、六〇	一二九、八三一、七〇	一三五、五五八、五〇	一四六、六〇九、七〇
永衡接昌當	1	一五、八九四、三〇	一八、二二四、一〇	二一、六七四、一〇	二一、〇八〇、三〇	二一、九七〇、七〇	二三、六五四、六〇
	2	二九、七五七、六八	二四、七九九、五〇	一九、〇二五、五〇	一七、七三四、二〇	一八、六二七、一〇	一三、八一〇、四〇
	3	一三九、六七四、七〇	一三三、〇八九、三〇	一三五、七二七、九〇	一三九、〇八四、〇〇	一四二、四二七、六〇	一五二、二七一、八〇
永衡東長當	1	一〇、八九六、六〇	一三、〇二三、一〇	一四、七〇七、七〇	一六、八九〇、三〇	一六、八九八、二〇	一六、九五七、九〇
	2	一九、一八六、九〇	一六、八二五、三〇	一〇、〇二三、八〇	一一、九六六、七〇	一一、二九二、四〇	九、八七五、四〇
	3	八九、六八一、一〇	八五、八六八、九〇	九〇、五五二、八〇	九五、四七六、四〇	一〇一、〇八二、二〇	一〇八、一六四、七〇
	1	一五、五二二、三九	一三、一五五、三〇	一五、一三二、一〇	一三、七二七、九〇	一四、三四四、〇〇	一六、九五一、九〇

永衡長當接	2	一〇、九八五、三〇	一七、五七一、五六	一一、四九〇、三〇	一一、一七六、三〇	一〇、七〇六、五〇	八、九三九、五〇
	3	一〇四、五一四、九六	一〇〇、〇九八、七〇	一〇三、七四〇、六〇	一〇六、二九二、二〇	一〇九、九二九、七〇	一一七、九四九、一〇
永衡長當	1	二、六二三、四〇	一七、四七〇、〇〇	三、一一九、九〇	三、七七九、八〇	二三、〇〇〇、五〇	二三、四七九、八〇
	2	三一、六四三、一五	二六、七七九、四〇	一七、八七〇、八〇	一九、四二三、五〇	一六、四一六、九〇	一五、四四〇、三〇
	3	一三七、九五一、九〇	一三八、六四二、五〇	一三三、八九一、六〇	一三六、二四七、九〇	一四二、八三一、五〇	一〇八、一六四、七〇
東興當	1	四、八二四、七〇	六、一〇二、四〇	八、〇一九、一〇	八、四七五、四〇	八、六七九、〇〇	九、九〇一、五〇
	2	五、四四五、二五	六、六六五、七〇	四、一六七、三四	五、四九〇、三五	五、五七〇、〇〇	四、三三二、四〇
	3	三四、五〇二、三〇	三二、九三八、九九	三六、七九〇、七五	三九、七七五、八〇	四二、八八四、八〇	四八、四六三、八九
世興當	1	四、六六六、一〇	五、二五二、九〇	五、四九八、八〇	七、二九〇、六〇	七、三三五、五〇	
	2	五、二七六、五〇	七、九一六、三六	三、三八七、二〇	四、七五二、六三	五、一四二、一〇	
	3	三二、二三九、八七	二九、五六六、三一	三一、八四三、五三	三四、〇一〇、七〇	三六、二〇四、一〇	
大亨當	1	三、七五七、五〇	一、七二〇、八〇	七、一一五、九〇	五、三四〇、七五	六、〇六八、〇〇	五、五三二、〇〇
	2	五、三三四、六〇	一、四二〇、七五	五、二二二、五五	四、三二〇、一〇	三、七一五、五五	三、二二九、二〇
	3	二五、五四三、五六	二六、五一三、八六	二八、四〇七、二一	二九、四二七、八六	三一、七八〇、〇〇	三四、〇八三、〇〇
大亨長當	1	二、四三六、八〇	二、七五九、七五	五、二三七、六〇	五、六〇七、九〇	四、六五九、五五	四、八〇八、一〇
	2	二、八二五、五〇	三、四六六、〇〇	二、七四四、三〇	三、八三六、八九	二、五五三、九五	二、三七三、三五
	3	一九、三八九、〇〇	一八、六八二、三四	二一、一七五、六〇	二三、九四六、六五	二六、〇五二、二五	二八、四八七、〇〇
隆吉當	1	三、〇四〇、〇〇	三、四九七、〇〇	三、八六一、〇〇	四、三〇五、三〇	三、九〇九、〇〇	四、六五〇、〇〇
	2	三、三二九、六〇	三、五五二、〇〇	二、四八二、〇〇	二、九四三、〇〇	三、三一六、〇〇	二、二四七、五〇
	3	二〇、四六九、六〇	二〇、四一四、三〇	二一、七九〇、〇〇	二三、一五五、九〇	二三、七四九、〇〇	二六、一五、三〇

一一八

祥記當	1	六、四三五、一〇	七、二五一、八〇	七、七四八、一〇	一〇、六三〇、七〇	一〇、五二五、〇〇	一〇、三九三、二〇
	2	六、七五六、二〇	七、五〇六、八〇	六、五四九、七〇	七、三九四、一〇	七、一四九、二〇	六、六五六、八〇
	3	三三、六二三、三〇	三三、三六七、四〇	三四、五六五、八〇	三七、八〇二、四〇	四一、一七八、二〇	四四、九一四、六〇
世亨久當	1	三、八二〇、八五	一、〇六三、六〇	五、〇七五、九〇	五、三一八、八五	四九六、四六	五、〇一四、二五
	2	四、〇八八、四〇	八二九、一〇	三、三一〇、三九	三、九二八、八〇	三五〇、三三	二、四三六、六〇
	3	二八、三一九、三九	二八、二〇〇、三九	二九、九六五、九〇	三一、三六五、九五	三二、八二七、三五	三五、四〇五、〇〇
廣合當	1	五、〇一〇、〇〇	六、一六〇、三〇	五、八九九、〇〇	三、五二四、〇〇	六、〇五三、〇〇	四、九四六、二〇
	2	六、二三〇、〇〇	六、〇〇三、四〇	五、三一八、二〇	四、三六七、〇〇	三、六二二、〇〇	四、一五四、八〇
	3	二九、一〇〇、〇〇	二九、二九二、七〇	二九、八七八、〇〇	二九、〇三〇、〇〇	三一、四六一、〇〇	三三、二五三、一〇
源茂祥當	1	—	？	？			
	2	六七、九〇	？	？			
	3	一三九、七三	？	？			
協合盛當	1	四、〇三八、〇〇	四、三八五、〇〇	五、七一四、五〇	五、六六五、九〇	五、〇七八、六五	
	2	六、〇五五、〇〇	四、〇二八、四〇	五、一三八、七〇	四、九四八、三〇	四、七二三、四五	
	3	二五、四九九、〇〇	二六、八五六、〇〇	二七、〇六八、〇〇	二七、七八六、〇〇	二八、一四一、二四	
源茂和當	1	一、七四二、〇〇	三、〇〇二、〇〇	三、四五五、〇〇	二、六六一、〇〇	二、九五八、八〇	二、二八一、四〇
	2	一、八八四、九六	一、九三六、〇三	二、〇六七、〇〇	二、四五九、三〇	一、九〇三、四〇	一、三九〇、九〇
	3	九、一三九、五八	一〇、一九五、五六	二一、五八三、四〇	二一、七八五、一〇	一三、八四〇、五〇	一三、七三一、〇六
永衡昌西當	1	—	—	—	一、八六三、三〇	四、二〇二、六〇	五、四四二、四〇
	2	—	—	—	六九、〇〇	四五五、六〇	八六九、五〇
	3	—	—	—	一、七九四、二〇	五、五四一、二〇	一〇、一一四、一〇

一一九

源茂順當	1	—	—	—	—	一、六五四、一〇	四、四二一、五〇
	2	—	—	—	—	一九七、一〇	八〇九、七〇
	3	—	—	—	—	一、四五七、〇〇	五、〇六八、八〇
福興當	1	—	—				七、八一二、〇〇
	2	—	—				三、七七九、八〇
	3	—	—				四〇、二三六、三〇
福興東當	1						三、〇一九、七〇
	2						八二、九〇
	3						二、九三六、八〇
合計	1	一三三、一〇三、四四	一三二、六四七、〇五	一六六、三八四、〇〇	一七〇、七四八、六〇	一七二、八三八、九六	一八九、六三一、五〇
	2	一八七、一七九、四四	一七三、六四三、五九	一三七、六一六、九八	一三六、二八三、四七	一二三、九九七、一七	一〇六、二七〇、一五
	3	九九二、三〇四、五九	九五〇、五二〇、五五	九八九、〇九〇、三九	一、〇二四、一八三、六六	一、〇七四、三四〇、六四	一、一五七、七〇三、六五

備考　種別1ハ各月中ノ貸出高2ハ同回收高3ハ各月末ニ於ケル貸出殘高ヲ示ス

(三)　其他ノ金融機關

(イ)　金融合作社

事變以來地方金融極度ニ硬塞シ地方中小農商民ノ困却又甚シカリシヲ以ッテ政府ハ春耕貸欵、商工貸欵ノ制ヲ設ケ之ヲ緩和セントセシモ種々ノ理由ニ因リ充分ナル運用ヲ見ルニ至ラサルリシノミカ農商民ハ依然金融難ニ追ハレシヲ以ッテ極メテ簡單ニ而モ出來得ル限リ低利ノ貸付ヲナシ得ル相互扶助、自力更生ヲ根本精神トナス協同組合ノ組織ニヨリ滿洲國ノ實情ニ即スル金融合作創設ヲ要望スルノ聲漸次旺トナリ遂ニ本省ニ於キテモ奉天省ニ比シ遲ルヽコト略々一年ナリシモ康德元年三月十一日永吉縣ニ、四月十五日額穆縣ニ夫々合作社創立總會開催セラレ合作社ノ創立ヲ見タリ。然レドモ未ダ其據ルベキ金融合作社法ノ發布ナク而モ合作社ハ零細農商工民ヲ對象トスルガ故ニ法規ノ作成ニハ特ニ愼重ナル研究ヲ要スベク茲ヲ以テ其發布セラルヽマデハ兩縣金融合作社ヲ取リ敢エズ實行合作社トナシ財政部總長委任ノ下ニ省長之ヲ監督スルコトヽセラレ夫々創立後一ヶ月ヲ經テ營業ヲ開始セリ。他方同年五月吉林省公署内ニ財政部直轄ノ吉林省金融合作社總處設ケラレ兩縣金融合作社ノ指導統制ニ當リ將來中央ニ金融合作社聯合會設置セラレシ際ハ其支部トセラルヽコトヽナレリ

斯クテ康德元年九月十七日金融合作社法發命セラレ、永吉　額穆ノ兩合作社ハ該金融合作社法ニ據ル金融合作社トシテ同年十二月十三日財政部大臣ノ設立許可アリ、十八日ニハ懷德、二十五日ニハ九台、磐石、長春、伊通、雙陽ノ各縣ニ夫々金融合作社設立ノ許可アリテ合計八社ノ設置ヲ見タリ。尙敦化、德惠、樺甸ニハ夫々分事務所ヲ置ク筈ナリシモ種々ノ事情ニ因リ其設置ヲ見ルニ至ラサリキ

次イデ十二月十七日金融合作社ノ聯絡融合並ニ指導統制ヲナス中央機關トシテ金融合作社聯合會

モ成立セルヲ以ッテ吉林省金融合作社總處ハ吉林支部トナル筈ナリシモ經費其他ノ都合上同月二十八日中央ニ引揚ゲ支部ハ設ケラレザリキ
爾來合作社業務、職員ニ關スル諸規程並ビニ準則相次リデ定メラレ庶民金融機關トシテ健全ナル歩調ヲ進メツヽアリ
金融合作社ノ業務次ノ如シ（金融合作社法第五條）
1. 社員ニ對スル貸付（保證貸付及担保貸付）
2. 社員又ハ財政部大臣ノ認可ヲ受ケ社員ナラザルモノノ、預金受入
3. 社員又ハ財政部大臣ノ認可ヲ受ケ社員ナラザルモノノ定期預金ノ受入
4. 財政部大臣ノ認可ヲ受ケ手形割引ヲナスコト

各合作社ニ於ケル貸付及預金利息ヲ見ルニ各々異ナルモ漸次統一セラルヽノ機運ニ在リ、永吉金融合作社ニ就キテ見ルニ次ノ如シ

貸款利息

類別	普通利息	過期利息
短期存抵押貸款	日步 五錢八厘	日步 七錢五厘
短期保證貸款	日步 六錢五厘	日步 八錢四厘

存入款利息

類別	期間	利息
社員定期存入款	六個月以上 一年以上	年利八分 年利八分五厘
社員存入欵甲（普通）		日步一錢七厘 年利六分二厘〇五
社員存入欵乙（定期）		日步二錢五厘 年利九分一厘二五
非社員定期存入欵	六個月以上 一年以上	年利七分七厘 年利八分二厘
非社員存入欵甲（普通）		日步一錢五厘 年利五分四厘七五
非社員存入欵乙（定期）		日步二錢三厘 年利八分三厘九五
團體定期存入欵	六個月以上 一年以上	年利七分 年利七分五厘
團體貯蓄存入欵		日步一錢四厘 年利五分一厘一

永吉及額穆金融合作社業務狀況（康德元年十二月末現在）

一、貸款及存款狀況

	社員數	貸款					存款		
		件數	人數	金額	一件額	一人額	件數	金額	平均一件額
永吉	一、二六七人	一、〇九五	一、〇〇六	二二〇、二九五圓	一九二圓	二一九圓	九〇六	一二〇、八九五圓八四	一三三

	社員數								
額穆	一、〇二四	六四二	五九二	一〇三、五八五	一六二	一七五	一六	三八、三七五	五二	二三九
合計	二、三〇二	一、七三七	一、五九八	三一三、八八〇	一七六、五	一九二	九三	一五九、二七二	三六	一八六

二、貸款種別狀況

	社員數	保證貸款			抵押貸款			合計		
		件數	金額	一件額	件數	金額	一件額	件數	金額	一件數
永吉	一、二八七	三六	二、一一〇圓	九五圓	一、〇五九	二〇八、一八五圓	一九七	一、〇九五	二一〇、二九五圓	一九二
額穆	一、〇二四	三	三九〇	一三〇	一三九	一〇三、一九五	一六二	六四二	一〇三、五八五	一六二
合計	二、三〇二	三九	二、五〇〇	九四、五	一、一九八	三一一、三八〇	一七九	一、七三七	三一三、八八〇	一七六、五

存款種類別表

	社員				非社員									合計		
	定期存款	特別往來存款			定期存款			特別往來存款			特種零存整付存款					
		件數	金額	一件額	件數	金額	一件額	件數	金額	一件額	件數	金額	一件額	件數	金額	一件額
永吉	—	四三六	三九二圓	九〇圓	一	三〇	三〇	二一六	二九、九五八圓	一、〇三四圓	三五一	五一六圓	一、五〇圓	九〇四	二二〇、八九六圓	一三三圓
額穆	—	一	一、〇〇五	二、〇〇五	—	—	—	一五	三七、三七〇	二、四九一	—	—	—	一六	三八、三七五	二三九
合計	—	四三七	一、三九七	三、一九	一	三〇	三〇	二三二	一五七、三二八	一、三〇〇、九九	三五二	五一六	一五〇	九二〇	二五九、二七一	二七三、一六

（ロ）大興股份有限公司

總公司　新京特別市北大街第三十六號

分公司　新京分公司　新京特別市北大街第三十六號

吉林分公司　吉林市翠花胡同一七號

奉天分公司　奉天城內西華門外

哈爾濱分公司　哈爾濱八站東興火磨內

辦事處　齊々哈爾省城南門外興隆街四號

資本金　國幣六百萬圓（全額拂込）

營業種目　質屋業釀造業、製油業、雜貨賣買業、財產管理、代理業、公債社債券其他有價證券ノ募業並ニ引受、前各項ニ附帶スル一切ノ業務

沿革

舊軍閥時代奉天、吉林、黑龍江ノ各省官銀號ハ其附屬營業トシテ滿洲特產物ノ賣買ヲ首メ當鋪、電燈、水道、鑛山、製粉、造酒、製織、油坊、航運、印刷、林業、製鹽業等々殆ド凡有部門ニ亘ル事業ニ投資シ或ハ直接經營ヲナシ、其數六十有餘店ニ及ベリ。而シテ滿洲中央銀行創立ト共ニ之等附屬事業モ同業ノ手ニ移サレシモ同行ハ之ガ統制機關トシテ銀行內ニ中央實業局ヲ設ケ之ガ整

理廢合ヲ行ヒ漸次分離獨立セシムルコト、シ遂ニ大同二年六月分離計劃成リ、之等附屬事業中三十八店ヲ擢イテ大興股份有限公司ノ誕生ヲ見ルニ至レリ。

營業狀況

營業ノ根幹タルハ當業（質屋業）ニシテ庶民金融機關トシテ重要ナル役割ヲ演ズ。擔保品ハ各種衣服類、毛皮類貴金屬銅錫物其他軍器、穀物不動產ヲ除ク動產ニシテ貸出利率ハ時ニ依リ異ナルモ最近ハ月三份、期限ハ普通十二個月乃至十八個月、貸出總額國幣六、七百萬圓ニ達ス

初年度ニ於ケル各種營業狀況次ノ如シ

一、收入之部

質屋業收入	國幣	一、九三〇、五〇〇圓
釀造業收入	仝	一一二、四〇〇圓
製油業收入	仝	四四、〇〇〇圓
雜貨業收入	仝	三〇、〇〇〇圓
代理業收入	仝	六三、〇〇〇圓
合　計	仝	二、一七九、九〇〇圓

一、支出之部

經費	國幣	一、四二七、〇〇〇圓
支拂利息	仝	七〇、〇〇〇圓
營業店從事員配當金	仝	一三六、五八〇圓
合計	仝	一、六三三、五八〇圓
差引純益金	仝	五四六、三二〇圓

本省內營業店一覽表

所在地	店名	業種
吉林翠花胡同一七	永衡茂	當業
吉林天恩街四九	永衡昌	當業
吉林河南街	永衡昌(接當)	當業
吉林東車站前街四	永衡裕	運送、代理業
吉林北大街一三四	永衡長	當業估衣舖
吉林粮米行街二	永衡長(接當)	當業
吉林東關三岔路口	永衡長(和記當)	當業
樺甸縣東大街	永衡和	雜貨、當業

一二七

雙陽縣東大街　永衡厚　雜貨、當業

懷德縣楊家大城子本街　萬生泉　當業、燒鍋、雜貨、油坊

公主嶺敷島町一一　萬生泉（分櫃）　雜貨、當業

敦化。蛟河ニハ目下營業店開設準備中

（四）特殊金融

（イ）春耕貸款

大同元年度ニ於ケル春耕貸欵ハ兵匪災ヲ被レル貧農春耕ノ爲メ百晌以下ノ自作農ニ對シ各縣々長責任ノ下ニ無利子ニテ秋末大租ト共ニ回收スルコトヲ條件トシテ貸放スルモノナリシモ偶々大同元年ノ大水災アリシガ爲メ之ガ救濟ニ使用セラレシモノ少カラザリキ。

大同二年ニ於キテハ前年水災ノ被害モアリ春耕貸欵ノ必要切實ナルモノアリシヲ以テ早春ヨリ春耕貸欵辦法ヲ定メ「水災、匪災ノ被害ニヨリ窮乏セル農業經營者ニ對シ本年期既地耕作ニ必要ナル種子、勞力等ノ諸經費ニ充當スル資金トシテ既墾地一晌ニ付國幣三圓ヲ限リ（一戶當リ一五〇圓ヲ超過スルヲ得ズ）舊吉林省國幣四百八十萬零六百元ヲ限度トシテ滿洲中央銀行ヨリ貸出スコト、ナレリ。之ガ爲メ省ニ春耕資金監理委員會本部ヲ、縣ニ同分會ヲ置キ資金借受人ノ認定、金額ノ査定、元利支拂ノ鑑定其他ノ重要事項ヲ審議セシム。本貸欵ノ貸放ハ既墾地ヲ擔保トシ監理

委員會縣分會保證ノ下ニ行ヒ小作農ニシテ之ガ借受ヲナサントスル者ハ農耕資力ノ窮乏セル地主、自作農及ビ地主ヲ連帯債務者トスルヲ要ス。月息八厘ニシテ翌年四月末マデニ完濟セシム。然ルニ本貸款ハ手續繁雜ナルノミナラズ一晌當リ貸放額過少ニシテ且地理的ニ不利ナル地方農民ハ其借受ニ費用嵩ミ實際受取額ハ些少トナル。又本省北部農民ニハ俄亂ノ爲メ擔保ニ供スヘキ地券ヲ喪失スルモノ少カラズシテ本貸款ハ充分ナル目的ヲ達成スルニ至ラサル嫌アリキ。

之ニ鑑ミ康德元年ニ於テハ前年度ト同組織ナルモ貸放條件ヲ緩和シ「農民復興貸款」トシテ天災、匪災ニヨリ窮乏セル農民ニ對シ舊吉林省國幣三百六十萬圓ヲ限度トシ復興資金ヲ貸與スルコト、ナレリ。即チ本貸款ヲ借受ケントスル者ハ既墾地ノ地券ヲ擔保トスルヲ要スルモ擔保物件ヲ有セサル者ハ村長、十家長、地方紳士ヲ含ム五名以上ノ連帶保證書ヲ以テ之ニ代ヘ均シク農民復興貸款監理委員會及同縣分會ノ保証ヲ承ケ借款ヲナスコトヲ得。借受金額ハ既墾地一晌當リ國幣九圓（一戸當リ四五〇圓ヲ超過スルヲ得ズ）ヲ限度トシ月息七厘（銀行計算法ニヨル）貸付日ヨリ三年以内ニ元利ノ完濟ヲナスヲ要シ貸付期日ヲ康德元年六月末トセリ。其貸放狀況次ノ如シ

吉林省春耕貸款及ビ復興貸款貸放狀況（康德元年十二月調）

縣別	大同二年度貸放額	康德元年度貸放額	同　上豫定額	備考
長春	ー	七〇、〇〇〇、〇〇	七〇、〇〇〇、〇〇	

永吉	—	二二、二一六、〇〇	八〇、〇〇〇、〇〇
九台	—	七二、〇六五、〇〇	八〇、〇〇〇、〇〇
額穆	—	七〇、〇〇〇、〇〇	七〇、〇〇〇、〇〇
舒蘭	—	四二、六〇四、〇〇	九五、〇〇〇、〇〇
雙陽	七、八一八、〇〇	九〇、〇〇〇、〇〇	九〇、〇〇〇、〇〇
敦化	一四、〇〇五、〇〇	五〇、〇〇〇、〇〇	五〇、〇〇〇、〇〇
磐石	三〇、七八〇、〇〇	一六〇、〇〇〇、〇〇	一六〇、〇〇〇、〇〇
樺甸	五、三一三、〇〇	七〇、〇〇〇、〇〇	七〇、〇〇〇、〇〇
扶餘	八五、一一一、〇〇	一八〇、〇〇〇、〇〇	一八〇、〇〇〇、〇〇
乾安	—	二九、九九七、〇〇	五〇、〇〇〇、〇〇
伊通	九九、二二八、〇〇	一七〇、〇〇〇、〇〇	一七〇、〇〇〇、〇〇
長嶺	二二、一九九、〇〇	三九、九九八、〇〇	四〇、〇〇〇、〇〇
德惠	三七、三九一、〇〇	九四、九三一、〇〇	九五、〇〇〇、〇〇
楡樹	八〇、五一四、〇〇	一八〇、〇〇〇、〇〇	一八〇、〇〇〇、〇〇
農安	一一〇、七三九、〇〇	一二八、六八〇、〇〇	一三〇、〇〇〇、〇〇

懷德	—	—	—
計	四九三、〇九八、〇〇	一、四七二、四九一、〇〇	一、六一〇、〇〇〇、〇〇

（ロ）商工復興貸款

地方金融難緩和ヲ圖ランガ爲メ既ニ農民ニ對シテハ春耕貸款ノ貸出アリ茲ニ於テ商工業者ヲモ併セ救濟シ農商工ノ復興ヲ計リ以テ産業ヲ助長セントスル機運濃厚トナリ康德元年商工復興貸款ノ貸放ヲナスコト、ナレリ。即チ水災、匪災等ニヨリ被害ヲ蒙リ窮乏セル商工業者又ハ特産買付資金ニ窮乏セル商工業者ニ對シ其運轉資金トシテ舊吉林省國幣四百萬圓ヲ限度トシ借受希望者ヲ以テ組織セル各縣商工復興資金借款會會員ニ對シ中央銀行ヨリ貸出ヲナセリ。借受希望者ハ適當ト認メタル房照、地照其他ノ動産、不動産ヲ擔保トシテ提供スルヲ要シ、滿洲中央銀行及商工復興貸款監理委員會縣分會ハ擔保物件ノ評價協定ヲナシ縣分會保證ノ下ニ、不動産ニアリテハ評價價格ノ百分ノ六十ヲ限度トシ、動産ニアリテハ百分ノ七十ヲ限度トシテ貸放ス但シ擔保貸付ニ就テハ一人三千圓、保證貸付ニアリテハ千圓ヲ越ユルヲ得ズ而シテ擔保物件ヲ有セザルモノハ借款會々員十名以上ノ連帶保證書ヲ以テ之ニ代フルヲ得、月息七厘（銀行計算法ニヨル）ニシテ借受期日ヨリ一ケ年以內ニ元利ヲ完濟スルヲ要シ若シ六ケ月以內ニ完濟シタル時ハ月息六厘五毛一ケ年ヲ經過シ尚完濟スルヲ得サル場合ハ該延滯金額ニ對シ月息一分ノ利息ヲ附スコトトセラレタリ。

新吉林省商工復興貸款情形（康德元年九月一日現在）

市縣名	決定貸放額	貸放額
吉林市	四五〇、〇〇〇圓	一〇〇、八五〇圓
永吉縣	二五〇、〇〇〇	二〇九、二一〇
九台縣	一〇〇、〇〇〇	一二、六四六
舒蘭縣	一〇〇、〇〇〇	七三、二一〇
額穆縣	一〇〇、〇〇〇	五二、九五六
敦化縣	一〇〇、〇〇〇	三、七八〇
磐石縣	一〇〇、〇〇〇	七六、五〇〇
扶餘縣	一五〇、〇〇〇	四六、八〇〇
德惠縣	七〇、〇〇〇	六、五二〇
楡樹縣	九〇、〇〇〇	一〇九、二〇〇
農安縣	一〇〇、〇〇〇	八〇、四〇〇
雙陽縣	五〇、〇〇〇	―
樺甸縣	三〇、〇〇〇	―

乾安縣　二〇、〇〇〇　―
伊通縣　七〇、〇〇〇　―
長嶺縣　五〇、〇〇〇　―
計　一、八三〇、〇〇〇　七七二、〇七二

第二項　日本側金融機關

滿洲銀行
本店所在地　大連
公稱資本　壹千萬圓（拂込額二、九〇六、六六二圓）
本省内支店所在地　新京、吉林、公主嶺、范家屯
營業科目　貸出、預金、爲替

吉林銀行
本店所在地　吉林省城
公稱資本金　三十萬圓（拂込額七五、〇〇〇圓）
營業科目　預金、貸出、爲替

康德元年上半期營業狀況

滿洲銀行吉林支店

貸出　國幣　七八、〇二七円六〇　金　一、四〇五、四九一円〇〇　（康德元年六月末）

預金　國幣　一四三、九七二円七九　金　七五五、一四四円三七　（同上）

為替　取組　國幣　一九〇、八七七円五二　金　四、六三〇、八四一円五二　鈔　五四、四二六円五〇

支拂　國幣　三五〇、六二一円〇〇　金　四、四五九、七四四円二三　鈔　三三、三一〇円〇〇

吉林銀行

預金　金一六七、〇〇五円二五　（康德元年六月末）

貸出　金五五六、七六九円七二　（同上）

為替　取組　金三八、六三五円九九

支拂　金　一、三四〇円〇〇

第三項　民國側金融機關

中國銀行

本店所在地　上海

本省內支店所在地　新京吉林（粮米行街）公主嶺

資本金　二千五百萬圓

營業科目　預金、貸金、爲替

本行ノ前身タル戶部銀行ハ光緒三十四年資本金一千萬兩ヲ以ッテ創設セラレ、後大清銀行ト改稱サラレシガ同行ノ滿洲進出ハ光緒三十三年以來ノコトニシテ民國ニ至リ中國銀行ト改稱シタリ。同行吉林分行ハ民國二年二月ニ新京分行ハ同年三月ニ設立セラル。公主嶺ニハ匯兌所ヲ置クノミ滿洲中央銀行設置セラレテヨリノ利用者漸減ノ傾向ニアリ。

資本金ハ始メ大洋銀六千萬元（拂込二千萬元）ナリシモ最近二千五百萬元ニ減資セリ。

交通銀行

本店所在地　上海

本省內支店所在地　新京、吉林（北大街）

資本金　大洋錢壹千萬元（拂込額八、七一六、一五〇元）

營業科目　預金、貸金、爲替

本行ハ光緒三十三年航路、鐵道、電信郵便ニ關スル會計管理及ビ利權ノ回收ヲ目的トシテ北京ニ創設セラル。其滿洲進出ハ光緒三十四年ニシテ吉林分行ハ民國二年三月、新京分行ハ宣統元年十一月設立セラル。民國十七年十月本店ハ北京ヨリ上海ニ移サレタリ、滿洲中央銀行成立後中國銀行ト同樣昔日ノ面影ナシ。

康德元年上半期營業狀況

中國銀行吉林分行

預金　國幣一、〇九〇、〇六〇、七九円　金八、七四五、四〇円　鈔一八〇、四五八、三六円
　銀大洋四七八、八二九、四四円　（康德元年六月末）

貸金　國幣六三〇、一三六、九一円　金一三、二三二、〇七円　鈔一〇六、四五八、七二円
　銀大洋四四、六〇三、二六円　（同　上）

爲替取組　國幣六〇五、七二〇、一四円　金一、四九七、三七七、四〇円　鈔一五一、一九八、五〇円　銀二五四、三二九、九一円

支拂　仝　三二〇、七〇七、〇五円　仝　二二、九一四、八〇円　銀五七、二九、三〇円

交通銀行、吉林分行

預金　國幣　三、〇四二、四〇円　金九、九九二、一八円　鈔二五、九四〇、一四円
　銀大洋四六三、〇三三、三六円　（康德元年六月末）

貸付　國幣　五〇、四五五、七六円　金五、〇七二、一九円　鈔　三、五四二、一五円
　銀大洋二一九、七六九、五九円　（同　上）

爲替取組　國幣　一三一、一七八、四〇円　銀一二二、三二八、四〇円

支拂　國幣　四〇、八五〇、九六円　銀　三一、六五九、〇〇円

第五章　新吉林省ノ產業

第一節　農　業

第一項　開拓ノ由來

由來滿洲人ハ耕種農ニ對スル技能ヲ缺キ專ラ山行ノ採收ヲ事トセルモノニシテ滿洲ノ開墾ハ全ク漢人ノ手ニ依リシモノナリ。而シテ漢人ノ移墾ハ遠ク周秦代ニ溯ルモ近代的開發ノ端緒ニ就キシハ明末清初ノ事ニ屬シ本省ノ墾荒ハ清初ニ始マル。今大中華吉林省地理志ニ依リテ見ルニ「漢人ノ吉林ニ移墾セルハ清ノ順治十四年ニ始マル。卽チ吳江ノ吳兆乾ナルモノ妻子ト共ニ遠ク寧古塔ニ流レ來リ康熙八年ニハ鄭芝豹及鄭成功ナルモノ、母次イデ十六年ニハ部將劉炎同地ニ來ル。淸ノ世祖大喪ニ當リ金聖ナルモノ、妻子外域ニ服役シ其子孫ハ寧安ノ南金家ニ居住セリ。而シテ康熙帝ノ最盛時ニ遍ク軍台ヲ設置シ流民ニ命ジテ分守セシム。之ヲ台丁ト呼ビ田地ヲ與ヘ耕種ヲ行ハシメ以ッテ自給セシメタリ中原ニ居住セシ漢人ガ斯ル寒冷ナル地ニ移住シ虎狼ト鄰シ死ヲ求メテ得ズ已ムヲ得ズ農業ヲ以テ自活セザルヲ得ズ其ノ困苦ハ憐ムニ足ルモノアリ。然レドモ其子孫ハ克ク擴大ナル土地ヲ擁シ克ク世襲豪族ト成ルヲ得タリ」トアリ今清朝ノ滿洲流民ニ對スル政策ヲ見ルニ明末流民歸還令ヲ發布シ凶作ニ因リ歸國セル漢人ヲ再ビ滿洲ニ歸還セシムルニ努メシコトアリシモ清ノ太祖努爾哈赤ガ渾河ノ上流ヨリ興リ滿洲ノ野ニ轉戰スルニ及ビ全土ハ擧ゲテ兵火ノ衢ト化シ居民又四方ニ逃亡シ明代ニ於ケル熟地モ殆ド荒廢ニ歸セリ、茲ヲ以テ清初卽チ順治年間土地分給案、及開墾補助策、移住民ノ保甲編入荒地開墾所有許可令、遼東招民例招來者授官ニ關スル例等ヲ公布シ專ラ移民ニ依ル開墾ニ努力セル結果遼東招民例ヲ布キテヨリ前後十五年卽チ康熙七年（西暦一六六八）遼東招民授官例ノ停止ヲ見ルニ至ルマデニ相當ノ開墾進メルモノ、如シ

之ヨリ先西暦一六四六年頃清朝ハ旗人ヲシテ吉林伯都納、阿汁河、寧古塔、三姓等ノ地方ニ駐屯セシメ各自所要ノ糧食ヲ得ンガ爲メ屯地附近ヲ逐次開墾セシムルノ狀態ナリシモ漢人ノ增加スルニ從ヒ滿漢兩民族ハ文化ノ相違ト慣習ノ相違ヲ經緯トスル葛藤絕エズ遂ニ乾隆五年（一七四〇）ノ遼東流民ノ原籍地歸還令ヲ始メトシテ乾隆二十七年寧古塔地方ノ封禁三十四年ニハ阿勒楚喀（阿城）拉林地方ノ封禁行ハレ遂ニ四十二年吉林省ニ流民ノ移住ヲ禁止スルニ至レリ。

然ルニ乾隆ノ中葉（一七六〇年前後）適々山東、直隸地方ニ凶歉連年打續キシ爲メ兩省窮民ノ此ノ地方ニ移住スルモノ潮ノ如クニシテ遂ニ防遏スルヲ得サルニ至レリ。

斯クテ流入セル漢人ハ始メ滿人ノ小作人トナリテ旗人村ニ雇傭セラレ居リシモ農事ヲ解セザル滿人

ニハ漸次小作人タル漢人ニ耕地ヲ賣却スルモノアリ又其有スル荒地ヲ漢人ニ賣却或ハ入典スルモノアリテ漸次漢人ノ土地所有者ヲ見ルニ至レリ。蒙古王ノ有スル公荒地モ亦漢人ヲ招來シテ墾荒セシモノニシテ其中ニハ攬頭、包攬或ハ大段トナリテ苦力（傍親或ハ傍靑ト稱セリ）ヲ招キテ企業的農業經營ヲナス大農小作人タル者アリ。而シテ之等漢人小作人ノ土地ヲ所有スルニ至リシモ亦其墾荒ト蒙人ノ土地賣却トニ因ル。

第二項　自然的條件

農產物ノ作柄ハ氣象、土壤、種子並ビニ勞力及ビ資本ノ四要素ニ依リ規定セラル、コト大ニシテ所謂自然的條件タル氣象、土壤ニ就キテ一瞥スルニ次ノ如シ

一、氣　象

氣溫ハ春秋ノ兩季短ク、夏冬ノ兩季長ク且寒暑ノ較差極メテ大ナリ。月平均氣溫ノ最モ高キハ七月最モ低キハ一月ニシテ農耕期ニ入ル四月ニ至レバ急激ニ氣溫上昇シ成熟ヲ終リテ收穫ニ入ル九月ニ至レバ急激ニ下降ス。而シテ冬季ニ於ケル地中ノ凍結ハ各地ニヨリテ大差アルモ平均凡ソ一米乃至二米ニ及ブ。

雨量ハ極メテ少ク日本內地ノ年總量ノ三分ノ一ニ過ギザルノミナラズ雨期ノ出現又大陸的特徵ヲ有シ特ニ春耕期雨量ノ少ナキハ農耕上ニ於ケル缺点ニシテ之ガ爲メ三年一回程度ノ發芽不良ニ因ル不作

ヲ來ス。而シテ七、八ノ雨月ハ最大雨量ヲ示シ九月以降ハ急激ニ減少ス

風向ハ大体南西ニ一定シ居リ風速比較的大ニシテ蒸發量又大ナリ

農作物發育期ニ於ケル日照時數ハ長ク初霜ハ早ク晩霜遲キ故無霜期間ハ割合ニ少シ

斯ル氣象ニ因リ農法ノ受クル制約次ノ如シ

(1)栽培物ノ制限　以上ノ如キ氣象ノ結果栽培作物ハ高粱、大豆、粟等比較的乾燥ニ耐エ得ル畑作物ヲ適當トス。作物ハ人工的ニ淘汰改良セラレ居ルヲ以テ氣候ニ對スル適應性ハ相當强キモ極端ナル地域ニハ栽培不可能ナルヲ以ッテ個々ノ作物ノ地理的分布ハ依然氣候ニヨリ制限セラル、コト大ナリ

(2)農地利用ノ制限　農作物生育期間ノ短キ結果裏作困難ニシテ一毛作ニ止メザルヲ得ズ

(3)耕種作業ニ及ス關係　土壤ノ保水法ニ就キテハ在來農業技術ハ簡單ナルモ乾燥農法ニ合致ス卽チ雨水ヲ長ク地下水トシテ保留シ之ヲ毛細管現象ニヨリテ逐次乾燥期ニ於ケル土壤ノ水濕ヲ補フモノナリ。

(4)農具ニ及ス影響　農具ハ土地及ビ耕作面積ノ廣狹ニヨリテ支配セラル、所大ナルモ亦氣象ニヨリ支配セラレ、降水量少ク、土壤常ニ乾燥シ畑作ヲ主トシ且粗放耕作ヲナシ居ル關係ヨリ畜力ヲ動力トシ構造又原始的ナルモ大農具ヲ使用ス

以上ノ如キ氣象狀況ニ條件付ケラレタル本省農業ノ一年間ニ於ケル耕作過程ヲ公主嶺附近ニ就キテ見ルニ次ノ如シ

公主嶺附近ニ於ケル耕作過程表

月（上中下）	主要作物耕種作業期 大豆	高粱	粟	黍	陸稲	其他
一月						馬料切リ 農具修理 製粉精白
二月	肥料運搬					舊正ニテ休ミ
三月	肥料運搬					
四月	施肥	整地	整地	整地	整地	
五月	播種 施肥	播種	播種	播種	播種	
六月	除草培土	除草培土	除草培土	除草培土	除草培土	
七月	除草培土	除草培土	除草培土	除草培土	除草培土	
八月			除草培土			
九月	收穫	收穫	收穫	收穫	收穫	
十月	運搬 調製	收穫 穂切運搬 調製	收穫 運搬	運搬 調製	運搬 調製	
十一月	調製	調製	調製	調製	調製	穀物穀稈ノ整理生産物ノ運出販賣小作契約ノ開始肥料ノ購入黄葉ノ堀起
十二月						

1. 月別平均氣温

月別＼観測地	吉林	樺甸	海龍	敦化	公主嶺	新京	扶餘	農安
1	−20.5	−16.6	−14.7	−18.6	−16.1	−17.2	−13.1	−12.4
2	−10.2	−8.3	−9.2	−16.6	−10.9	−12.8	−7.7	−7.1
3	−5.0	−4.7	−4.1	−5.1	−1.8	−4.0	−4.2	−4.0
4	7.1	7.0	7.4	3.8	9.2	6.5	7.9	6.9
5	20.1	21.0	21.0	11.2	16.8	14.3	12.0	12.3
6	23.1	23.0	22.0	16.6	22.7	20.0	22.9	22.9
7	24.3	24.8	24.0	20.3	25.3	23.2	23.9	23.7
8	24.8	24.5	22.8	20.1	24.2	21.9	24.3	23.9
9	17.5	17.2	17.4	13.8	18.0	14.8	16.9	17.0
10	10.5	7.2	9.2	6.1	9.7	6.5	9.2	9.3
11	−4.5	−2.1	−0.8	−4.5	−2.1	−4.4	−2.0	−1.7
12	6.3	11.1	−7.6	−12.4	−12.1	−14.1	−6.6	−7.4
平均	74.1	6.84	7.28	2.86	6.91	4.56	7.15	6.39

2. 降雨量

	吉林	樺甸	海龍	敦化	公主嶺	長春	扶餘	農安
降雨量	736.69 mm	771.80	692.10	604.00	635.80	645.6	505.2	597.6
終霜	17/4			25/4	6/4	4/5		
初霜	21/9			20/9	21/9	29/9		

備考
康德元年度觀測トス 長春縣ノミハ民國二十二年迄ノ累年平均トス

二、土壤

現今農業地トシテ開拓セラレタル耕地ノ大部分ハ第四紀古層又ハ新層ニ屬シ地質學上最モ新シク形成セラレタル沖積層及ビ洪積層ノ壤土並ビニ植土ニシテ砂土及礫土ノ分布ハ比較的少シ

其化學的性質ニツキテ見ルニ有機質並ニ窒素ノ含有量乏シキノミナラズ石灰、硫酸ノ成分又不足シ居ルモ燐酸ノ含有量ハ比較的多シ。而シテ其物理的性質ヲ見ルニ一般ニ極メテ纖細ニシテ凝集力、附着力ニ富ミ重粘ニシテ孔竅容量ニ乏シ。從ツテ空氣ト雨水ノ浸透不良ナルモ水分ノ吸收力養分吸收力ハ大ナリ。

滿洲土壤ノ最大欠点ハ有機物、窒素含量ノ乏シキコト、アルカリ鹽類多キコト且重粘ナル三点ニシテ有機物窒素ノ少キハ蓋シ在來滿洲農民ガ僅少ナル土糞ヲ肥料トシ吸收力大ナル高粱粟等ノ限ラレタル穀類ヲ長年月ニ亘リ栽培シ且燃料ニ窮シタル結果作物ノ根幹ニ至ルマデ根共採取シ有機物ヲモ殘ス事ナク專ラ掠奪農法ニ終始セル結果ト云フベシ

肥料ノ三要素タル窒素、燐酸加里、中加里ハ如何ナル土壤ト雖モ常ニ不足ヲ覺ユル所ナルモ有機物

並ニ窒素含有量ノ不足ハ土壤ノ地溫ヲ高メ且崩軟ナラシムルコト能ハザルノミナラズ重粘ニシテ雨水ノ浸透力乏シク且孔竅量ニ乏シキ缺点ヲ招來シ居ルモノナリ。而シテ窒素ノ補給ハ僅カニ豆類ノ輪作ト寒冷ニヨル土壤ノ風化促進等ニ依リテ行ハレ居ルニ過ギズ

アルカリ鹽類ノ多キ土壤ハ本省內ニ於キテハ遼河ノ上流地方タル懷德縣ノ一部ニ見ル所ニシテアルカリ土ニ於テハ其含有量極端ニ多キトキハ雜草ノ生育スラ困難ニシテ然ラザル場合ニ於キテモ高粱粟等ヲ除ク一、二作物ノ栽培可能ナルノミニシテ其收穫量劣等ニシテ有機物ノ缺乏シ居ル場合ニハ更ニ不良ナラシメラルルヲ常トス。滿洲土壤ノ長所トスル所ハ燐酸ニ富ムコト水分及養分ノ保持力大ナルコト土壤粒子ノ纖細ナル爲メ「ローラア」ヲ以テ鎭壓スル時ハ水分ノ蒸發乾燥ヲ防ギ得ルコト等トス

以上ノ如キ自然的條件ノ下ニ栽培セラルル作物ノ種類ハ約六十種ニシテ日本內地ニ於ケル四〇一種或ハ北海道及朝鮮北部ヲ含ム冷帶地ニ栽培セラルル二一一種ニ比スルトキハ極メテ僅少ニシテ一作物ノ作付面積ノ廣大トナレルル一因又茲ニ在リ而シテ本省ニ於ケル普通作物ニ屬スルモノハ大豆、小豆、高粱、粟、包米、小麥、大麥、燕麥、黍、稗、蕎麥、水稻、陸稻等ニシテ特用作物ニ屬スルモノハ烟草、線麻、青麻、蓖麻、芝麻、瓜子、藍靛、落花生トス

第三項　土地利用及作付狀況

新吉林省ノ土地利用狀況ヲ見ルニ次表ニ明カナル如ク全面積及ビ可耕地ハ舊吉林省ノ其ニ比シ夫々

五分ノ二及ビ五分ノ三ニ過ギザルモ全面積ニ對スル可耕地不可耕地ノ比率ヲ見ルニ大差ナシ。然レドモ　耕地ヲ更ニ仔細ニ見ルトキ舊吉林省ニ於テ既耕地ノ全面積ニ對スル比率ガ二〇、〇四%ナルニ反シ新吉林省ハ三三、二五%未耕地ニ就キ見ルニ二〇、六七%ニ對シ六、四六%ナリ之新吉林省ハ舊吉林省ニ比シ平均開墾ノ進メル地域ヲ包含スルコトヲ意味スルモノニシテ其可耕地ニ對スル比率ガ八四%ニ達スルハ既ニ殘サレタル可耕地ノ僅少ナルヲ覗ヒ得ルナリ

土地利用狀況比較表（單位陌）

	總面積	可耕地 既耕地	可耕地 未耕地	可耕地 計	不可耕地
全滿（興安省及熱河省ヲ除ク）	61.263.377	13.753.337	17.176.058	30.929.395	30.333.982
舊吉林省	27.892.567	5.465.991	5.645.183	11.110.174	16.782.393
新吉林省	10.658.633	3.545.059	688.332	4.233.391	6.425.242

	總面積ニ對スル比率（%） 可耕地	不可耕地	既耕地	未耕地	可耕地ニ對スル比率（%） 既耕地	未耕地
全滿（興安省及熱河省ヲ除ク）	50.49	49.51	22.45	28.04	44.65	55.35

舊吉林省	40.71	59.29	20.04	20.67	49.20	50.80
新吉林省	39.71	60.29	33.25	6.46	83.74	16.26

新吉林省各縣別土地利用狀況表（單位陌）

番號	縣名	總面積	可耕地 既耕地	可耕地 未耕地	可耕地 計	不可耕地	可耕地ニ對スル比率% 既耕地	可耕地ニ對スル比率% 未耕地
1	永吉	4.679.313	601.051	—	601.051	4.078.262	100.0	—
2	舒蘭	294.228	210.482	2.212	212.694	81.534	99.0	1.0
3	德惠	297.670	246.120	20.510	266.630	31.040	92.3	7.7
4	農安	280.167	221.842	—	221.842	58.325	100.0	—
5	長嶺	552.594	92.160	43.131	135.291	417.308	68.1	31.9
6	長春	372.204	215.041	27.832	242.873	129.331	88.5	11.5
7	雙陽	125.470	124.954	—	124.954	516	100.0	—
8	伊通	399.470	203.020	90	203.110	196.360	100.0	—
9	磐石	258.048	241.460	—	241.460	16.588	100.0	—
10	樺甸	178.440	105.079	26 829	131.908	46.532	79.7	20.3
11	敦化	963.970	92.700	128.850	221.550	742.420	41.8	58.2

12	額穆	610.468	182.846	175.104	357.950	252.518	51.1	48.9
13	楡樹	546.327	402.188	—	402.188	144.139	100.0	—
14	扶餘	287.824	223.788	24.009	247.797	40.027	90.3	9.7
15	乾安	368.642	36.864	227.084	263.948	104.694	86.0	14.0
16	九台	167.142	148.047	—	148.047	19.000	100.0	—
17	懷德	276.641	197.407	12.681	210.088	66.553	94.0	6.0
	計	10,658.633	3545.059	688.332	4233.391	6425.242	83.74	16.26

備考　換算表

陌	晌			滿方里	町
1	0.543	1.356	1.628	0.0301	1.0083
1.843199	1	2.0	2.5	0.0555	
0.7372837	0.4	1	1.2	0.0222	
0.6144015	0.333	0.833	1	0.0185	
0.9917					1
	舒蘭 磐石 樺甸	其他 十二縣	長春 農安		

次ニ作柄ニ就キテ見ルニ大同二年度實業部調査ニ依レバ次ノ如シ

	作付面積	收穫量
普通作物	三、二九三、四九一陌	三、八六四、八二九瓲
特用作物	四五、四一二陌	一四、四四七瓲
計	三、三三八、九〇三陌	三、八七九、二七六瓲

作付面積並ニ收穫量ヲ各縣別並ニ作物別ニ見ルニ次ノ如シ

農作物作付面積及收穫量（新吉林省各縣別）

大同二年度　實業部調査

番號	縣名	作付面積（陌）			收穫量（瓲）		
		普通作物	特用作物	計	普通作物	特用作物	計
1	永吉	539.650	3.410	543.060	356.775	1.061	357.836
2	舒蘭	208.528	1.946	210.474	111.117	394	111.511
3	德惠	243.690	890	244.580	203.429	19	203.448
4	農安	306.187	92	306.279	372.747	822	373.569
5	長嶺	75.166	—	75.166	44.422	—	44.422
6	長春	215.040	614	215.654	490.100	411	490.511
7	雙陽	124.829	351	125.180	218.387	474	218.864

8	伊　通	190.992	995	191.987	189.375	331	189.706
9	磐　石	115.825	—	115.825	51.294	—	51.294
10	樺　甸	56.987	3.160	60.138	44.081	939	45.020
11	敦　化	93.772	1.326	95.098	47.519	266	47.785
12	額　穆	147.382	2.830	150.212	88.036	1.467	89.503
13	楡　樹	388.180	4.053	392.233	682.897	4.321	687.218
14	扶　餘	195.514	28.273	223.787	325.877	1.281	327.158
15	乾　安	51.461	958	52.419	26.914	171	27.085
16	九　台	148.047		148.047	227.933		227.933
17	懐　徳	184.192	1.868	186.060	182.376	2.487	184.863
	計	3.285.433	50.766	3 336.199	3.663.279	14.444	3.677.723

作物別作付面積及收穫量　（新吉林省合計）

大同二年度　實業部調査

作物名	普通作物		作物名	特用作物	
	作付面積	收穫量		作付面積	收穫量
大　豆	1.049.009陌	1.096.129陌	棉　花	—陌	—瓩
小　豆	54.606	64.752	煙　草	9.968	3.508

其他豆類	50.159	65.138	線麻	8.132	3.218
高粱	827.045	1.135.010	青麻	4.432	1.275
粟	672.555	795.545	麻	667	729
包米	236.151	290.421	芝麻	21.757	2.967
小麥	113.298	75.474	落花生	—	—
大麥	53.348	55.716	瓜子	4.113	2.698
燕麥	—	—	藍靛	43	52
黍	54.958	65.564			
稗	50.208	88.428			
喬麥	27.323	9.833			
水稻	26.414	28.010			
陸稻	44.803	59.279			
其他雜穀	33.614	33.530			
小計	3.293.491	3.864.829	小計	45.412	14.447
		作付面積		收穫量	
	合計	3 338.903		3.879.276	

一晌當リ農作物ノ生產費並ニ損益狀況ヲ九台縣並ニ永吉縣ニ付キテ見ルニ次ノ如シ。

（一）九台縣ニ於ケル例

大同三年二月末調査

作物名	晌當收量	支出	收入	損	益	備考
大豆	三、五石	三六、八八圓	三三、一五圓	三、七三圓	圓	支出項目中ニハ晌當勞力人二〇人馬一〇一三圓〇八計上
高粱	四、五	四一、六〇	三六、二〇	五、四〇		仝人二三(人)馬一四一六圓二四計上
包米	四、五	三九、一〇	三〇、六〇	八、五〇		仝人二三(人)馬一四一六圓二四計上
粟	四、二	三八、三八	二八、二〇	一〇、一八		仝人二三(人)馬一四一六圓二四計上
陸稻	七、〇	四二、七八	四四、〇〇		一、二二	仝人一八(人)馬一〇一二圓二四計上

（二）永吉縣ニ於ケル例

高粱作晌當國幣建

1. 支出之部

種目	數量	單價	金額	備考
種子費	三〇斗	五〇	一五	
肥料代	六車	四〇	四〇〇	馬糞一車約一六〇匁
勞力費	一〇人	六〇	六〇〇	
役畜費	六日	二〇〇	一二〇〇	馬二頭
材料費	三斤	二〇	六〇	繩類
村屯公費		七〇	七〇	小作農ハ直接田賦ヲ納メス
地代			一〇五〇	
其他			一五〇	馬車用具ノ修繕
計			三六四五	

2 收入之部

高粱穀實	六、〇〇石	五〇〇	三〇〇〇
高粱稈	九〇〇捆	八〇	七二〇

高粱穗穀	六四〇タ	二〇	八一〇
計			四五二〇

差引純益　八元七角五分

第四項　新吉林省ニ於ケル農家ト耕地トノ割合

大同二年度實業部調査ニ據リテ見ルニ新吉林省ニ於ケル既耕地面積總計三、五四五、〇四九陌ニ對シ農家總戸數五〇、五八二八戸ニシテ農家一戸當リ耕地面積平均七陌七五ナリ。而シテ一戸當リ面積ノ最大ナルハ徳惠縣ノ一一陌七二、最少ナルハ長春縣ノ二陌六八ナリ。

農家ト耕地トノ割合（新吉林省各縣別）

大同二年度　實業部調査

番號	縣名	農家戸數	耕地（陌）	農家一戸當耕地面積	備考
1	永吉	71.985	601.051	8.35	吉林市戸口ハ除ク
2	舒蘭	18.590	210.482	11.32	
3	徳惠	21.000	246.120	11.72	
4	農安	28.730	221.842	7.72	

5	長嶺	13.143	92.160	7.01
6	長春	80.300	215.041	2.68
7	雙陽	24.657	124.954	5.07
8	伊通	33.524	203.020	6.05
9	磐石	26.700	241.460	9.04
10	樺甸	13.455	105.079	7.81
11	敦化	7.937	92.700	11.67
12	額穆	10.729	182.846	9.25
13	楡樹	55.779	402.188	7.21
14	扶餘	40.000	223.788	5.59
15	乾安	4.820	36.864	7.65
16	九台	18.000	148.047	8.22
17	懷德	36.479	197.407	5.41
	計	505.828	3.545.049	7.75

第五項　地價及ビ小作料

（一）地　價

地價ハ各縣各地ニ於テ夫々異ナルモ滿洲事變直後ハ之ニ因ル治安ノ紊亂ニ因リ概シテ異常ナル低落ヲ

見タリ。之ガ爲メ農民ハ或ハ賣急ギ或ハ地價ノ回復ヲ待チ賣却セントスルモノ多シ。之ニ反シ獨リ縣城附近、鐵道沿線等比較的治安ノ維持セラレタル地方ハ稍々騰貴シ、爾來治安ノ恢復ト共ニ上昇ノ趨勢ニ在リ。尙荒地ノ地價ガ長春、永吉等開墾ノ進メル諸縣ニ於テ他縣ノ其ニ比シ特ニ安價ナルハ斯ル縣ニ殘存スル荒地ハ他ノ諸縣ニ殘存セル荒地ニ比シ農耕地トナス價値乏シキニ因ル。

本省内數縣ノ地價ヲ示セバ次ノ如シ。

長春縣（各區ハ平均價）　（康德元年調）

		第一區（最高）	第二區（最高）	第三區（最高）	第四區（最高）	第五區（最高）
旱田	上	一九七円（三五〇円）	八七円（一三〇円）	一五九円（三八〇円）	八五円（一三〇円）	一五七円（一九〇円）
	中	一四三（二五〇）	六五（八〇）	一一八（三〇〇）	五〇（九〇）	一三七（一六〇）
	下	一一八（二五〇）	四四（六〇）	九四（二六〇）	二九（七五）	九五（一三〇）
荒		ー	六　ー	三三（一一〇）	八（一〇）	ー

楡樹縣（康德元年調）

	第一區	第二區	第三區	第四區	第五區	第六區	第七區	第八區	第九區
旱田	二〇〇円	一〇〇円	一三〇円	一三〇円	一五〇円	一五〇円	一三〇円	一〇〇円	一三〇円
水田	一〇〇	五〇	？	五〇	？	ー	五〇	五〇	五〇
荒地	ー	三〇	四〇	ー	ー	ー	ー	二〇	二〇

九台縣（康德元年調）

既墾地
- 旱田
  - 上　一二〇円
  - 中　九〇
  - 下　五〇
- 水田ハ賣買ノ實例ナシ

可耕未墾地
- 毛荒（可耕旱田地）五〇円
- 水荒（可耕水田地）二五

額穆縣敦化縣地方（大同二年調）

既墾地
- 旱田
  - 上　一〇五円
  - 中　七〇
  - 下　二八
- 水田
  - 上　一二六
  - 中　九八
  - 下　七〇

可耕未墾地
- 可耕旱田
  - 上　二〇
  - 下　一五
- 可耕水田
  - 上　二五
  - 下　一五

磐石縣（大同二年調）

縣城外附近最好農地

既墾地

旱田	上	四〇〇円
	中	三〇〇
	下	二〇〇
水田	上	三五〇
	中	二五〇
	下	一五〇

可耕未墾地

可耕旱田地	二五〇円
可耕水田地	二三〇

乾安縣（康德元年調）

縣城外附近	旱田	一〇円
縣城ヨリ遠邊ノ地	旱田	四円

雙陽縣（康德元年調）

既墾地

旱田	上	三〇〇円—四〇〇円	（縣城宅地五〇〇円）
	中	二〇〇—三〇〇	（縣城宅地四〇〇）
	下	一二〇—二〇〇	（縣城宅地三〇〇）
水田		一四〇	

郭爾羅斯ニ於ケル未開放地ハ旗長統治ノ下ニ旗民自由ニ遊放セシ故土地ノ私有從ッテ又土地ノ賣買ナカリシモ漸次旗民ノ土地所有意識ヲ强メ旗民隨意ニ附近ノ土地ヲ劃分シ荒地ヲ耕熟シ之ヲ自己ノ所有地トシテ稱スルニ至リ永年ニ亘ル土地ノ所有ハ遂ニ私有地トシテ一般ニ認メラルヽニ至レリ。而シ

テ荒地ノ自由開墾ノ慣例ハ十年來禁止セラレ私有地ハ旗民ノ間ニ於テノミ自由ニ讓渡シ得。王府附近ニ於ケル讓渡價格左ノ如シ

上等地	每晌	四〇元
中等地	仝	三〇元
下等地	仝	二〇元

（二）小作料

小作料ハ小作契約ノ種類ニ依リテ異ナル。租地或ハ租借ト稱セラル、所謂小作ニ在リテハ永租、（永小作）タルト佃（普通小作租トモ稱ス）タルトヲ問ハズ普通收穫量ノ二分之一乃至三分之一トス。分購、辨購、分種、種分收ト稱セラル、所謂分益小作ニ在リテハ豫メ約定セラレタル率ニ據リテ收穫物ハ分配セラル、モ辨理購或ハ辨內購ト稱シ家屋、農具ヨリ種子、肥料、日用品、衣服、食粮ニ至ルマデ地主ヨリ貸與セラル、モノニ在リテハ普通分配率地主六、七分小作人三、四分ニシテ辨外購ト稱シ家ノミノ支給ヲ受クルモノニアリテハ地主四、五分小作人五、六分ヲ普通トス

小作料ハ普通穀納ニシテ畑作ナル場合ニ於テハ其種類ハ三色ト稱シ大豆、高粱、粟ノ三種ヲ普通トスルモ亦大豆、高粱ノ二色或ハ大豆ノミヲ納ムルモノモアリ。水田小作ニ在リテハ籾ヲ以テスルヲ普通トス。各地ノ小作料ヲ例示スレバ次ノ如シ。

額穆縣　敦化縣

水田

上	六、三〇〇石
中	五、〇〇〇
下	三、八〇〇

旱田

上	四、〇〇〇石
中	二、八〇〇
下	一、四〇〇

〔一晌當リ收穫量（石）〕

	稲子	大豆	高粱	粟
額穆	二、〇―三、〇	六、〇―八、〇	七、〇―八、五	六、〇―七、〇
敦化	七、〇―二、〇	五、〇―八、〇	七、〇―八、五	五、五―七、〇

九台縣

旱田

上	二、六〇〇石
中	一、五〇〇
下	〇、九〇〇

〔一晌當リ收穫量
大豆、五、五　高粱九、〇粟　八、五〕

懷德縣

旱田

上	五、四〇〇石
中	三、六八〇
下	―

〔最良地一晌當リ收穫量平均
大豆一〇、〇　高粱一一、〇　栗一二、〇〕

乾安縣

旱田　〇、八〇石―〇、四〇石

〔平均一晌當リ收穫量　二石〕

第六項　農家副業

農業經營上比較的不利ナル自然的條件ニ制約セラルルコトノ大ナル本省農業ニ於テモ農家經濟ノ增

進ハ農閑期ノ有効ナル利用ト副業ニ依ル多角的經營ニ依リ之ヲ補足スルノ外ナシ。從來本省農家ノ副業又少カラザルモ其多クハ自然物ノ原始的採取或ハ家内工業的ノモノニシテ其指導改良ハ本業ノ指導改良ト共ニ農業指導ノ中心ヲナス。

本省ニ於ケル農家副業ノ主要ナルモノ次ノ如シ

一、冬期間ノ伐木集材

敦化、額穆、樺甸等森林多キ諸縣ニ多ク見ル所ニシテ冬期間ニ於ケル伐木集材ノ可能勞働日數ハ百日ト稱セラレ京圖線一帶ニ於ケル其賃銀ハ一人一日數出費(牛扒犁ニヨル集材地点迄ノ運搬費)二圓一〇錢ニシテ驛出費(集材地点ヨリ驛マデ)ハ其運搬ノ距離ニヨリ一圓八〇錢乃至六圓ナリ伐採賃銀ハ衣食附一日一圓ヲ以テ普通トス

二、牛馬車及橇ニヨル穀類木材其他ノ運搬

京圖沿線ニ於ケル牛馬車橇ニヨル穀類其他ノ運搬費收入一日單價人一、二〇圓、家畜二、〇〇圓ニシテ之ガ副收入ハ看過シ得ザル額ニ上ル

三、山貨採取

山貨ハ曾ツテハ吉林省ノ主要特産トシテ多ク東方山間地ヨリ採取セラレ吉林省城ニ於ケル其取引ハ殷賑ヲ極メ省農商民ヲ潤スコト大ナリシモ最近匪患ト植付ノ減少等ニ依リ産出頓ニ減少セリ其

主ナル山貨ハ五十數種ニ上リ藥草、毛皮類、菌類麻類、烟草及山梨、山葡萄、山楂子等ノ果實類ヲ主トス。（第六章第一節第三項參照）

四、澱粉製造

澱粉製造ノ主ナルモノハ馬鈴薯、玉蜀黍及綠豆ヲ原料トスルモノニシテ馬鈴薯粉ハ調理用ニ玉蜀黍粉ハ製布用ニ、綠豆粉ハ粉條子ノ製造ニ用ヒラル。澱粉糟ハ家畜ノ飼料トナルヲ以テ養豚ヲ併用スルコトニ依リ一層有利ナル副業ト云フベシ

粉條子百斤製造費

一、支出		
原料代綠豆	三三〇斤	一五、五〇圓
勞銀（粉匠）	三、五人	三、五〇
臨時苦力	一、五人	一、五〇
家畜（驢）	一、四頭	、七〇
燃料		、五〇
小計		二一、七〇
二、收入		

粉條子	一〇〇斤	一五、〇〇円
糟	二〇〇斤	九、〇〇
小計		二四、〇〇

三、收支差引

純益金	百斤當リ	二、三〇円

五、人蔘栽培、養蜂、養鹿

人蔘栽培、養蜂、養鹿ハ貴重ナル醫藥料ノ生産業トシテ又重要ナル副業ニシテ大同二年十二月ニ於ケル吉林市ヘ上場セラレタル人蔘ハ一三、八〇〇兩ニ上リ一兩十四錢ニテ取引セラレタリ

養蜂ハ密源ニ惠マレタル本省ノ將來有望ナル副業ノ一ニシテ現今吉林ノ南山地方ニ於テハ各處ニ行ハル一箱ノ收益五圓乃至十五圓、一箱採密額二十斤乃至三十斤内外年産額十萬斤以上ニ達ス

養鹿ハ未ダ廣ク普及セズ僅カニ山間ノ富豪農民ニヨリ鹿茸採集ヲ目的トシ飼育セラレ樺甸縣ニ於ケル韓家ノモノ有名ナリ。鹿茸ハ貴重ナル精藥トシテ其袋角ハ一本數百圓乃至千圓ニ上ル。

六、木炭製造及薪ノ採取

冬季ニ於ケル木炭製造及薪ノ採取ハ農村ノ主要副業ヲナシ京圖線及奉吉線沿線ヨリノ出荷多シ木炭製造技術ハ極メテ原始的ニシテ其指導ト販路ノ統制指導ヲナスニ於テハ農民ヲ潤スコト大ナル

モノアルベシト豫想セラル。大同元年ニ於ケル京圖沿線出廻木炭四、八二九噸薪料一六、六六五噸餘ニ上ル

七、羊豚鷄ノ飼育ト魚漁

八、小賣商ノ兼營

第七項　畜産並ビニ水産概況

本省ニ於ケル畜産業ハ未ダ發達セズ僅カニ牛馬類ハ農耕並ビニ農産物運搬ノ動源トシテ各農家ニ於テ飼育スルノミナリ。羊、豚、鷄ハ副業的ニ飼養セラレ多ク地場消費ニ當テラル

水産ハ松花江ヲ主要漁場トシ牡丹江、鏡泊湖之ニ次グ魚漁法ハ極メテ原始的ニシテ農民ノ農閑ヲ利用シテ副業的ニ營マル、モノ少カラズ

大同二年度實業部調査ニ依リテ之ヲ見ルニ次ノ如シ。

新吉林省家畜類　　大同二年度　實業部調査

No.	縣名	牛	馬	騾	驢	羊	豚	鷄
1	永吉	18.604	25.965	5.821	2.365	3.800	68.565	23.412
2	舒蘭	14.300	29.250	5.780	1.100	295	53.970	27.850
3	德惠	7.800	42.290	7.560	4.800	8.500	166.260	—

4	農安	18.366	48.557	24.416	10.180	9.360	124.860	159.670
5	長嶺	3.200	3.500	790	550	1.500	7.850	15.000
6	長春	18.000	70.600	73.000	9.500	9.342	83.400	89.030
7	雙陽	11.337	21.343	22.594	3.251	2.598	21.586	46.656
8	伊通	7.964	11.506	11.384	4.584	4.429	21.298	11.710
9	磐石	260	1.100	340	120	87	700	600
10	樺甸	4.457	2.475	2.389	774	566	11.769	19.280
11	敦化	4.100	3.449	2 250	432	99	3.500	139 000
12	額穆	6.176	2.524	474	2.630	37	22.145	44.520
13	楡樹	8.000	35.000	5.000	1.000	7.000	17.000	200.000
14	扶餘	6.651	31.225	5.056	3.340	6.660	37.274	80.708
15	乾安	2.500	19.700	2.890	648	11.200	31.400	69.000
16	九台	18.500	54.200	13.400	8.100	4.600	35.900	87.300
17	懷德	4.450	56.500	120.750	3 058	8.724	277.100	103.400
	計	154.665	469.084	304.434	56.432	78.787	994.577	1.117.136

吉林省水産調査表　　　　大同二年度調査

縣名	漁場	漁具 漁網	漁船	漁戸	魚種類	漁期	出産量	備考
永吉	松花江	攪網子・抄羅子・漁簖・魚鈎・漁筐漁鯉・糸掛網・柚網・抬網・攔河網攀網・旋網	威虎船對船・掛鰡船 20隻	69戸 194名	鯉魚・白魚・黏魚・鯽魚・黄古魚邊頭魚・狗魚	4月—10月	60•900斤	
農安	松花江	漁鈎・漁人 蓋網・波網・攀網 帶河網・鐵魚網	葦河對船 42隻	11戸 170名	鯉魚・膀頭魚草根魚・鮎魚 鯽魚	3月—12月	19•500斤	
扶餘	松花江	抄撈子・秋鈎大糸網・波糸網罩網・人網子拉網	小推船 小桅午 大花鞋 46隻	34戸 62名	胖頭魚・邊花魚鯉魚・草根魚鯽魚・白票魚黏魚・狗魚鰲化魚	3月—10月		
敦化	牡丹江	鈎網・撒網 柳條彈	虎威船 32隻	24戸		2月—9月	54•750斤	
額穆	牡丹江	糸網攀網 撒網・塊簍	小威虎船 24隻	12戸		4月—9月	30•000斤	

郭爾羅斯前旗	松花江 嫩江	柳條彈・魚鈎 小糸網・旋網	小平底木船		鯉魚・鯽魚・鮎魚・草根魚・胖頭魚刀魚	3月—10月		
計							175・150斤	

第八項　農家經濟

本省ノ農家ハ地主、地主兼小作農、自作農、自作兼小作農、及地主兼農業勞働者ニ分チ得ベク其經濟ハ自ラ相異ナル。而シテ七、八名ノ家族ガ自活センガ爲メ耕作スルヲ要スベキ地積ハ凡ソ十二、三垧ニシテ且一勞働者ノ標準播種面積ハ六垧ト稱セラル、ガ故ニ自作農ニシテ勞力ニ過剩ヲ來ス農家ニ在リテハ自ラ小作ヲ兼營シ自作兼小作農トナルニ非ラザレバ農業勞働者トシテ一部過剩勞働力ノ販賣ヲナシ地主兼農業勞働者トナリ或ハ又商品生産的家内工業或ハ小賣商ヲ營ミ其家内經濟ヲ潤スヲ普通トス。而シテ滿洲事變以來地方治安ノ紊レタル結果農業者ノ居村ヲ引揚グル者多ク之ガ爲メ農業勞働力ノ過少ヲ來シ耕地ノ荒廢セル地方アリ又大中地主ニシテ外鎭ニ退居シ其所有地ヲ小作ニ附スルモノ增加シ其結果比較的大規模ノ經營ヲナス小作農ヲ出シ過小地主ガ其過剩勞働力ヲ處置センガ爲メ之等大規模經營ノ小作人ニ雇傭セラル、ガ如キ奇現象ヲ呈スル地方サヘアリ。加之均分相續制度ニ基ク土地ノ細分ト租稅公課負担ノ重壓トニ因リ、地主兼小作農、自作農兼小作農地主兼農業勞働者及零細自作農等ノ農村ニ於ケル經濟的地位ハ低下シ或ハ純小作農或ハ農業勞働者ノ域ニ轉落スルモノアルヲ見ルニ反シ小作農ハ其ノ地位ヲ漸次高メ零細自作農ニ勝ル經濟生活ヲ營ムモノアリ。

永吉縣南荒地ニ於ケル農家ノ經濟的順位ヲ見ルニ次ノ如シ

一、地主兼小作農　六四二、〇九圓
二、小作農　六一四、三三圓（過小農一戸ヲ除ケバ七一〇、七五円トナル）
三、自小作農　四七八、四四圓
四、自作農　八九、七〇圓
五、地主兼農業勞働者　七八、六九圓
六、農業勞働者　七七、二五圓

尚二、三農家ノ收支狀態ヲ示セバ次ノ如シ

（一）永吉縣農家生活收支狀態（耕作面積五晌家族十人ノ中一ケ年收支ヲ示ス）

（イ）自作兼小作農

1 支出ノ部

費目	數量	單價	金額	備考
食費	一二石	八八〇	一〇五〇〇	小米、高粱、包米、粉條、蔬菜、豚肉、脂油、鹽醬油

一六七

燃料費		〇五	五〇〇〇
建築物修繕費	草稈一、二〇〇梱 五間	〇、三	一四四〇
被服費	三人分	二二〇	六六〇
照明費	石油其他	五〇〇	五〇〇
什器費	碗盃一〇個	一〇	一〇〇
教育費	三人		三二〇〇
交際費			四〇〇
嗜好費	薪一〇〇斤 菜二斤 酒五斤	一五 二〇〇 一二	五〇〇 四〇〇 六〇
娯樂費			一五〇
保健衛生費			五〇〇
傭人費	一人	四〇〇〇	四〇〇〇
村屯公費		一〇〇	五〇〇
祝祭費		三〇〇	一二〇〇

公税費		一三五	六七五	
農具費			六〇〇	
旅費			三〇〇	
雑費			二〇〇〇	借入銀利子臨時徴收
計			三三六八五	

2 收入ノ部

農産物賣上金		四一四〇	二〇七〇〇	大豆三晌　高粱粟各一晌
家畜産賣上金			七〇〇〇	
副産物賣上金	澱物三千斤		二〇〇〇	
家屋借付償入金	二間		一〇〇〇	七
勞働償入金			三〇〇〇	臨時收入
借銀利子			三〇〇〇	仝
木柴賣上金			二〇〇〇	

雑収入	二五〇〇
計	四一二〇〇

差引収入　七五元一角五分

ロ、小作農（小作地一三、五晌、大人 男五 女四　小人 男三 女二　計十四名家族）

（一）収入之部

費目	數量	單價	金額	備考
農産物賣上金	六八、石二	（石當り／大豆六、四〇〇 谷子八、〇〇〇 糜子四、五〇〇 蘇子二、五〇〇円 豆類七、四五〇 包米七、五〇〇 稗子四、〇〇〇円）	四二九二五	大豆五晌　二〇石其他豆類一晌一、七石谷子三、五晌三、五石包米一晌五石一晌三、五石（豆ト混作） 糜子〇、五晌二、五石稗子三、五晌三石蘇子一晌三石
畜産物賣上金			三　〇〇	子豚、鷄卵
勞力償入金			二〇〇〇〇	
計			六五九二五	

（二）支出之部

食費	二九〇〇五	主食物、高粱、玉蜀黍、粟、黍子、副食物、味噌、醤油、豆腐、白麺、豆油 酒、青菜、猪肉、魚類

一七〇

費目	數量	單價	金額	備考
燃料費		石油一罐三、五〇 臘燭一斤、二二	四六〇	石油一罐臘燭五斤
種苗費	二二、五	六、〇〇	一三五〇	
肥料費	二〇本	〇、八〇	一六〇〇	
農具償却費及修繕費			五〇〇	
地方公費	一晌當リ	〇、二〇	二七〇〇	
小作料	二〇石二一晌當リ	一、五石	一二一二〇	
家畜ノ飼料	一五〇斤	〇、六〇円	九〇〇	
嗜好品	五二斤	茶一、六〇 菸一、一五	一〇七〇	茶葉二斤菸葉五〇斤
交際費			六〇〇	交際費、冠婚費、衣服費
計			六三八〇五	

（三） 差引純收入 二一、二〇

（二） 九台縣

上級自作農（作付面積四〇晌家族十八人勞働ナシ得ル者中九人）

中級自作農（作付面積二三晌家族一五人勞働シ得ルモノ中六人）

下級自作農（作付面積一二晌家族九人勞働シ得ル者中五人）

一、收入	七四〇、〇〇円	四〇九、〇〇円	一九五、〇〇円
農作	五四〇、〇〇	三六九、〇〇	一八〇、〇〇
其他	二〇〇、〇〇	四〇、〇〇	一五、〇〇
二、支出	七一五、〇〇	三九〇、〇〇	一五六、〇〇
生活費	二六〇、〇〇	九〇、〇〇	七六、〇〇
勞費	二〇〇、〇〇(傭人三人)	一六〇、〇〇(傭人二人)	—
肥料代	七〇、〇〇	一〇、〇〇	八、〇〇
公課金	一二〇、〇〇	七六、〇〇	四二、〇〇
教育費	二〇、〇〇	二〇、〇〇	—
其他	六五、〇〇	三四、〇〇	三〇、〇〇
三、純年收	二五、〇〇	一九、〇〇	三九、〇〇

(三) 額穆縣

一、小作農(滿人)　家族十一人可能農耕者四人、小作面積六晌

收入之部

農產物收入	一四一、〇〇円	
雜收入	五〇、〇〇	
計	一九一、〇〇	

支出之部

地方稅	三、六〇円	（一晌ニ付六角）
壯丁團費	一、〇〇	
小作料	三〇、〇〇	（地租七石谷子高粱等）
家畜飼養費	一五、〇〇	（牛二頭、馬五頭、猪二頭）
農具購入費	五、〇〇	
生活費	一三七、〇〇	（食費九七圓油柴木一〇圓衣服費一〇円）
計	一九六、六〇	
差引不足額	五、六〇	

二、小作農（鮮人）家族八人可能農耕者二人、小作面積四晌

收入之部

農產物收入	四八〇、〇〇円（米六〇石）
雜收入	—
計	四八〇、〇〇
支出之部	
地方稅	—
學校費、民會費	三、〇〇
小作料	二四〇、〇〇（三〇石）
種子代	七、七〇（七斗五升）
農具購入費	三、〇〇
生活費	七一、九〇（食費五六圓九〇油柴木三元衣服費一二元）
計	三一六、〇〇
差引殘額	一六四、〇〇

三、自作耕（滿人）家族十三人可能農耕者三人自作面積一〇晌所有農地三〇晌）

收入之部

農産物收入	一八八、〇〇圓
家畜收入	九〇、〇〇
地租	八〇、〇〇（二〇石）
貸款利息	三六、〇〇
合計	三九四、〇〇
支出之部	
地方捐	一〇、〇〇（二十晌）
壯丁團費	一二、〇〇
僱傭人夫賃	四〇、〇〇
生活費	二五二、四〇（食費一三二円四〇燈油八円、被服費三五円交際費五円學校費五円燃料費四〇円家具費七円醫療費五円雜費一五円）
家畜飼育費	六〇、〇〇（牛二頭、驢一頭、猪三頭鷄七羽鴨三羽）
合計	三七四、四〇
差引殘額	一九、六〇

（四）長嶺縣

（イ）上流自作農（耕地十晌）

収入

雜糧	二〇、〇石
柴薪其他	五、〇
計	二五、〇

支出

食費	二、〇石
草料費	三、〇
租賦税	一、七
雜税	一、〇
農具費	二、〇
養老養育費	八、〇
衣住費	五、〇
應酬費	二、〇
計	二四、七

（ロ）小作農

収入

雜糧	二〇、〇石
柴草其他	四、五

支出

食費	二、〇石
草料費	三、〇

計	二四、五

（ハ）農業勞働者

收入

雜粮	一三、〇石

佃租	四、〇
租稅公課	一、五（地主ト分擔）
農具費	二、〇
養老養育費	七、〇
衣住費	五、〇
應酬費	一、五
計	二六、〇

支出

食費	〇、六石
澡工費	一、〇
養老養育費	六、五
依住費	五、〇
應酬費	一、〇
計	一四、一

第九項　農業機關及ビ農業施設

(一) 農業機關

農業機關トシテ各縣ニ農會アリ。國民政府ハ民國元年六月農會規程ヲ公布シ次イデ十二年五月之ニ修正ヲ加ヘ更ニ十六年農會條例ヲ頒布セリ。現今ノ農會ハ同條例ニ依據スルモノ最モ多ク縣城ニ縣農會アリテ縣下主要鎭ニ鄕農會ヲ置キ農家ノ福利增進ヲ圖ルト共ニ他方農業ニ關スル諸調査並ビニ意見ノ具陳ヲナス等農政機關トシテノ職務ヲ執行ス、然レドモ其活動ハ服覺シカラズシテ其地位ハ商會ノ其ニ及バサル嫌アリ。

吉林省各縣農會狀況調査表

康德元年調査

縣名	會址所在地	會長氏名	設立年月日	鎮口數	會員數	收入 會費	收入 補助金	收入 其他	收入 計	支出 事業費	支出 事務費	支出 其他	支出 計
永吉	吉林市維新街	趙宗鐘	民2.3	4	95	0	360	0	360	0	360	0	360
額穆	蛟河鎭街	孫耀東	(改選)康1.7.15		81								
敦化	縣城東北隅關帝廟內	張錫恩	(恢復)大2.1.1	15	2.400	2.400	0	70	2.470		1.800	600	2.400
樺甸	縣城西大街	李惠軒	民6.11	19	176	0	1.600	0	1.600	0	0	0	0
磐石	縣城內大南門裡	杜古奈	民5.2	4	950	0	1.480	0	1.480	0	1.480	0	1.480
伊通													
雙陽	縣城內	孫紹庭	(改選)康1.12.15		903								

長春	新京市十三道街	殷宗溪	民5.4	8	下級農會	0	1.384	0	1.384	0	1.384	0	1.384
懷德													
長嶺	縣城北大街	于稔之	民3.3	17	163	0	0	0	0	0	200	0	200
乾安	縣城西大街	楊蘊四	民19.2	13	133	266	500	0	766	200	510	56	766
扶餘	縣城內東南營子	李鼎之	民2.12	19	80								
農安	縣城內南大街縣公署內	張曉三	民17.10	10	53	0	600	0	600	0	600	0	600
德惠	縣城內	劉宗國	民2.3	4	240	0	2.772	0	2.772	0	2.760	0	2.760
楡樹													
舒蘭	縣城內	譚承讓	民16.9	13	804	482		340	822			877	877
九台	縣城內頭文街落孝胡同	高晉庵	大1.10	8	7	0	500	0	500	0	500	0	500
郭爾羅斯前旗													
省	吉林市維新街	伊鏗額	宣1.3	5	270								

（二） 農業施設

農事指導ノ爲メ農事試驗場ノ設置ハ早クヨリ計劃セラレ既ニ清朝年間ニ吉林ニ、民國中期ニハ主要各地ニ設置セラレタリ。

（イ） 吉林省立農事試驗場

本場ハ大淸國皇帝載恬陛下ノ御代時ノ中丞朱家寶松花江南岸龍王廟東ノ官有地ヲ測量シ東三省總督徐世昌ト共ニ吉林地方農事試驗場ヲ設立セントシ之ヲ皇帝ニ奏准シ光緒三十四年胡宗瀛ヲ監督

トナシ建築費四九、〇〇〇餘兩ヲ以テ建設セラレシモノナリ。次イデ附近ノ民有地ヲ添請シ宣統元年ニハ東萊門外ノ官地ヲ以テ江北支場ヲ設立シ同年東公園ノ水害ニ因リ回復困難ナリシヲ以ツテ同試驗場ニ合併セラレタリ。民國三年一月江北支場ヲ撤廢シ該地ハ農學校實習地ニ代與セリ大同二年九月農事試驗場々務擴張ノ為メ以前ノ小作地全部ヲ引上ゲタリ。

試驗場地積計　八一畝九四三

內譯

自作試驗地　一一、四〇〇

場院宅地、植物園　約一四、七〇〇

基地被水地　一九、〇四〇

其他　三六、七七〇〔經費不足ニ付キ技術員指導ノ下ニ作分ニ依リ小作セシム〕

現今場務ハ樹藝、園藝、牧畜、養蚕、養蜂、調査ノ各項ニ分レ場長以下技士二名事務員三名農夫十五人アリ、年預算一〇、五六二円ナリ

（ロ）　楡樹縣農事試驗場

本場ハ民國十七年四月縣城西北隅ニ設立セラル

試驗場地積計　二、畝五二

内譯

作物試驗用地	一、〇〇
蔬菜試驗用地	〇、四七
苗圃用地	一、〇〇
建物其他用地	〇、〇五

目下場長以下技士一名、事務員一名農夫五名年預算四、二五二四二九ヲ以テ大豆（原種、改良二號、改良四號）高粱（原種、改良二號、改良四號、改良六號）粟（原種、改良一號改良二號）ノ試驗栽培ヲナシツヽアリ。

（八）懐德縣農事試驗場

本場ハ民國十二年七月一日懐德城西門外（第一區四道崗村）ニ設立セラル組織次ノ如シ

- 農事試驗場
  - 苗圃
  - 菓圃
    - 種藝科
    - 農藝科
  - 模範林
  - 化學科
  - 畜産科
  - 病理科
  - 混虫科
  - 養蚕科

試驗場地積　一四八晌
建築事務室　一二間

（二）其外伊通、農安、扶餘ニ夫々試驗場在ルモ其活動眼覺シカラズ

	場上	技士	事務員	農夫	預算
伊通	一	一	一	三	八二六、〇〇円
農安	二	一	三	四	三、七二四、六〇
扶餘	一	一	一	一六	二、四四六、九〇

第二節　林業

第一項　分布

舊吉林省ノ森林ハ前清時代ニ於ケル封禁ノ結果最近ニ至ルマデ比較的優秀ナル森林ニ蔽ハレ其面積千二百萬町歩蓄積約四十六億石ト稱セラレ滿洲國唯一ノ森林地帶ナリシモ新吉林省ハ最モ蓄積量豊カナル三姓地方ヲ始メ北鐵東部沿線並ニ豆滿江流域ノ森林ヲ失ヒ僅カニ松花江及牡丹江上流流域ノ樺甸額穆、敦化、舒蘭ノ諸縣ニ亘ル面積七十萬町歩蓄積五億三千萬石ヲ有スルニ止マル。而モ其伐採急ナリシヲ以ッテ曾ッテ密林ニ蔽ハレタル額穆縣ノ西境老爺嶺ノ森林ノ如キハ既ニ疎林ト化シ植林ノ要ハ

既ニ痛感セラレツヽアリ。然リト雖モ新吉林省ニ於ケル林業ノ地位ハ農業ニ次ク重要産業タルヲ失ハズ。

新吉林省森林面積及材積

	森林面積(町)	材積(石) 針葉樹	濶葉樹	計
松花江流域	四五五、九七九、六	一〇〇、六五七、八三五	一六五、八五〇、一八五	二六六、五〇八、〇二〇
樺甸	三六一、三六二、八	七六、五六〇、四三九	一二五、三九二、九六一	二〇一、九五三、四〇〇
額穆	九四、六一六、八	二四、〇九七、三九六	四〇、四五七、二二四	六四、五五四、六二〇
牡丹江流域	二四三、八七二、四	一三九、九七三、二六九	一二一、七〇五、〇三六	二六一、六七八、三〇五
敦化	一九六、七二四、三	七四、一四三、二九〇	七五、五五一、三八五	一四九、六九四、六七五
額穆	一四七、一四八、一	六五、八二九、九七九	五六、一五三、六五一	一一一、九八三、六三〇
合計	六九九、八五二、〇	二四〇、六三一、一〇四	二八七、五五五、二二一	五二八、一八六、三二五
備考	昭和七年滿洲產業統計ニ依ル			

樹種	
針葉樹	テウセンマツ　タウヒ　モミ類　カラマツ等
濶葉樹	シナノキ　クルミ　ナラ類　ニレ類　シオヂ　カバ類等

牡丹江流域及松花江流域ノ樹種ハ大差ナシ

用　途

建築材	テウセンマツ　タウヒ　モミ類　カラマツ
造船材	テウセンマツ　カラマツ
家具材	シオヂ　クルミ　ナラ類
薪　材	ナラ類　其他雜木

「テウセンマツ」ハ針葉樹中ノ主林木ニシテ蓄積量最モ豊富ニシテ山脈ノ中腹並ニ小山嶽ノ上部ニ分布ス「タウヒ」「モミ類」ハ「テウセンマツ」ニ次グ

「シオヂ」「シナノキ」「ナラ類」「カバ類」ハ濶葉樹中最モ豊富ニシテ針葉樹ト混淆又ハ森林地帶ノ上部ニ分布ス

第二項　出材狀況

新吉林省內林木ハ比較的搬出ノ便ヲ有スルガ爲メ伐採モ亦盛ニ行ハレ樺甸等松花江本流上流地ヨリノ木材ハ松花江ニヨリ流下セラレ額穆、敦化兩縣ヨリノ出材ハ吉敦鐵路開通前ニ在リテハ雙岔河ヲ中心トスル冬出濶葉材並ニ蛟河ヲ中心トスル夏出針葉、濶葉兩材ノ搬出盛ニ行ハレ拉法河、戈雅河、蛟河、烏林河等松花江支流ノ森林中ヨリ伐採セラレタル木材ハ編筏セラレ松花江本流ニ依リ吉林ニ出材セラレタリシモ鐵道開通後ハ運搬ノ確實性、運送日數ノ短縮、金融ノ利便等ノ關係上沿線各驛ヨリ搬出セラルヽニ至リ從來水出八割陸出二割ノ割合ナリシニ今ヤ其ノ地位ヲ轉倒セリ現事業區域タル敦化額穆、舒蘭、樺甸ノ四縣ヨリノ出材量次ノ如シ

	大同二年度出材數量	康德元年度出材數量
建築用材	八七〇、〇〇〇石	七〇八、〇〇〇石
鐵道枕木	二、〇〇〇、〇〇〇挺	二、三〇〇、〇〇〇挺
電　柱	二〇、〇〇〇本	六、〇〇〇本
坑　木	二〇〇、〇〇〇本	一六、〇〇〇本
燐寸軸木	三、〇〇〇石	六、〇〇〇石

松花江ニ依ル木材流下情況

大同元年	大同二年	康德元年
元木十二萬本餘	元木十三萬五千本	元木九萬本餘
六一〇筏	六五〇筏	三百二十筏

第三項　林場ト林業公司

民國元年國民政府ハ凡ソ無主ノ山林ハ總テ之ヲ國有ニ歸スルコトヽナシ次イデ同年十二月「東三省

國有林發放規則」「三年ニ　森林法」ヲ公布シ國有林ノ伐採ハ凡テ林務局又ハ森林局ニ對シ踏査申請ヲナシ其許可ヲ受クルヲ要スルコト、セリ。（一人ニツキ二百方里以内許可証有効期間二十年）然ルニ其拂下ニ當リ使用セラル、地圖ハ不完全ナルノミナラズ拂下境界ハ河川、山背ヲ以テセシガ故ニ林場ノ重復ヲ來スコト少ナカラズ之ガ爲メ常ニ紛爭ヲ極メタリ。特ニ此種紛糾ハ吉敦沿線ニ多ク黄花松甸子林場ニ於ケル官銀號ト各林場トノ重復セルモノ實ニ三十五個所ノ多キニ上レリ。滿洲國政府ハ其整理解決ニ腐心シ遂ニ大同林業公司ノ創立ヲ見ルニ至レリ

又曾ツテ蒙地開拓ノ目的ヲ以ツテ移民ヲ奬勵シ移民ニ對シテハ地劵ヲ下附シ地上林木ハ地上權者ノ自由處分ニ委ネタルコトアリシモ民國九年交通運輸機關ノ發達ニ伸ヒ地上林木ノ經濟的價値高マルニ及ビ利權回收ノ目的ヲ以ツテ之ガ接收ヲ計リ自ラ栽培ヲ爲シタルコト確實ナルモノヲ除キ未ダ森林伐採許可証ノ下附ヲ受ケサル以前ニ於テハ其森林ガ從來公有地及ビ私有地ノ範圍内ニ在リタルト否トヲ論セス該森林ハ凡テ國有ニ歸セシメタルヲ以ツテ私有地、公有地上ノ林木伐採ニ紛議ヲ來ス場合今尚少カラサルノミナラズ地方團体ノ圓滿ナル發達ヲ阻碍スルコト又多シ。

斯クテ現有森林ニハ國有林、公有林、私有林ノ外ニ寺廟學校ニ對シ荃木財產トシテ時ノ政府ヨリ附與セラレタル寺廟林、學有林アリ

一、大同林業公司

從來松花江上流及ビ牡丹江上流地方ノ林業權ハ始メ舊官銀號ノ手ニ有リシモ後大倉、王子ノ諸會社ヲ始メ各方面ヨリ伐採權ノ爭奪行ハレ紛爭絶エサリシヲ以テ滿洲國政府ハ中央銀行其他權利所有者ヲシテ額穆、敦化、樺甸ノ三縣並ニ寧安縣南端ノ林場ヲ返還セシメ國有林トシ新ニ大同林業公司ヲ設立シ同地方ノ林業ヲ統制スルコト、シ大同二年十一月吉林省城内二道碼頭（舊共榮起業會社跡）ニ創立事務所設置セラレタリ。資本金五百萬圓（鐵路總局二百萬圓、林場權所有者優先株二百萬圓一般公募百萬圓半額拂込）ニシテ本社ヲ新京ニ置クコト、セラル。尚同社ニ對スル造材伐材販賣ノ統制權附與ニ就イテハ全滿木材業者ノ反對アリシモ同社ハ出材業並ニ小賣ヲナサザルコトヲ條件トナシ解決ヲ見タリ

舊林場權所有公司次ノ如シ

	社名	創立年月	資本金	拂込金	組織	目的	林場面積（町）	立木蓄積（千石）	利用材積（千石）
	共榮起業會社		一七、〇〇〇、〇〇〇	五、七五〇、〇〇〇	次ノ五公司ヲ統制ス		六八七、〇五八	三八二、〇六三	一六一、九九〇
	富寧造紙公司	民國六年二月	一、〇〇〇、〇〇〇	二五〇、〇〇〇	日滿合辦	林業、製紙發電、鐵道業	一五二、九二八	八一、七二七	一八、三一八
王子系	黃川採木公司	民國七年七月	四、〇〇〇、〇〇〇	一、〇〇〇、〇〇〇		林業	一二四、一五五	七四、二八三	一五、九九五
王子系	華森製材公司	民國七年五月	二、〇〇〇、〇〇〇	二、〇〇〇、〇〇〇	日滿官商合辦	林業	二八五、四六七	一六三、二〇七	一一四、八一八

大倉系 豊材公司	民國七年十一月	五、〇〇〇、〇〇〇	一、二五〇、〇〇〇	日滿合辦林業	六五、五〇六	三一、二七一	五、七九八
大倉系 興林造紙公司	民國七年十一月	五、〇〇〇、〇〇〇	一、二五〇、〇〇〇	日滿合辦林業及製紙業	六九、〇〇二	三一、五七五	七、〇六二

二、吉林松江林業公司

民國二年二月吉林省支那人有力者及官銀號ノ合資組織ニヨリ資本金小洋一百萬元ヲ以テ林業製紙ヲ目的ニ創立サレタル純支那法人ナリ該公司ハ濛江縣內ニ一個所其他縣外ニ數個所ノ林場ヲ所有スルモ創立以來事業不振ナリ

三、興吉公司

樺甸縣韓家ノ事業トシテ伐木ニ從事シタリシモ負債整理上滿鐵ヨリ民國十二年十一月數回ニ亘リ約八十萬圓ノ借款ヲ受ケ林業部ハ興吉公司トシテ獨立シ滿鐵ハ該公司樺樹林子一帶ノ林場ヨリ枕木ヲ採伐納入セシメ其代金ニテ貸金ヲ償還セシムル計劃ナリシモ其後不振ニテ回收困難トナレリ。經營區域ハ樺甸縣方面ニ面積十九萬町歩立木蓄積約千三百萬石ト稱セラル

四、額穆縣森林保護救濟民生組合

額穆縣ハ松花江、牡丹江上流々域ノ森林地帶ヲ占メ一億七千九百萬石ノ推定材積ヲ有シ本省優位ノ林產縣ナルニ係ラズ縣ノ東半額東地區ハ早クヨリ匪賊ノ蹂躙スル所トナリ其森林盜伐モ盛ニ行ハレシ

ヲ以テ同地窮乏農民ノ救濟、森林保護及ビ保甲制度强度化ノ目的ヲ以テ康德元年十二月　額穆縣森林保護救濟民生組合」ノ設立計劃セラレ同月二十六日其許可ヲ得タリ本組合ハ舊縣城額穆索ニ組合總事務所ヲ置キ各保ニ分事務所ヲ設ク伐採地点ハ馬鹿溝、北大秧、青溝子、官地東馬鹿溝、二道溝、三道溝上掌、四道溝ニシテ前三者ハ黄泥河子驛後四者ハ敦化驛ニ出材シ大同林業事務所ニ賣渡スルモノナリ事業資金ハ各保甲內ニテ民衆所有ノ土地地照ヲ擔保トシ額穆金融合作社ヨリ約一萬圓ノ借款ヲナシ之ニ充ツ。

大同林業事務所ハ同組合ニ對シ國有林伐採規定ヲ遵守スベキヲ條件トシ前記地區內ニ於テ紅松角材及丸太十萬石以內（但シ白松、水曲柳ノ混入ヲ妨ゲズ）ノ伐採ヲ許可シ伐採期限ハ康德二年三月三十一日迄トシ搬出期限ハ康德二年五月三十一日迄トセリ。伐採搬出材ハ全部敦化、黄泥河驛上場渡トシ大同林業公司ハ每旬一回木材ヲ檢收シ大同林業吉林事務所或ハ敦化ニ於テ額穆縣公署ノ委任セル指圖人ニ對シ其木代金ヲ支拂フモノトセリ。

第三節　鑛　業

第一項　金屬鑛業

本省ニ產出セラルル金屬鑛ハ樺甸縣ニ於ケル砂金ヲ以ツテ隨一トス。產金地十數個所ニ達シ松花江本支流沿岸ニ分布ス今日夾皮溝ヲ除キテハ凡テ廢礦トナリ居ルモ、老金廠及ビ栗子溝ハ夾皮溝ト共ニ老韓家ノ曾ッテ稼行セシ所タリ又色勒河、金銀廠河流域、頭道柳河ヨリ五道柳河ニ至ル流域及ビ金銀廠口子ヨリ大小沙河子ニ至ル總延長六百里ノ間ハ曾ッテ採金夫蝟集シ長白山下ノ黄金國ト謳ハレシモノナリ。其他樺甸縣寄リ磐石縣下ニ呼蘭川、黑石鎭頭道溝大泉眼、及ビ同縣ノ南方帽兒山並ビニ額穆縣下ニ煖木條子溝、北大洋、胡家店等ノ産金地アリテ曾ッテ稼行或ハ試堀セラレシコトアリシモ何レモ廢礦トセラル

砂金ヲ除キテハ磐石縣石咀子ノ銅、大猪圈礦洞子ノ鐵、半截河ノ鉛及ビ吉林縣水泉甸子、大鑑旗屯ノ鐵、官馬咀子ノ鉛等存スルモ何レモ貧礦ニシテ目下稼行中ノモノナシ

一、夾皮溝　樺甸縣城ノ東南東一五〇滿里吉林省城ヨリ距タルコト陸路四〇〇里ノ地点ニ在リ。道光初年ノ發見ニ係リ所謂夾皮溝金廠ノ名ヲ以テ知ラレ清朝以來民國ヲ通ジ一般鑛業法ノ治外ニ立チ老韓家一族ト特殊ノ關係ノ下ニ經營セラレタルモノナリシガ漸次採金額減少シ民國四年ニハ日支條約ニ依リ日支合辦經營トセラレシモ採算面白カラズシテ廢礦トセラレタリ。而シテ最近大同殖産會社ニ於テ韓家領域ノ森林企業、農田改善等ノ事業ト共ニ同金礦ノ開發ヲナスコト、セラレタリ。

鑛床ハ海拔八百米餘ノ金銀壁嶺ノ西麓即チ葦沙河ノ溪源地方ニ露出セルモノニシテ既稼行鑛區ハ

約五平方滿里ニ過ギズ。從來韓家直營ノ鑛區ヲ官井子ト稱シ韓邊外ニ居住スル人民ニ貸與稼行セシメタル礦區ヲ民井子ト稱セラレ日露戰前露人モーズ氏ノ開坑セル大鼻子井及ビ大同殖産調査班ノ開坑セル大日本井ハ官井子ニ在リ鑛床ノ總延長三、五七〇米ニシテ鑛脈ハ一條乃至三條、鑛脈ノ厚サハ五尺乃至三丈五尺ナリ。砂子ノ金含量ハ砂子六十斤ニ付〇、三匁乃至〇、五匁ナリ

大同殖産會社

同社ハ夾皮溝金鑛ノ開發及韓家領域ノ森林企業農田改善等ノ事業ノ爲創立セラレ事務所ヲ新京吉林ニ置キ今回東京ニ於テ當會社ト同一性質ヲ有スル中華企業會社株ヲ合併シ百八十万圓ノ增資ヲ行ヒ資本金ヲ四百八十萬圓トナシ採金ニ要スル機械器具ハ着々現地ニ運搬中ニシテ本春解氷期ヲ俟ツテ機械ノ据付ヲ完了シ直チニ採鑛ニ着手セラルベク更ニ同會社ハ本年三百萬円ノ增資ヲナシ内百萬円ヲ夾皮溝金鑛ニ投資スル筈ナリ

二、石咀子　磐石縣、省城ノ南西二四〇里磐石縣城北三五里

本鑛山ノ發見ハ極メテ早カリシモ精錬法未知ナリシ爲メ開採遲レ光緒三十四年（一九〇八）官資ヲ支出シ專ラ土法ヲ用ヒ採鑛セシモ成績擧ラズ宣統二年ニハ上海商人唐鑑章經營ノ下ニ成レル商辦磐石銅鑛公司之ヲ繼承セシガ又收支償ハズ。　民國二年官資十萬吊ヲ支出シ官辦ニ歸ス其後吉林官銀號ヨリ巨資投ジ精錬設備ヲナシ純銅ヲ精錬シ貨幣鑄造ニ資セントセルモ經營宜シキヲ得ズ

債務增加シ約十年前休山シテ今日ニ至ル

鑛石ハ主トシテ黄銅鑛ニシテ品位四%―一〇%其他次生鑛物タル孔雀石藍銅鑛自然銅ヲ有シ副產物トシテタングステン、モリブデン鑛ヲ含有ス

鑛量ハ水準以上約一二、〇〇〇噸内既採掘量四、〇〇〇噸ト算セラレ稼行中ノ年產額粗銅四、五萬斤ナリ

尙一時好景氣時代日本人間トニ資本金百万円ヲ以テ合辦契約進捗中ナリシモ實現スルニ至ラザリキ

第二項　非金屬礦業

本省ニ於ケル非金屬礦產ハ石炭及石灰岩ニシテ石炭ハ比較的各地ニ分布シ品質ハ何レモ良好ナラサルモ其埋藏量一億二千九百五十万噸ニ達ス、目下稼行中ナルハ缸窰炭田（永吉）火石嶺炭田（九台）奶子山炭田（額穆）及ビ南大溝、沙河子ノ炭坑（伊通）ニシテ天合興炭田（樺甸）半拉子門（伊通）及ビ滿鐵ノ所有タル寬城子陶家屯並ビニ石碑嶺炭田（長春）ハ休坑中ナリ。

石灰岩ハ奉吉沿線タル大椅子山、七箇頂子、駱駝磊子（磐石）及ビ九台縣飲馬河驛ノ南方タル石頭口門、平安堡、關山子、並ビニ永吉縣下二道溝ニ埋藏量相當豐富ニ存在シ品質又良好ニシテ新ニ設立セラレタル大同洋灰股份有限公司ハ其原料ヲ磐石縣下ニ仰クモノニシテ石頭口門ヨリ關山子ニ至ル間ハ

既ニ范家一族ノ稼行スル所ニシテ范家石灰窰ノ名稱アリ。

一、缸窰炭坑

永吉縣省城ノ北々東約七十粁ノ地点ニ位シ炭田ハ缸窰鎭ノ南西八・六粁ノ小口前部落附近ヨリ北東ニ延ビ棒槌溝ニ至ル延長三五粁ニ及ブ。九區ニ分タルモ稼行中ナルハ小頂子(天倉公司)閻家溝(宏升公司)二道河子(東盛公司)棒槌溝(廣泰成德順成)ノ四區ナリ民國二年開礦シ稼行法ハ不規則ナル殘柱法ヲ適用シ斜坑ハ通常三〇度乃至四〇度ノ傾斜ニテ五・六米ヨリ四〇米内外ニテ着炭シ坑道延長三〇乃至四〇米ニシテ毎年十月乃至十一月ヨリ翌三月マデヲ採堀期トス。比較的確實ナル炭層賦存區域ハ延長約十八粁ニシテ可採炭層ハ二枚乃至八枚其厚サ計九、八米ナリ、豫想埋藏炭量ハ斜距離三百米迄約七千四百萬噸、同五百米迄一億二千三百五十萬噸ナリ

褐炭ニシテ炭質良好ナラズ僅カニ燒鍋油坊用ニ供セラル

二、火石嶺炭坑

九台縣營城子驛北方約四粁ノ地点ニアリ約四十年前、土人張某ニ依リ始メテ土法採掘ヲ行ヒシモノニシテ其後前吉林知府張瀛ハ道勝銀行吉林分行ヨリノ借款ヲ以テ之ヲ買收シ保吉公司ヲ組織シ採掘ニ當リシモ資金難ニ陷リ停頓ス、民國五年夏鑛商朱堯佐ナルモノ年額現大洋二千元ノ借區料ヲ以テ之ヲ繼承シ名ヲ裕吉公司ト改ム。次デ民國十四年元裕吉公司會計車某裕吉ノ四園ニ於テ採

掘權ヲ得株主ヲ募集シ資金三〇〇萬元ノ裕東公司ヲ組織ス、其後裕東ノ東ニ於テ長春地方儲蓄會ノ出資ニ依リ五十萬元ノ裕華公司又西方鐵道近傍ニ裕西公司ノ設立ヲ見タリ

炭層ハ裕吉公司鑛區二枚、裕東公司鑛區三枚ニシテ層厚ハ前者〇、八―九尺後者三―四尺ナリ豫想埋藏量大約五十萬瓲ト稱セラレ、炭質褐炭ニシテ良好ナラズ。吉長鐵路ニ供給スルヲ最大トナシ、燒房用、製粉、油坊業、煉瓦窰等工業用ニ供セラレ新京、吉林、哈爾濱、安達、窰門、樺皮廠、下九臺ニ特約販賣人ヲ設置ス

三、馬家溝炭坑

火石嶺坑ノ北東二支里ノ地点ニアリテ東原公司ノ所有鑛區ナリ炭層不整然ニシテ層厚、六尺内外走行南北約二百間ニシテ東方ニ二十度乃至三十度傾斜ス、半無煙炭ニ屬シ埋藏量約百方瓲小規模ノ原始的露天掘ニヨリ稼行セラレ一日出炭量約十噸乃至十五噸ナリ。

四、奶子山（五龍屯）炭坑

蛟河驛附近拉法河流域ニ於ケル約五百平方粁ヲ占ムル蛟河炭田ノ一部ニシテ蛟河驛ノ東南方約十粁ノ地点ニ位スル奶子山ノ丘腹ヨリ北西方ノ區域ヲ占ム

本坑ハ其西北ナル後窰坑、南方ノ唐家歲子修松街坑ト共ニ古クヨリ稼行セラル、光緒末年蛟河商會長李某資本官帖十万吊ノ德興公司ヲ組織シ探堀許可ヲ得其後鑛權轉々シテ民國七年九月高啓明

ナル者鑛區一、〇二八畝餘ヲ得小規模經營ヲナセルモ民國十五年吉敦線起工ト共ニ正式採堀ヲ企テ新ニ九〇餘方里ニ恒ル採堀權ヲ得公稱資本哈大洋百五十萬円ノ「奶子山煤礦股份有限公司」ヲ組織シ各種ノ設備ヲ整ヘ更ニ蛟河ニ至ル運炭鐵道ヲ敷キ新京吉林等ニハ販賣所ヲ設ケ着々事業ノ擴張ヲ計リ爾來吉林奉天ノ有力者ニシテ新鑛區ノ出願ヲナスモノ急增スルニ至レリ、該公司ノ主ナル出資者ハ張學良孟恩遠張作相張總商會長ニシテ實際投資額約四十萬圓餘ナリシモ昨年滿鐵ニ於テ買收シ其經營ニ當ル。

炭層ノ走向概度西南ヨリ北東ニ走リ傾斜急ニシテ稼行區域ニ於テ北西ニ四〇乃至四十五度ヲ示ス炭層四枚ニシテ第一層一〇尺―一四・五尺第二層二尺―八尺第三層二・五尺―三・五尺第四層一・五尺ニシテ埋藏量第一層ノミニテ二、百二十五萬噸ト推定サル炭質ハ頁岩ノ薄層ヲ夾有シ良好ナラズ良質炭ト混合使用スルカ燒鍋油坊鐵匠等ノ旧式工業用並ニ家事用ニ供シ得ルノミ。一日ノ出炭最大八百噸ニ達セルコトアリシモ平均三百乃至四百噸ナリキ。

五、南大溝

伊通縣下、郭家店ノ東南二十八里ノ地点ニ位シ層厚、二・五尺・五尺四尺及ビ三尺ノ四層ヨリ成リ埋藏二十萬噸ト稱セラル。目下興隆公司ニ依リテ稼行セラレ年出炭額一千噸炭質良カラズ。

六、沙河子

伊通縣下、昌圖ノ北東五里ノ地点ニ有リ。三枚層ニシテ上層三尺乃至四尺、底層五尺ニシテ埋藏量八十四万吨ニシテ裕昌煤礦股份公司ニヨリテ稼行セラル、年出炭額五千吨前後炭質ハ粘結性、灰分ヲ多量ニ占メ良好ナラズ。

第六章　新吉林省ノ商業

第一節　商　　業

第一項　總　説

滿洲ノ地ハ漢人移住シテヨリ農業ヲ本位トシ來リシヲ以ッテ國內商業ノ發達ハ自ラ遲レタリ。即チ英露ノ資本ガ鐵道ヲ敷設スルニ及ビ始メテ滿洲ガ世界交通路ノ連絡地トナルト共ニ世界經濟ヘノ參加トナリ滿洲農特產物ガ外國貿易ノ對象トナリ貿易殷盛トナリシニ隨伴シ國內商業モ發達シ來リシモノニシテ國內商業市場ガ諸外商ノ競爭場ト化セルモ亦自然ノ勢ナリキ。然ルニ日露戰爭ヲ第一轉期トシ近ク滿洲國ノ成立ヲ第二ノ轉期トシ日本ノ滿洲國內商業上ニ於ケル地位ハ激ニ躍進シ日本商人、日本商品ハ相當ノ奥地ニ至ルマデ侵出シツ、アリテ新京、公主嶺ニハ同業組合ヲ組織シ二千ニ餘ル組合員ヲ擁シ又新京、公主嶺、吉林ニハ輸入組合アリテ夫々其發達ヲ企圖シツ、アリ吉林市及ビ附屬地ヲ除ク本省内日本商業移民ニツキテ見ルニ歐米諸國ノ皆無ナルニ對シ次ノ如シ。

	移民數	携帶資本推定額
大同二年	二六五	五四二、九五〇円
康德元年	三六六	七、九四三、八九〇円（大同洋灰股份有限公司ノ三百万圓ヲ含ム）
計	六三一	八、四八六、八四〇円

各地ニ於ケル滿商ノ狀況ヲ概觀スルニ近代的都市ヲ除ク各城鎭ノ商舖ハ依然舊式經營ニ據リ其以下ノ村屯ニ在リテ攤床或ハ僅カニ行商ノ手ニ依リテ日用雜貨ノ供給ヲナシ居ル狀態ニシテ各地移入商品ノ主ナルモノハ綿布、綿絲、砂糖類、麥粉、煙草、煤油、鹽、毛織物、綢緞、鐵器、燐寸等トス

本省内滿商ノ狀況次ノ如シ

	商店數	使用人數	使用人一人平均收入額
大同二年	八、二八六戶	五〇、一五三人	九二、四二圓
康德二年	九、一〇二戶	五四、六一八人	九三、〇三

第二項　商業機關

商人ノ利益保護增進ヲ圖ランガ爲メ吉林ニ吉林總商會各縣城ニ縣商會縣下各主要鎭ニ鎭商會アリ

商會制度ハ光緒年間ニ設置セラレタル商部ニ於テ商法編訂後光緒二十九年十一月商會簡明章程二十

六條附則六條ヲ制定セルニ始マルモノニシテ三十年ニハ商會董事章程八條ヲ制定シ各省ニ商務局ヲ設置シタリ。斯クテ商部ハ各省ニ命シテ商會設立ヲ奬勵シ東三省ニ於ケル商會ハ前後シテ此期ニ設立セラル。始メ商務會ト稱セシモ民國四年十二月商會法ノ發布ニヨリ各縣ハ同法ニ據リ總商會商會ト稱スルニ至レリ

民國十八年八月ニハ更ニ之ヲ改メテ委員制トナシ再公布ヲ見タリ今日各商會ノ依據スルモノハ民國四年公布セル商會法ニシテ磐石縣ノミハ民國十八年ノ改訂法ニ依ル。其主旨トスル所ハ大同小異ニシテ商工業及ビ對外貿易ノ發展ヲ圖ルト共ニ商工業者ノ福利增進ヲ宗旨トシ商工業ニ關スル限リ中央或ハ地方行政官署ニ建議ス。而シテ同一省內ノ商會ハ聯合シテ全省商會聯合會ヲ各省商會聯合會及ビ特別市商會ハ聯合シテ中華民國商會聯合會ヲ組織スルヲ得又同一區域內ニ於ケル各種商工業者ハ工商同業公會法ニヨリ同業公會ヲ設立スルヲ得

滿洲國ハ未ダ商業機關ニ就キテノ法令ノ制定ナク大同元年九月ニハ全國各省商會々長會議ヲ新京ニ開キ將來ニ對スル方針ノ樹立ヲナセルモ未ダ商業機關ニ關スル具体案ハ發表スルノ段ニ至ラズ舊制ヲ暫行的ニ採用シツヽアリ

商會別	設立年月	入會商戸數	大同二年度所要經費（豫算）	備考
吉林總商會	光緒三十二年十月	五一三	二六、九二二、〇〇〇	永吉縣下、烏拉鎭、誠信鎭、樺皮廠鎭ニ商會アリ
新京市商會	光緒三十二年	一、二九一	三八、〇〇〇、〇〇〇	舊長春總商會。長春縣下、小合隆鎭、朱家城鎭、卡倫鎭ニ夫々商會アリ
扶餘縣商會	民國十八年九月	一八五	六、〇〇〇、〇〇〇	長春嶺鎭、永盛鎭、三岔河鎭ニ夫々商會アリ
德惠縣商會	清末葉	二四	二、九七五、七〇〇	郭家店、達家溝、岔路口、城子街、張家灣ノ各鎭ニ夫々商會アリ
磐石縣商會	光緒三十四年一月		一二、四二一、二九三	民國十九年六月改組。烟筒山、黑石鎭、呼蘭鎭ニ夫々商會アリ
九台縣商會	民國九年四月	二一五	一二、九六〇、〇〇〇	舊下九台商會
榆樹縣商會	光緒三十四年三月	一七二	七、二〇二、五六〇	
伊通縣商會	光緒二十三年六月	一一九	五、八三三、〇〇〇	

農安縣商會	光緒三三年九月	二〇一	二七、二〇一、〇〇〇	靠山屯鎮伏隆泉鎮ニ商會アリ
長嶺縣商會	民國四年六月	五二	三、七九〇、〇〇〇	
舒蘭縣商會	清末葉	三二九	三、〇四二、一五六	
雙陽縣商會	宣統二年十一月	五四	一八、四九二、四〇七	
敦化縣商會	大同元年七月	三七四		
額穆縣商會	宣統二年	一七	二、四一二、〇〇〇	縣商會ハ舊縣街額穆索ニアリ蛟河鎮ニ商會アリ
樺甸縣商會	民國元年	八四	二〇、八九八、〇〇〇	
懷德縣商會	光緒三十三年七月	八〇	八、〇〇〇、〇〇〇	
乾安縣商會		二七	一、五一二、〇〇〇	

計	一七	三、七三七	一九七、六六三、〇一六

第三項　各地ノ商況

各縣ニ於ケル商業ヲ概觀スルニ當リ、染局皮革業、織業、鞋工、鐵爐、木業等ハ常然家內工業或ハ手工業トシテ工業ノ項ニ於テ述ベラルベキナルモ、統計ノ不完全ト商業的性質多分ニ有スルトニ因リ稍不當ヲ缺クノ嫌アリシモ本項ニ併セ記述スルコト、セリ

一、吉　林　市

吉林市ニ於ケル主要取引ハ糧石、木材、薪炭、綿紗、綿布、山貨等ニシテ其商況活潑トハ稱シ雖シ特ニ昨年ニ於ケル冷水害ニ因ル背後地農村ノ疲弊ニ伴フ購買力ノ減退ハ直チニ本市ニ於ケル商況ニ影響ヲ及シタリ

糧業ハ當市ニ九十餘戶アリテ一萬圓以上ノ資本ヲ有スルモノ九戶（最大四萬八千圓）普通三千圓乃至六千圓ニシテ資本總額三十七萬圓ナリ。糧石ノ買賣運輸ヲ業トナス外更ニ錢莊ヲ兼營シ爲替ノ取組ヲモナスモノアリ。而シテ糧石ノ出廻ハ各地結氷スルト共ニ漸次增加シ年末及舊正月前ニ於テ最モ多ク其後漸減シ五月頃ニハ松花江ノ解氷ニ依ル增水ト夏期ニ於ケル高値ヲ見越シ再ビ增加シ九月迄ニハ大方舊穀ノ出廻ハ完了ス、昨年末ニ於ケル市況ヲ見ルニ冷水害ニ因ル減收ト背後地各縣ニ於ケル防穀

令ノ施行ニ因リ出廻絶エ本市ニ於ケル上市減少ヲ豫想セラレタルモ引續ク穀價ノ騰勢ハ富裕農家ノ餘剰手持ヲ賣出サシメ稍々活況ヲ呈セリ。前年度十二月中ニ於ケル相場ト比較スルニ次ノ如シ

	大豆		高粱		包米		小豆		小米	
	最高	最低	最高	最低	最高	最低	最高	最低	高最	最低
大同二年十二月	圓 七、八四	六、七五	五、四〇	三、六〇	五、七〇	三、八〇	八、四〇	六、八〇	九、二〇	七、四〇
康德元年十二月	一〇、七〇	一〇、〇〇	一三、〇〇	一〇、〇〇	一三、〇〇	一〇、〇〇	一三、五〇	一二、五〇	一九、〇〇	一六、五〇

木業者ハ六十九戸一千圓乃至一萬圓ノ資本ヲ有シ資本總額銀洋二十四萬七千圓ニシテ更ニ月利一分二厘乃至一分五厘ノ借入ヲナシ營業ニ從事スルモノ極メテ多シ、其市況ハ土建業界ト密接ナル關係ニアリテ木材ノ整理輸送ハ四月ヨリ始マリ十一月土建工事ノ終工トナル頃ヨリ山元作業ニ移ル。當市ニ上市セラルヽ木材ハ京圖線ニ據ル陸輸ト松花江ニ依ル水輸トス、相場モ亦土建業界ノ繁閑ニ隨從シ、康德元年ニ於ケル狀況ヲ見ルニ滿鐵並ニ鐵路局ノ大口需要者ガ手持材並ニ米材ヲ社給材トスルニ至リシ爲ト連雨ニ依ル惡材料ニ因リ需要ハ比較的不活潑ナリキ尙十一月二十二日ヨリ木材輸出稅ノ改正行ハレ從來從價七分五厘ノ課稅ヲ受ケタル梁材、板、杭柱其他硬軟木モ無稅トナリシヲ以テ紅松上材其他特種材ノ朝鮮向輸出有利トナレリ

一、吉敦沿線材

材種	年月別	元木 三尺物	元木 四尺物	方木 三尺物	方木 三尺物	製材品 三尺物	製材品 四尺物	備考
紅松	大同二年十二月	七七	八二	七六	八七	一、二〇	一、三七	各材ヲ通シ七月ニ於ケル格安ハ大口需要ノ減少ト連雨ニヨル惡材料ニ因ス、
	康德元年四月	七五	八三	八五	九〇	一、二〇	一、三八	
	同 七月	六〇	—	七〇	—	一、〇八	一、二四	
	同 十二月	五六	—	六七	—	一、〇〇	一、一五	
白松	大同二年十二月	五八	六〇	五五	六〇	九五	一、一〇	
	康德元年四月	六〇	六四	六五	七〇	一、〇五	一、二一	
	同 七月	五〇	—	五五	—	一、〇〇	一、一五	
	同 十二月	五〇	—	五二	—	九五	一、〇九	
塩地	大同二年十二月	九五	一、一〇	—	—	一、八〇	—	
	康德元年四月	一、〇四	一、二〇	一、〇五	一、二〇	二、五〇	—	
	同 七月	—	—	—	—	一、三〇	—	
	同 十二月	—	—	—	—	一、六〇	—	

二〇三

胡桃	大同二年十二月	九五	一、一〇	―	―	一、九〇	―
	康德元年四月	一、三〇	一、五〇	―	―	三、〇〇	―
	同 七月	―	―	―	―	一、五〇	―
	同 十二月	―	―	―	―	一、七〇	―

二、松花江流筏材

材種	年月別	過梁 高値	過梁 安値	二呼頭 高値	二呼頭 安値	長條子 高値	長條子 安値	備考
紅松	康德元年六月	七三	六八	六八	六〇	六〇	五五	七月ニ於ケル各材ノ格安ハ大口需要ノ減少ト連雨ニヨル惡材料ニ起因ス
	同 七月	六七	六二	六二	五六	五〇	四五	
	同 八月	七〇	六〇	六一	五二	五二	四六	
	同 十月	八〇	六五	六六	五七	五六	五〇	
	康德元年六月	六二	六〇	六二	五八	―	―	
	同 七月	五八	五四	五五	五〇	―	―	
	同 八月	六〇	五四	五六	五一	―	―	
	同 十月	六八	六〇	六〇	五〇	―	―	

雜貨業者ヲ見ルニ三十六戸アリテ一萬圓前後ノ資本ヲ以テ營業スルモノ最モ多ク資本總額四十四萬

五千圓ナリ。取引ハ比較的不振ニシテ一月乃至二月ノ舊正前後僅カニ活況ヲ呈スル狀態ナリ

山貨業ハ葉烟草、蔴、元蘑、木耳其他藥材毛皮等ノ山貨ヲ賣買スルモノニシテ之等ノ山貨ハ古來吉林省特產物ノ名有リ吉林市ハ其集散地トシテ出廻期ニ於テハ取引極メテ盛ニシテ當市ノ商民ヲ潤スコト大ナリキ。特ニ樺甸、額穆、舒蘭等ヨリ生產セラレタル葉烟草ノ如キハ良質ヲ以テ謳ハレ哈爾濱、齊々哈爾、大連ヲ始メ遠ク北京、天津、廬台ニマデ移出セラレタリ然ルニ最近匪患ニヨル作付ノ減少ト交通ノ發達ニヨリ原產地ト消費地トノ直取引ノ行ハルヽニ至リシ爲メ當市ニ於ケル山貨ノ取引ハ往時ノ面影ナク寧ロ不振ヲ招クニ至レリ

山貨ノ出廻ハ穀類ノ出廻ト略々同時ニ始マリ舊正前後ニ於テ最盛ヲ極メ三月ニハ早ヤ上市ヲ見サルヲ普通トス

葉烟草、蔴、元蘑、木耳ノ山貨ヲ賣買スルモノ當市ニ十戶アリテ各戶共比較的大ナル資本ヲ有ス。其總額二十二萬七千圓ナリ

山貨相場並出廻高表

年月別	葉烟草	蔴	元蘑	木耳	備考
大同二年十二月	二一、〇〇	二五、〇〇	三五、〇〇	四五、〇〇	

	相場				
三年一月	二二、〇〇	二五、〇〇	四〇、〇〇	四五、〇〇	相場ハ一〇〇斤ニ付國幣建トス
三年二月	二二、〇〇	二六、〇〇	四一、〇〇	四五、〇〇	
康德元年三月	二二、〇〇	二二、〇〇	三二、五〇	四五、〇〇	
康德元年十二月	安値 一八、〇〇 高値 八九、〇〇	安値 一七、〇〇 高値 二五、〇〇	高値 五〇、〇〇	ハシリ 五五、〇〇 月末 八八、〇〇	
	出廻高				
大同二年十二月	一五二一梱	六、〇七三斤	六七、一一三斤	四、九四一斤	
三年一月	二、五一五梱	四、四六五斤	四二、三七六	二、三三八	
三年二月	一、一六六梱	一、七一五斤	七、七〇七	三三三	
康德元年三月	三一一梱	四、七六七斤	三、一〇六	一、六六三	
元年十二月	一四〇、九六七斤	二、三七〇斤	二三、四五七	五六四斤	

藥業者ハ比較的大ナル資本ヲ有シ藥材ノ賣買ニ當ルモノナルモ營業不振ニシテ濟滅ノ傾向ニアリ。當市ニ十四戶アリテ其資本總額二十九萬圓ナリ。藥材ノ種類ハ極メテ多ク殆ド六十種ニ達シ大同二年十二月ニ於ケル出廻高ハ總計十三萬一千九百六十五斤四萬二千八百圓ナリ

毛皮業者ハ之ヲ山行業者ト細皮業者ノ二ニ分ツ山行業ハ一部山貨ヲ業トスル者ニシテ馬皮、狗皮、山猫皮、家猫皮等凡テ山中所產ノ未ダ鞣サザル粗毛皮ヲ賣買スルモノニシテ細皮業ハ水獺、貉、貂、

灰鼠等細毛皮ノ類セルモノヲ賣買スルモノナリ。當市ニ於ケル山行業者ハ八戸アリテ其資本總額二萬二千圓、細皮業ハ六戸ニシテ其資本總額銀洋二萬二千圓ナリ。大同二年十二月ニ於ケル粗毛、細毛兩毛皮ノ出廻總數二八、六四五枚ニシテ其金高五四、一三〇圓ナリ

酒業者ハ八戸アリテ外ニ燒鍋ニシテ酒業ヲ兼ヌルモノ三戸アリ、其資本總額三萬四千圓ナリ

印刷業ハ凡テ十戸アリテ其資本十二萬六千圓ナリ

其他估衣業、洋貨業、乾鮮貨物業、鐵器業、棚業、醬業、飯業等アルモ營業殷賑ナラズ

二、長　春　縣（括弧內資本總額ヲ示ス）

本縣々城ハ殆ド新京特別市ニ編入セラレタルヲ以テ縣下ノ諸商店ハ何レモ小資本ニテ日用諸品ヲ供給シ居ル程度ニ止マル糧棧ハ七家アリ其資本總額五千圓ニシテ卡倫鎭ニアルノミ。藥商、雜貨舖、木商ハ比較的大ナル資本ヲ持チ其數モ亦多シ。主ナル商賈次ノ如シ藥商四十五家（一萬一百圓）雜貨舖九十一家（三萬七百圓）木商（十五家一萬二千五百圓）烟草屋六家（九百圓）銀製品七家（六百圓）菓子舖十三家（千九百圓）果物屋五家（一千一百圓）飮食店十九家（一千四百圓）其外鮮貨商三家、金物商二家、皮業五家酒屋三家鞋舖二家、古物商一家、本屋四家、書舖四家、新聞一家アリ

三、雙　陽　縣

縣內ノ商業ハ活潑ト言フヲ得ズ、商人ハ多ク新京、吉林ノ御商ニ附隨スル小賣商人ノ集合ニシテ食

料品、日用雜貨ノ販賣ヲナスニ止マリ城鎭ヲ除キテハ店舖ヲ持チテ商業ニ從事スルモノ極メテ少ク殆ド攤床、或ハ行商ナリ。移出入品ハ新京トノ取引多ク、棉布類綢緞、烟草紙類、洋油砂糖海菜、鐵具類等ヲ移入シ大豆ヲ移出ス其年額三萬石ニ及ブ

縣內滿人商賈狀況（康德元年末）

業種	家數	總資本額	一年間ノ銷賣額	店員數
雜貨業	四七	三九、八二〇、〇〇	三七、六四六、〇〇	二六九
綢緞布疋業	二	一、一〇〇、〇〇	七、七八三、〇〇	三
乾鮮貨業	四	一、四〇〇、〇〇	一四、七九四、〇〇	五
藥業	四	四、一〇〇、〇〇	三五、五一八、〇〇	九四（雜貨業兼營）
木業	二	九〇〇、〇〇	六、六三二、〇〇	五 木舖
粮石業	一三	一一、五〇〇、〇〇	三一、七八三、〇〇	六九 粮業七 餜局六
五金業	六	二、三五〇、〇〇	二三、九〇八、〇〇	三 銀匠舖鐵匠爐

四、伊通縣

本縣ハ事變前相當商業盛ナリシガ大同元年九月縣城匪襲ヲ受ケテヨリ全然停止ノ狀態トナリシモ爾來漸次回復シツヽアリ

縣城內商賈一ヶ月ノ賣上高約五萬圓乃至八萬圓ナリ

縣內滿商賈狀況（康德元年末現在）

業種	家數	資本總額	一ヶ年銷賣額	店員數	備考
雜貨業	六〇	二六、八九五、〇〇〇	一六、八五二、〇〇〇	二六九	
綢緞布疋業	三	一、八〇〇、〇〇〇	二、五三〇、〇〇〇	三	
木業	三	九〇〇、〇〇〇	二、九〇四、〇〇〇	二	
乾鮮貨業	二	二五〇、〇〇〇	二、七八二、〇〇〇	五	
書局業	三	九〇〇、〇〇〇	三、一六七、〇〇〇	八	
藥業	一四	一二、三〇〇、〇〇〇	四二、七八〇、〇〇〇	九四	
成衣業	五	二八〇、〇〇〇	二、三九九、〇〇〇	一四	
飯館	八	八一〇、〇〇〇	六、〇六八、〇〇〇	五六	食
茶食粮石業	一〇	四、九四〇、〇〇〇	三八、一一〇、〇〇〇	七三	粮米四傑品六
五金業	四	一、三五〇、〇〇〇	二、三三七、〇〇〇	一一	
其他雜	六	四九〇、〇〇〇	一、七三一、〇〇〇	一四	磁器業、染局鞋業、皮革業

五、磐石縣

本縣ハ曾ツテハ相當商業盛ナリシモ大同元年九月縣城匪襲ヲ受ケ縣下又匪賊ノ跳梁ヲ極メシヲ以テ縣城及縣下市鎭ノ商業停頓シ不振ヲ極メタリ。本縣ヨリ移出セラルヽ物資ハ縣下並ニ樺甸方面ヨリ集マレル大豆、小豆、精米、蘇子等ニシテ外埠ノ價格ニ依リテ交易セラル移入雜貨ハ多ク奉天方面ヨリ奉吉線ニ依リテ移入セラレ棉花、綿布、麥粉、石油、砂糖等ヲ其主要ナルモノトス

縣下滿商賈狀況（康德元年末現在）

業別	家數	總資本額 円	一ケ年銷賣額 円	店員數 名	備考
雜貨業	七七	四九、七七〇、〇〇	一八二、六七九、〇〇	三五六	
木業	三	三、一〇〇、〇〇	七、八〇三、〇〇	二六	木舗
乾鮮貨業	一	一〇〇、〇〇	三八、〇〇	一	
書局印刷業	二	一、五〇〇、〇〇	三、〇二八、〇〇	三三	書局
藥業	一五	八、五八〇、〇〇	三五、一四三、〇〇	七一	
成衣估衣業	一四	一、〇六〇、〇〇	三、五九二、〇〇	五七	估衣二、成衣一二
旅館	二	一、二三〇、〇〇	五、六四一、〇〇	四〇	
飯館肉業	三	二、一五五、〇〇	三、八二三、〇〇	一〇六	飯業二〇肉業一
茶食糧石業	四二	一三、八八〇、〇〇	五八、一三九、〇〇	一七三	烟菓一八、糧米二一、菓業三

五金業	一八	三、二六五、〇〇	七、一九六、〇〇	五七	金銀業三、錫鐵業一五
其他雜業	三三	二、九二、〇〇	一八、〇五一、〇〇	一六八	轉運、皮業、理髮業、澡塘鞋舗、棚畫業、鐘表染局等

六、樺甸縣

本縣城ハ山貨ニ富メル附近奥地ノ商業中心地トシテ且事變前後ト雖モ匪襲ノ被害ヲ受ケシコトモ無ク相當商業殷賑ナリ。其經營組織モ相當進ミ近代的經營組織ニ移ル過渡期ニ位スルモノトモ稱スベク其大ナルモノハ百貨店式經營ニテ士民ニ日用貨物ヲ供スルト共ニ特產ノ買入ヲナシ、大連營口方面ト取引ヲナス移入貨物ハ之等特產ヲ移出セル船車ノ歸途ヲ利用シ奉天、吉林方面ヨリ來ル最近鐵道沿線諸縣ノ治安漸次確立スルト共ニ匪賊ノ本縣並ニ背後地濛江其他ノ諸縣ニ潜入スルモノ增加シ縣下一部ノ疲弊ハ少ナカラズ本縣ノ商業ニ影響シ物價モ匪患ト奥地ナルトニ因リ相當高價ナリ。移入品ハ布類、石油小麥粉等ニシテ布類ハ新京、吉林、大連奉天、營口方面ヨリ直移輸入シ、石油、小麥粉ハ吉林磐石ヨリ移入ス。其年總額三五六、三五〇円ニ上ル。移出品ノ主ナルモノハ大豆、蘇子ノ外葉煙草線蔴元蘑、山葠鹿茸、木耳等ノ山貨ニシテ吉林ヲ始メ大連營口ニ出荷セラル其年總額八四六、四二〇円ニ上ル　縣城內ニ雜貨業者十八家ヨリ其資本總額一〇一、八五〇円使用人二七〇名ニシテ年總賣上高四六五、三九一円ナリ。

七、敦化縣

鐵道開通前ニ於ケル本縣商業中心地ナル縣城ハ寧安、樺甸安圖方面ヲ背後地トシテ間島トノ取引關係密ナリシモ吉敦線ノ開通ト共ニ商品ノ移出入ハ方向ヲ一轉シ該線ニ依リ西方貿易トナレリ。而シテ該線ノ開通ニ依ル附近ノ開發ニ伴フ政治、經濟的發展ハ自ラ購買力豊カナル人口ヲ增シ、商業ハ新興的旺盛ヲ極メタリ。然ルニ滿洲事變ト共ニ附近ノ要害ハ反滿匪ノ根據地タラシメ縣內並ニ背後地ノ匪害ニ因ル疲弊ハ敦化ノ商業ヲ一途沈衰ニ向ハシメタリ。滿洲國成立以來漸次治安モ確立シ又京圖線拉賓線圖寧線等ノ開通アリテ敦化ノ商務ハ一變セルノ觀アルモ尙額穆嶺東地區並ニ樺甸安圖方面等ノ背後地ノ回復ナシ

縣城ニ於ケル商賈ハ雜貨商滿商二十八家日商十家、粮棧滿商五家日商一家、藥舖滿商六家日商二家金店滿商五家、木舖滿商三家日商二家錢舖滿商一家アリ。

八、額穆縣

事變前旧縣城タリシ額穆索ハ敦化ヲ通ジ吉林方面トノ取引盛ニ行ハレ、蛟河ハ拉法河、吉敦線ニ據リ吉林方面トノ取引盛ニ行ハレ本縣ニ於ケル二商業中心地ナリシモ事變ト共ニ本縣ハ反滿匪ノ根據地トナリ打續ク匪害ニ殆ド開店スルモノナク僅カニ敦化方面ヨリ攤床ノ來リ開店スルモノアルヲ見シノミナリキ。然ルニ滿洲國成立後同縣嶺西地區ノ治安ハ急速ニ進ミ次イデ拉濱線ノ開通アリ、早クモ大同二年五月頃ヨリハ或ハ穀物ノ出廻ヲ見越シ或ハ木材需要增加ニ刺戟セラレテ粮棧木材商ヲ始メ雜貨商

商業蛟河新站ニ雲集シ本縣商業ノ中心ハ該地方ニ移動セリ

縣下滿人商賈狀況（康德元年末現在）

業別	家數	資本總額（円）	一ヶ年銷賣額（円）	店員數（人）	備考
雜貨業	八五	五六、六九〇、〇〇	一六四、〇七〇、〇〇	二二	
綢緞布疋業	三	四八、四〇〇、〇〇	一三八、八七〇、〇〇	一三七	
木業	五	一、六九〇、〇〇	七、九五〇、〇〇	二六	
乾鮮貨業	一七	八、一五〇、〇〇	二五、八〇〇、〇〇	三七	
書局印刷業	五	一、七九〇、〇〇	五、五〇〇、〇〇	二七	
藥業	八	八、七〇〇、〇〇	二七、六五〇、〇〇	三〇	
成衣估衣業	一三	五、七〇〇、〇〇	一三、八五〇、〇〇	五〇	估衣七、成衣六
飯館	一九	一五、〇五〇、〇〇	三四、七三〇、〇〇	一〇七	
旅館	二	八〇〇、〇〇	？	二	
茶食粮米業	五	六、七〇〇、〇〇	二三、三六〇、〇〇	二五	餜業四製米一
其他雜業	二八	八、三六〇、〇〇	三七、五四〇、〇〇	一〇九	鉾表鞋業理髮皮業運輸磁器染局等
五金業	三	二、〇五〇、〇〇	三〇、六六五、〇〇	七九	銀舖三、洋鐵六鐵爐一三

九、徳惠縣

本縣ニ於ケル商業ノ中心ハ張家灣及縣城ニシテ滿洲事變ト共ニ商店殆ド閉鎖セルモ爾來漸次回復シ商況モ之ニ伴ヒ好況ニ向ヒツヽアリ商業ハ雜貨商布商藥商ヲ主トシ移出品ノ主要ナルモノハ滿洲農特產物ノ外豆油、燒酒鷄卵等ニシテ移入品ノ主ナルモノハ綿絲 布類 小麥粉 煤油 糖類 金具類トス。

徳惠縣城內及張家灣ニ於ケル滿人商賈狀況（康德元年末現在）

業種	家數	總資本額	一年間ノ銷賣額	店員數	備考
縣城					
雜貨業	一八	二四、七〇〇、〇〇	一三一、六七四、〇〇	二〇五	
木業	二	四〇〇、〇〇	一、五三〇、〇〇	七	木匠舖二
乾鮮貨業	二	四五〇、〇〇	七四〇、〇〇	五	
藥業	一九	六、二二〇、〇〇	二四、八五八、〇〇	八四	
車店	二	一四〇、〇〇	一七〇、〇〇	九	
飯館肉業	二	五五〇、〇〇	五、六五〇、〇〇	三	肉舖
茶食粮石	二二	五、四九五、〇〇	一三、六六二、〇〇	七五	菓局
五金業	三	四〇〇、〇〇	七〇五、〇〇	七	鐵爐二、銀舖一

其他雜業	四	一、〇〇〇、〇〇	二、〇〇〇、〇〇	一六	染房二紙房一

張家灣

雜貨業	三	三、四〇〇、〇〇	七、三九五、〇〇	一二	
綢緞布疋業	八	五四、五〇〇、〇〇	一五二、三[illegible]四、〇〇	一二	
木業	五	四、[illegible]〇〇、〇〇	三、二九〇、〇〇	三〇	木器業
乾鮮貨業	五	[illegible]、〇〇〇、〇〇	二五、四〇〇、〇〇	三〇	
書局印刷業	二	六〇〇、〇〇	四、九九〇、〇〇	一〇	書筆業石印局各一
藥業	六	四、一〇〇、〇〇	三一、〇〇八、〇〇	四五	
成衣估衣業	一	一、〇〇〇、〇〇	三、六六〇、〇〇	五	估衣業
茶石粮石	一三	三八、五五〇、〇〇	六〇八、四四〇、〇〇	一四三	粮米二茶食三粮業六製糖二
五金業	八	一六、二五〇、〇〇	四八、七二〇、〇〇	五〇	磁鐵二首飾二洋鐵製品二鐵匠二
塩面業	一一	九、二〇〇、〇〇	六、一四〇、〇〇	一一	
其他雜業	四	五、五〇〇、〇〇	一四、六六〇、〇〇	一三	捲煙染局二

一〇、九台縣

現縣城ノ地タル下九台ハ民國ノ初吉長鐵路ノ布設ト共ニ地理的位置ニ恵マレ大豆ノ集散地トシテ發

展ヲ遂ゲ大同元年八月新ニ九台縣設置セラレ縣城ヲ下九台ニ定メテヨリ益々發展ノ機運ニアリシモ三江好匪ノ蠢動ニ各商舖閉店ノ巳ム無キニ至リ大同二年ニ至リ再ビ舊態ニ復シタリ商業ハ依然大豆ヲ大宗トシ今日京圖線随一ノ集散地ナリ。雜貨業其他モ之ニ附随シテ發達シ大豆出廻期ニハ商業殷賑ヲ極ム。而シテ大同二年中ニ於テ縣下十二家ノ閉店アリシニ對シ新設及擴張ヲナセシモノ四十家康德元年中ニ於テ二十六家ノ閉店ニ對シ二百十八家ノ新設及擴張ヲ見タリ。

移出品ノ大宗ハ大豆ニシテ十月頃ヨリ出廻開始シ十二月一月ニ於テ其極ニ達シ四月ヲ過ギルヤ激減シ夏季ニハ僅少ノ小豆粟高粱等雜穀ノ移出ヲ見ルノミナリ。大豆ハ德惠縣ヲ始メ隣接縣ヨリ集ル大同二年ニ於ケル下九台驛ヨリノ移出拉ヲ見ルニ大豆五、〇九九貨車雜穀二五二貨車ナリ。移入品ハ木材塩麥粉石油麻袋紅白糖綿絲布毛織物綢緞等ノ各品ニ亘リ其移入ハ冬季ニ多シ。新京トノ取引ハ緊密ナルモ多ク少量取引ニシテ大量取引ハ大連(砂糖 綿布類 毛織物類 綿等)哈爾濱(粉類)トノ間ニ行ハル

縣下滿人商賈狀況(康德元年末現在)

業別	家數	總資本額	一ヶ年銷賣額	店員數	備考
雜貨業	九六	二三四、三六〇、〇〇	一、九四九、六六六、五〇	七六七	
綢緞布疋業	九	六、〇〇〇、〇〇	四八、一〇〇、〇〇	六八	
木業	七	一、八九〇、〇〇	二〇、八九八、四〇	三三	

乾鮮貨業	三九	一〇、七九〇、〇〇	一六九、七三六、〇四	一九三	
書局印刷業	四	一、九五〇、〇〇	一七、四九七、〇〇	三四	
藥　業	五二	一四、一一〇、〇〇	九六、三九三、九	一四三	
成衣舖	三	一六〇、〇〇	三七〇、〇〇	六	
旅館車花店業	八	四三〇、〇〇	二、〇四〇、〇〇	三〇	
鹽面業	九	一六、一〇〇、〇〇	五三七、一四五、〇〇	一〇三	
飯舘肉業	二六	二、六三四、〇〇	一四、三二一、〇〇	五二	飯舘二四肉業二
茶食粮石業	五七	一〇三、〇六〇、〇〇	?	五〇二	
五金業	一九	一、四三〇、〇〇	一三六、三四、〇〇	九八	
其他雑業	三三	六、七六〇、〇〇	一三〇、八〇七、〇〇	一〇五	染業皮舘酒局山貨行鞋舖豆腐其他

尚縣城ニ於ケル粮業者ハ粮業公會（一種ノ組合制度）ヲ組織シ大同二年縣ニ於テ設立セル公設市場ト連絡ヲトリ公定相場ノ決定馬車運賃ノ協定等ヲナシ農商兩民ノ利益增進ヲ圖リツヽアリ

一一、舒　蘭　縣

本縣ハ拉賓線ノ開通ヲ見ルマデハ交通不便ナル山地縣トシテ開發遲レ商業モ亦從ツテ未發達ノ狀態ニアリシニ加ヘ王德林匪ノ根據地トシテ縣城ヲ始メ縣下重要主鎭ハ再三匪襲ヲ被リ疲弊甚シク之ガ爲

メ商業ノ發達ヲ阻害スルコト少カラザリキ、然レドモ拉賓線ノ開通ニヨリ治安維持上ノ便宜ヲ得タルト共ニ漸次開發ノ途開ケ商業モ之ニ附隨シテ發達ノ機運ニ在リ。

縣移出品ハ滿洲特産ノ外燒油線麻黄麻等ニシテ其年總額約五百万ニ上リ移入品ハ棉布絲類砂糖類麥粉煙捲煤油豆油等ニシテ其年總額約三十八万円ナリ

縣城内滿人商賣狀況

業種別	家數	總資本額	一ヶ年總銷賣額	店員數	備考
		円	円		
雜貨業	一六	五一、三〇〇、〇〇	一六、三四〇、〇〇	二八二	
乾鮮貨業	五	九八〇、〇〇	一、〇四五、〇〇	一三	
五金業	四	三六〇、〇〇	四五五、〇〇	八	
煙捲床子	一三	一、八〇〇、〇〇	三、〇〇〇、〇〇	二三	
成衣估衣業	五	三九〇、〇〇	四八〇、〇〇	九	
藥業	二六	六、七四〇、〇〇	六、七八〇、〇〇	四〇	
洋鐵業	六	五〇五、〇〇	四、七九〇、〇〇	一四	
旅店	一七	二、一八〇、〇〇	二、四八五、〇〇	二三	
雜業	三六	四、四一〇、〇〇	五、六三六、〇〇	二二	

一二、楡樹縣

本縣ノ商業ハ僅カニ縣城ニ於テ稍々盛ナルノミニシテ其發達ハ極メテ遲々タルモノタリ土產及諸製品ハ殆ド地場銷費ニ當テラル移入品ノ主要ナルモノハ鹽綢緞棉花海菜等ニシテ新京哈爾濱、營口方面ヨリ移入セラル

縣下滿人商賈狀況（康德元年端午節現在）

業種別	家數	資本總額	一月ヨリ端午節ニ至ル總銷賣額	店員	備考
雜貨業	一二	二五〇、四九〇、〇〇	四七九、七一六、八〇	八九二	
綢緞布疋業	四	三、〇〇〇、〇〇	三、三九〇、五〇	一九	
木業	一七	九、九五〇、〇〇	一〇、八六〇、〇〇	八五	
印刷業	二	一、七〇〇、〇〇	四、一〇〇、〇〇	一七	
藥業	二九	三八、七五〇、〇〇	七九、〇一五、〇〇	一七二	
估衣業	一	一五〇、〇〇	三八〇、〇〇	二	
茶食粮米業	二五	一七、二三〇、〇〇	四一、〇三〇、〇〇	一三六	粮業四茶食店二一
五金業	一六	五、四二〇、〇〇	一五、一六〇、〇〇	六七	鐵舖八金銀店八
其他雜業	二四	一〇、五一〇、〇〇	一五、八二七、〇〇	八六	

一三、農安縣

本縣ハ本省内主要農業縣ニシテ連年匪患ニ煩セラレタルモ近年治安ノ確定スルト漸次商業モ殷盛ニ向ヒ京大線ノ布設ハ移出入ニ多大ノ便宜ヲ與ヘタリ。移出品ノ大宗ハ大豆ニシテ其額約五〇万石ニシテ移入品ノ主要ナルモノハ砂糖 綿絲布 麥粉 石油 燐寸 煙草等約二百万円ノ年額ニ上ル。主トシテ新京ヨリ入市セラル。最近ハ更ニ石炭蜜柑ノ入荷著シク多額ニ上リ本年中ニ於テ前者ハ六千吨後者ハ一万箱ニ上ルモノト豫想セラル。

縣下滿人商賈狀況（康德元年中秋節現在）

業種別	家數	總資本額	一月ヨリ中秋節ニ至ル總銷賣額	店員數
雜貨業	一八五	三九五、八八五、〇〇	六六二、九九二、〇〇	一、五四一
綢緞布疋業	二〇	六、三〇〇、〇〇	一、五四九、〇〇	一三八
木業	二四	三〇、九四〇、〇〇	？	一四〇
乾鮮貨業	一〇	一、四七〇、〇〇	一〇、〇〇三、〇〇	五三
書局印刷業	一三	五、九〇〇、〇〇	一三、〇四九、〇〇	三三
藥業	六〇	五四、五一四、〇〇	七六、一九五、〇〇	三二一
成衣估衣業	一三	一一、三五〇、〇〇	八、九五〇、〇〇	一二〇

鹽麪業	二	一、二〇〇、〇〇	?	一五	
飯館肉業	五	二、七〇〇、〇〇	二、六五八、〇〇	三	
旅館車花業	二	三〇〇、〇〇	?	九	
茶食粮米業	二	七七、七三〇、〇〇	五八、三四〇、〇〇	三九	
五金業	四九	三一、二六〇、〇〇	三、五〇一、〇〇	一〇五	金屬製品九洋鐵二三、鐵爐一九
其他雜業	四八	一四〇、三五、〇〇	?	七六	染紗、皮革、香房、鞋等

一四 扶餘縣

扶餘縣城ハ水陸ノ要衝ニ在ルト共ニ陸路又比較的發達シ居ルガ爲メ曾ツテ蒙古貿易ノ中心地トシテ相當廣汎ナル取引網ヲ有セシモ其後洮南、鄭家屯、赤峰及大賚附近ノ各市場發達スルニ及ビ一部勢力ヲ奪ハレ且北鐵南部線ノ敷設ニ依リテ商勢益々衰退セシガ匪患ノ減少ト共ニ逐日殷盛ニ向ヒ最近ニハ新京ヨリ國道並ニ京大線ノ敷設開通ヲ見新京方面トノ直取引ノ便ヲ得盤州方面ノ特產物ハ松花江ニ依ルコトナク線ニ據リテ出荷セラルベク扶餘ノ商業ハ將來括目スベキモノアルベシ

移出品ノ大宗ハ大豆、高粱、小麥、粟等ニシテ年額三、四萬石ニシテ之ニ次キ鮑、鯉、鰱、鯿等ノ水產物アリ。其額年五〇萬斤、多ク新京、吉林、奉天ニ移出サル。又「ブリッスル」(豚毛)ノ移出少ナカラズ其總移出額約百二十萬圓ナリ。

移入品ノ主ナルモノハ綿布、砂糖、石油、支那茶、烟草、柑橘類、山貨等ニシテ扶餘縣城商賈ノ移入額ノミニテ約八〇萬圓ニ上ル

縣下滿人商賈ノ狀況（康德元年中秋節現在）

業種別	家數	總資本額	一月ヨリ中秋節ニ至ル總銷賣額	店員數	備考
雜貨業	三四	一五七、九五〇、〇〇圓	二四七、六〇四、六二	四七六	
綢緞布疋業	三	一〇、八五〇、〇〇	一七、四九一、七六	七二	
木業	一三	一〇、九五〇、〇〇	二一、四四六、二〇	八六	
乾鮮貨業	四	二、二〇〇、〇〇	五、九六五、九四	二二	
書局印刷業	七	三、〇八〇、〇〇	五、一六五、五五	四一	書局四、印刷三
藥業	一六	一六、八六五、〇〇	四〇、一六六、二〇	一一〇	
成衣估衣業	一四	二、五二〇、〇〇	四、七六六、三五	四一	
飯館	四三	二、〇一一、〇〇	九、六五四、〇〇	二四四	
車花店	四	四、八〇〇、〇〇	？	三一	
茶食業	一一	九、四〇〇、〇〇	四、〇六四、六〇	八〇	
五金業	三三	一三、一八五、〇〇	一六、六三一、〇〇	一八七	

其他雜業	一三	三四、八〇五、〇〇	一三七、三二一、七〇	四六二	山貨行、毛織、染局皮革、鞋工、紙工等

一五　乾安縣

本縣ノ商業ハ僅カニ縣城ニ於テ營マレ城外各村屯ニハ商賈ラシキ商賈ナク縣城内ニ於ケルモノト雖モ其數極メテ少ナク士民ノ必需品ニ屬スルモノヲ賣買スル小賣商ナリ。市況又極メテ不活潑ニシテ如何ナル種類ノ金融機關モ無シ。交通ノ便惡シキ奥地ナル故物價一般ニ高シ、移出品タル豆類穀類ハ多ク開通ニ出サレ、移入品タル烟草、麥粉、棉布類ハ扶餘及開通ヨリ移入セラル

縣下滿商情況（康德元年末現在）

業別	家數	總資本額	一ケ年總販賣額	店員數	備考
雜貨業	二三	円 一四、八〇〇、〇〇	円 九五、七一六、〇〇	二五	
乾鮮貨業	三	九〇〇、〇〇	七、六五一、〇〇	一〇	
藥業	三	一、〇〇〇、〇〇	八、四四〇、〇〇	一五	
粮米業	一	二〇〇、〇〇	四五九、〇〇	一	

一六、長嶺縣

本縣ハ遠邊ニ屬シ商業概シテ不振ニシテ日用雜貨ヲ供給シ居ル狀態ナリ、移出特産ノ集散モ無ク僅

カニ四洮線ニ依リ新京公主嶺ニ出ルモノ、縣城ヲ通過スルモノアルノミニシテ糧穀小賣商在ルモ所謂粮商ハ一戸ダニ無シ。移入品ハ農安ヲ經テ奉天方面ト取引セラレ新京トノ取引ハ少ナシ。物價ハ割高ナリ

長嶺縣下滿商狀況（康德元年末現在）

業別	家數	總資本額	一ヶ年銷賣額	店員數	備考
		円	円		
雜貨業	七	三、〇五〇、〇〇	二、五九三、〇〇	一九	
綢緞布疋業	八	七、一〇〇、〇〇	六五、六二六、〇〇	四二	
木業	三	七五〇、〇〇	三、〇五〇、〇〇	八	
乾鮮貨業	四	四、三五〇〇、〇〇	二、八四三、〇〇	二四	
書局印刷業	五	二、三三〇、〇〇	七、二三二、〇〇	一八	書茶文具三、石印局二
藥業	四	一、二五〇〇、〇	六、〇二四、〇〇	三	
成衣估衣業	三	三六〇、〇〇	八〇〇、〇〇	九	
五金業	一四	二、一〇〇、〇〇	三、六一八、〇〇	三八	磁鐵一、鐵爐五、銀局六、洋鐵二
鹽麺醬粉業	一〇	一、九八〇、〇〇	八、二五〇、〇〇	二一	麺舖五、粉坊五
飯館肉業	一〇	七八〇、〇〇	四、七八一、〇〇	一三	飯館四、肉業六

茶食粮石業	六	一、八〇〇、〇〇	五、三五五、〇〇	一三	茶食二、粮石三
其他雑業	一七	四六〇、〇〇	一〇、一五〇、〇〇	二〇	皮舗三、理髪處四

一七、懐徳縣

曾ツテ懐徳縣城ハ本縣ノ商業中心地トシテ商業相當殷賑ナリシモ漸次公主嶺ノ商業的地歩ヲ高ムルニツレ之ニ其地位ヲ奪ハル。然レドモ主要商業地ハ尚公主嶺、懐徳城、范家屯トス。移出品ノ主ナルモノハ大豆、高粱ニシテ康徳元年ニ於テ五萬一千七百石ニ達ス移入品ハ大米、砂糖、面粉、煤油、洋布棉花等トス

縣下満商情況（康徳元年十一月現在）

業別	懐徳城	公主嶺	范家屯	其他ノ地	計
粮商	八家	五家	四家	一三家	三〇家
焼酒商	二	二	—	三	七
雑貨舗	一七	三〇	一八	三八	一〇三
薬舗	一五	三三	一三	二九	九〇
菸灘舗	二二	一〇	二五	二	五八
鮮貨舗	一九	七	一五	一二	五三

木舖	五	一四	五	八	三二
棉花舖	一	丨	丨	丨	一
山貨舖	二	四	二	三	一一
金店	四	三	三	二	一二
磁器店	一二	二	七	二	二三
餅舖	二三	三三	一七	八	八〇
其他	一四一	二八二	二五	二四	四七二
計	二七一	四二四	一三四	一四四	九七二

成衣舖、鞋舖藥局、錫器舖、飯舘、理髮、篦舖估衣舖、浴室等

第二節　工　業

第一項　總　說

近代的工業ノ分野ハ工業勞働力ニ惠マレタル滿洲ニ於テハ原料品、動力、資本ノ供給狀態、工業用水ノ良否ニ規定セラル、コト多ク、舊奉天省ハ鑛産加工工業竝ニ纖維工業地タリシニ對シ舊吉林省ハ製粉、製油、製糖並ビニ釀造等滿洲農特産物ヲ原料トスル工業發達ヲ見タリ。然ルニ新吉林省ハ之等近代的工業中心地タル哈爾濱ヲ失ヒ近代的工業上ニ於ケル地位ハ劇カニ失墜スルニ至リ石灰工業及ビ吉

林市内外ニ存スル製紙、燐寸、製油、製材等中資本ノ工業ヲ除キテハ在來舊式ノ手工業、家内工業ノ域ヲ脱セザル燒鍋、油房、粉房、機房、染局、鐵爐、磚窯、皮舗等ノ雜工業ヲ留ムルノミトナレリ。然レドモ之等ハ克ク交通不便ナル各地ニ於テ地場ノ需要ニ應シ農村生活ヲ潤セル点ニ於テ重要ナル役割ヲ演シタリ。特ニ德惠、樺甸ノ白酒ノ如キハ美酒ヲ以ツテ知ラレ更ニ吉林、新京、哈爾濱ヲ始メ其他各地ニモ移出セラル

本省ノ工業的將來ヲ見ルニ販路トシテ新京ヲ始メ相當廣大ナル背後地ヲ有スル吉林郊外ノ地ハ工業地帶トシテ比較的好條件ヲ有シ既ニ滿洲國經濟建設要綱ニモ奉天、安東、哈爾濱ト共ニ工業地域設定地ニ指定セラレ相當發達スヘキモノト豫想セラル。之ヲ原料供給ニ就キテ見ルニ五億三千萬石ノ材積ヲ有スル林産ノ六割ハ濶葉樹ニシテ而モ楡、樺類等比較的工業價値少ナキモノ多ク針葉樹ハ僅カ四割ニ過キサルモ國内市場ヲ對象トスル限リニ於テハ他ノ好企業條件ヲ供フルニ因リ製紙、燐寸軸木ノ原材トシテ充分ト稱スベク、又製粉、製麻、煙草「ハッカ」等ノ工業原料ノ大量的供給ハ困難ナル現況ニ在ルモ治安ノ回復ト之ガ栽培ヲ指導、奬勵スルニ於テハ決シテ不可能事ニ非ラズ。

更ニ燃料トシテ割安ナル舒蘭、火石嶺、奶子山等ノ炭坑ヲ近クニ有シ、土地、勞力又比較的安ク、工業用水ノ便（松花江水ハ軟水ナリ）ヲ有シ且電力ノ廉價供給ヲ企圖セラレツヽアル等ノ事情ヨリシテ製豆、製紙、燐寸ハ勿論、交通ノ便ヲ利用シ多少ノ原料ヲ外省ヨリ仰グニ於テハ昨今ト雖モ製麻、

製粉等工業ノ發展シ得ヘキ素地ハ充分之ヲ有スルモノト言フベシ。

第二項　各地ノ狀況

一、吉　林　市

（1）燐寸製造業

吉林燐寸會社、衆志火柴公司、泰豐火柴公司及ビ金華火柴公司ノ四社アリテ總資本金九万五千円ボイラー四、軸木排列機四十六台、抽拔機二十一台、乾燥機四十台ト從業員七九〇名ヲ擁シ一日ノ生產能力六十五箱ナリ。

吉林燐寸會社ハ民國三年四月資本金十八万円（拂込額四万五千円）ヲ以ッテ創立セラレ同四年長春ニ支工場ヲ省城西關ニ分工場ヲ設ク。十一年資本金ヲ七十五万円ニ增加シ（拂込額三十二万五千円）十四年五月以來瑞典國際燐寸聯合ノ投資ニヨリ經營モ同系統ノ手ニ歸セシモ事變後之ヲ離脫セリ

衆志火柴公司ハ原、元吟火柴公司ト稱シ民國九年創立セラレシモ成績擧ラズ休業中ナリシガ同十五年吉林燐寸及ビ金華燐寸ニ於テ十万円ヲ出資シ事業ヲ繼續セシメ其後ハ金華燐寸ニ資ヲ仰グ。

金華火柴公司ハ民國十二年四月ノ創立ニシテ營業成績稍々良好ニシテ生產額年二万箱ナリ

泰豐燐寸公司ハ民國十七年創立セラレ年產額二萬箱ナリシモ目下休業ノ狀態ナリ。

（2）製　材　業

日下營業中ノ製材公司ハ吉林木材興業株式會社及ビ製材公司（鴨綠江製材無限公司支店）ノ二社ニシテ總資本一百十万円ボイラー六、鋸機三十二台從業員三三二名ヲ擁シ一日ノ生產能力八〇〇石ナリ其他民國十七年吉林燐寸會社ヨリ獨立シ資本金五十万円株式組織ヲ以ッテ製軸製函ヲナシツヽアル吉林製軸會社及ビ永年休業中ノ松江林業公司アリ。日本人個人製材ニ濱明製材所吉林製材所アリ。

吉林木材興業株式會社。民國九年資本金十萬円ヲ以ッテ東大灘ニ創立セラレ製材製函原木賣買、枕木ヲ取扱フ。工場敷地一、七二六坪蒸氣機關多管式一台（百二十馬力）ヲ具フ。

製材公司、鴨綠江採木公司ト大倉組トニ於テ資本金百萬円（拂込額五十万円）ヲ共同出資シ民國七年作業ヲ開始ス　製材、製函、原木賣買以外ニ坑木、枕木ノ伐採ヲ行フ。

工業場敷地三万坪餘蒸氣機關多管式四台（三百馬力）ト發電機二台ヲ具フ

（3）製紙業

老億隆、西元隆、元隆和ノ三戸アリテ總資本額六千元碾子五十二、晒紙墻十八水槽三個ト從業員六〇名ヲ擁シ專ラ窓紙（雙操紙）ノ製造ニ當ル。一日ノ生產能力二十八疋ナリ。

（4）織布工業

裕華工廠、富士工廠、富華工廠、振興工廠、天增福等以下九戸アリテ總資本額十三万四千元手織機百三十五台、從業員二百四十八名アリ。一日ノ生產能力百三十五疋ナリ。

（5）靴下製造業

福利工廠、德吉工廠、合興工廠、德興工廠、隆記工廠、成順工廠、德隆工廠等以下十三戶アリテ總資本額六千餘元、襪織機六十三台ヲ具ヘ從業員百五十六名。一日ノ生產能力百五十斤ナリ。

（6）石鹼製造業

中華公司、利華公司、會源公司ノ三社アリテ總資本額四千二百元大鐵鍋三個ヲ具ヘ從業員十五名ナリ一日ノ生產能力五十四箱ナリ。石鹼ハ洗濯石鹼ニ限ラレ曹達、豆油、牛脂ヲ原料トス。

（7）製粉業

民國四年頃資本金三十三万円ヲ以ッテ株式會社、恒茂火磨公司設立セラレ民國十六年頃ニハ一個年ノ生產高二十五万袋ノ多量ニ上レリ。原料ハ農安楡樹扶餘五常方面ヨリ之ヲ仰キ其製品ハ吉林省城ハ勿論樺甸、額穆、舒蘭、雙陽等ヲ獨占シ美味ト品質良好ヲ以ッテ好ンデ需要セラレシモ民國十八年頃ヨリ格安ノ米國品ニ壓倒セラレ又露支紛爭ニ際シ露人ニ便宜ヲ圖リシ廉ヲ以ッテ操業停止ヲ命セラレ休業ノ已ムナキニ至レリ。

（8）製油業

豆油ハ農家ノ食料トシテ油粕ハ畜類ノ飼料トシテ滿人ノ必需品タルニ拘ラズ本市ニ於ケル製油業ノ發達ハ遲レ同業者僅カニ二戶アルノミニシテ總資本額三万四千元ボイラー一壓搾機六十四台ヲ備ヘ七

十名ノ使用人ヲ使用ス

（9）釀酒業

燒鍋三戸アリテ五十四名ノ從業員ヲ使用ス、總資本額八万五千元ニシテ一日ノ生産能力千二百斤ナリ。

（10）醬油製造業

同業者三戸アリテ總資本額十万円搾機二十六台貯藏甕二千一百個ヲ備ヘ從業員六〇名ヲ使用ス、一日ノ生産能力五百八十七斤ナリ。

（11）石灰工業

日滿合辦大同洋灰股份有限公司

資本金　　國幣參百萬円（拾萬株）

本店所在地　吉林市大馬路

事業目的　一、セメント製造並ニ販賣

二、セメントヲ使用スル工事材料ノ製造並ニ販賣

三、前記各號ノ業務ニ附帶シ必要又ハ有益ナル他ノ業務

設　　立　大同二年十二月二十二日

二三一

工場所在地　永吉縣哈達灣

本社ハ既ニ大同元年ヨリ諸準備調達ニ當リ大同三年七月十七日原石產出地タル磐石縣下大椅子山、七個頂子山、駱駝砬子ノ地二百十四晌八三ヲ買收シ磐石驛前ニ採堀場ヲ置キ更ニ同年十月二日永吉縣哈達灣附近ニ工場用地トシテ三十二晌八ノ買收ヲ濟シ爾來諸準備ニ當リツヽアリシモ康德元年十一月略々其完成ヲ見營業開始ノ届出アリタリ。年產能力拾壹万瓲ナルモ北滿地方ニ於ケルセメント需要ノ急增ニ鑑ミ年產參拾參萬瓲ヘノ擴張增產ヲ目下申請中ナリ

（12）電氣事業

滿洲電業股份有限公司吉林支店

本支店ノ前身ナル吉林電燈廠ハ光緒三十一年開業セルモノニシテ光緒三十四年ニハ官銀號ノ經營ニ移サレ滿洲中央銀行開業後ハ同行吉林分行ノ管理ニ移サル、資本金國幣換算額二、三〇七、六九二円全額拂込ニシテ大同二年四月ニ於ケル需要狀況次ノ如シ。

電燈	需要家數	八、二一六戸
	燈數	三五、五四八燈
電動力	需要家數	二七戸
	電力數	六五一キロワット

本廠發電能力二、五〇〇基羅ニシテ一、五〇〇基羅一架五〇〇基羅二架ヲ備フルモ既ニ損傷甚シク且電

桿電綫ノ破損モアリテ根本的修築ノ必要ニ迫ラレ居リシニ當リ偶々中央銀行滿電間ニ吉林電燈廠需要ノ全電力ハ新京所在ノ滿電支店ヨリ送電配給スルノ議纒リ實業部ノ許可ヲ經テ大同二年九月十九日契約ノ正式調印ヲ見タリ茲ニ於テ滿電ハ契約ニ基キ新京發電所構内及ビ吉林電燈廠發電所構内ニ容量二、〇〇〇キロボルトアンペアノ變壓器二基（後新京ニハ常用三基、豫備一基ニ變更ス）ヲ有シ出力三、〇〇〇キロボルトアンペアノ送電設備ト新京ヨリ長春九台、永吉ノ三縣ヲ通過シ吉林ニ至ル送電線（京吉送電線ト呼稱ス）ノ架設ニ當リ工事認可後一月ト半ヲ經タル康德元年十一月二十日其竣工ヲ見タリ而シテ十二月一日ニハ本電燈廠ハ革メテ滿洲電業股份有限公司吉林支店トナレリ

勞動賃銀

吉林市附近ニ於ケル勞動者ノ中ニハ農閑期ヲ利用シ熟練ヲ要セサル勞動ニ服スルモノアルガ爲メ農繁期ニ至ルヤ概シテ勞動者減少ヲ見ルヲ常トス。其勞賃ニ就キ康德元年ノ狀況ヲ見ルニ土木、建築關係ノ勞銀ハ漸騰ノ傾向ニアリ且ツ普通人夫ノ勞銀ハ下落ノ傾アリシヲ見ル。平均勞賃次ノ如シ。

木匠	滿	一、六〇円	瓦匠	滿	一、四〇
	日	三、二〇		日	三、五〇
鐵匠	滿	一、三〇	洋鐵匠	滿	一、五〇
	日	三、五〇		日	三、〇〇

種類	賃金
石匠	滿 一、六〇　日 三、五〇
小工	滿 八〇　日 一、八〇
裁縫	滿 八〇　日 二、五〇
鋸匠	滿 一、八〇
鞋匠	滿 八〇
印刷	滿 一、五〇　日 三、〇〇

二、九台縣

本縣ノ工業ハ未ダ近代的經營ニ依ルモノ皆無ニシテ電氣燒鍋油房ヲ除キテハ尙商工業ノ中間ニ位スル家內工業ノ域ニ在リ、動力ノ供給モ不充分ニシテ一五〇馬力蒸氣機關一架、五馬力ノ電動機一架有ルニ過ギズ

縣下ニ於ケル工業生產狀況次ノ如シ

種類	戸數	總資本額	生產概要 一日生產高	生產概要 單價	勞働概要 勞働者數	勞働概要 給料	備考
油房	五	約六、〇〇〇	八〇斤	〇、一四	一五	一〇	大興油房ハ馬六頭ヲ用ヒテ搾油シ他ノ四油房ハ人力ニ依ル原始的搾油ナリ、工人一人ノ能力打元豆二石油八十斤油餅一八個
燒鍋	一	九、一〇〇	一、〇〇〇斤	〇、一〇	一二	一六	酒店ヲ兼ネ店員十二名ヲ有ス給料四圓乃至十二圓吉林、烏拉街ニ支店ヲ有ス、原料トシテ毎日紅粮、大豆、大麥一石六斗ヨリ製セル糀子ニ紅粮九石六斗ヲ使用シ石炭四千斤ヲ消費ス

電氣	一	五〇、〇〇〇	七、〇〇〇KW	一、000KW 四〇〇圓	二三		光大電燈公司ト稱シ民國十六年一月創業シ一五〇馬力ノ蒸氣機關一架ヲ備ヘ電燈二、五五五、〇〇〇KW電燈需要三六〇戸三、九七三圓ナリ
精米	一	一、〇〇〇	七石	七、〇〇〇	二	八	一日ノ販賣約十円
磚窰	四	一、六五〇	一、〇〇〇塊	〇、〇一	二八	九	中一ハ休業、萬和窰ハ民國十四年四月、孟家窰ハ大同二年四月創業、業績良好
皮舖	四	一、五〇〇	二〇件	〇、三〇	一五	一二	
染沙	二	一、五〇〇	四〇疋		二一	九	
貴金屬加工	五	七、七〇〇	一八件	一、五〇	四二		主要ナルモノハ祥順盛、協和金店、玉華金店、雙義發金店慶發宏ナリ

三、磐石縣

本縣ノ工業ハ醸、織布、鐵器製造、製革等ヲ除キテハ其見ルベキモノナク之等諸工業モ事變ト共ニ全ク閉鎖ノ狀態ニアリシガ爾來治安ノ回復スルト共ニ漸次事業ヲ開始セリ

本縣城外ニハ大同洋灰股份有限公司ノ原石採掘場アリ大同二年秋本縣城ニ二十五馬力ノ動力機ヲ使用シ電燈ノ架設ヲ見始メ組合組織ニテ經營セシモ目下實業部ノ許可ヲ受ケ公司ニ改ムヘク申請中ナリ

縣下工業狀況（康德元年末現在）

業種別	家數	總資本額	一ヶ年總銷賣額	店員數	備考
燒鍋油房	三	円 二〇、〇〇〇、〇〇	円 三七、二八二、〇〇	一五〇	燒鍋二家資本金一八、〇〇〇圓 油房一家資本金 二、〇〇〇圓
醬院	二	七〇〇、〇〇	三、四〇三、〇〇	七	

四、樺甸縣

本縣ノ工業ハ極メテ幼稚ニシテ電氣事業ヲ除キテハ見ルベキモノナシ。油房ハ舊來ノ原始的方法ヲ以テ搾油シ居ルモ資本不足ナル爲メ僅カニ冬春兩期ニ於テノミ事業ヲナシ居リ地場ノ需要ニ應スルノミナリ。製紙業ハ亂麻ヲ厚料トシ毛頭紙、窗戸紙ヲ製シ地場消費ニ當テラル。本縣ニ於ケル燒酒ハ美酒ナルヲ以テ知ラレ遠ク縣外ニ移出セラル縣城内ニ二家ノ燒鍋アリテ四萬圓ノ資本ト百三拾七名ノ使用人ヲ擁シ年五七三、六五〇斤ノ燒酒ヲ釀ス。本縣城ニ[illegible]輝電燈公司アリ。民國十八年資本金現大洋拾萬元ヲ以テ創設セラレ二三〇「ボルト」ノ火力發電機ヲ具フ。本電方ハ電燈（現在一、五〇〇餘燈）動力ニ使用セラル、外縣城ヲ圍繞スル警備用高壓線ニ使用セラル

五、額穆縣

本縣ノ工業トシテハ製材、製油、製粉、釀酒等ナルモ何レモ舊式經營法ニ依リ近代的機械ヲ使用スルモノナシ。而モ事變以來匪患甚シク克ク事業ヲ繼續シ得タルモノ無カリシモ二年度ニ入リ治安ノ恢

復ト共ニ製材ヲ筐頭ニ漸次回復ヲ見タリ

縣下燒鍋、油房、醬院狀況（康德元年中秋節及年末現在）

業別	季別	家數	總資本額	各季ニ於ケル總銷賣額	店員數
燒鍋	中秋節	二	一二、〇〇〇、〇〇円	八、二五〇、〇〇円	四六
	年末	｜	｜	｜	｜
油房	中秋節	｜	｜	｜	｜
	年末	四	二、〇五〇、〇〇	二、一〇〇、〇〇	一二
醬園	中秋節	一	六、〇〇〇、〇〇	三、〇〇〇、〇〇	七
	年末	一	六、〇〇〇、〇〇	二、七〇〇、〇〇	七

六、敦化縣

本縣ノ工業ハ電氣製材業ヲ除キテハ小規模ナル燒鍋、油房アルノミ

敦化電業股份有限公司ハ大同二年三月ヨリ營業ヲ開始セル日滿合辦會社ニシテ始メ二千燈ノ計劃ナリシモ爾來電燈用動力用トシテノ需要急增シ始メ設備セル七十五キロワット發動機ニテハ不足ヲ來シ十一月更ニ五〇キロワットノ發動機ヲ增設セリ目下三千餘燈ヲ有ス

製材ニハ日本人ノ經營ニ依ル敦化製材所アリテ每月五萬立方呎ノ原木製材ヲナス

燒鍋ハ縣城內ニ三家アリテ總資本額一四、〇〇〇圓一ケ年ノ生產額二四〇、〇〇〇斤ナリ

油房ハ十一家アリテ其資本總額 三五、〇〇〇圓一ヶ年ノ生産數量合計豆油 一六五、〇〇〇斤豆餅一四一、五〇〇枚ニシテ地方農村ノ需要ニ應ズ

七、懐德縣

本縣ノ工業者ハ公主嶺、范家屯。懐德縣、楊大城子ニ最モ多ク木器製造業、製油業、織維業、釀造業製磚業、皮革業等、主要ナルモノトスルモ何レモ手工業ノ域ヲ出デズ

木器製造業者三十二家、油房七家、織布業者八家莫大小製造業者四家、釀酒業者七家釀醬油業者五者製磚業者十七家、染局十七家、製粉十九家製紙二家皮革三十二家、精米二家、鐵匠爐四十家印刷業家一家アリ

八、其他　各縣ニ於ケル釀造製油、製粉業狀況一覽表　康德元年末現在

縣別	業別	業者數	總資本額	一ヶ年總銷賣額	店員數	備考
雙陽縣	燒鍋	三	三五、〇〇〇、〇〇	七八、一八七、〇〇	八〇	二家油房ヲ兼營ス
	油房	四	六〇〇、〇〇	一五、二二八、〇〇	二五	
伊通縣	燒鍋	二	一〇、〇〇〇、〇〇	七八、七〇〇、〇〇	一一九	
德惠縣	燒鍋	一七	七八、〇〇〇、〇〇	一、一五四、五〇〇、〇〇	二九一	縣城及張家灣ノ狀況トス

	醬園	一	一、〇〇〇、〇〇	三、四五〇、〇〇	七	
	油房	二	二、一〇〇、〇〇	九、八九〇、〇〇	七	
舒蘭縣	燒鍋	七	五、三二〇、〇〇	一〇二、九三〇、〇〇	二四一	
	油房	一六	一四、二〇〇、〇〇	二六三、五九〇、〇〇	五〇	
乾安縣	燒鍋	二	二九、一〇〇、〇〇	一四、九九七、〇〇	一〇〇	
	油房	三	三、〇〇〇、〇〇	五、四〇八、〇〇	二七	
長嶺縣	燒鍋	一	三六、六〇〇、〇〇	二七、〇八四、〇〇	二六	
	粉房	一〇	一、九八〇、〇〇	八、二五〇、〇〇	二	內五家ハ面舗トス
楡樹縣	燒鍋	一五	一八三、六〇〇、〇〇	一五二、九〇〇、〇〇	六七五	康德元年五月現在
	油房	三	七、四〇〇、〇〇	二、五八〇、〇〇	四三	
扶餘縣	燒鍋	四	三八、〇〇〇、〇〇	三九、八九七、六〇	三一六	康德元年中秋節現在
	油房	五〇	八〇、七二〇、〇〇	七七、〇九一、一三	二四八	
	醬園	一〇	二、三一〇、〇〇	四、七三二、八七	三〇	
	粉房	九	三、五〇〇、〇〇	新開業	四四	
農安縣	燒鍋	八	一二三、七〇〇、〇〇	六六五、三六〇、〇〇	三五八	康德元年中秋節現在
	油房	三	七、八〇〇、〇〇	六九、五九〇、〇〇	二八	
	醬園	一	三〇〇、〇〇	一、五六〇、〇〇	七	
	粉房	一	九〇〇、〇〇	二、四〇〇、〇〇	八	

第七章　新吉林省ノ教育

第一節　旧軍閥政權治下ノ教育概況

滿洲事變前ニ於ケル近代的教育ハ之ヲ四期ニ分ツヲ得ベシ即チ前清時代ニ於ケル科擧考試ノ合格ヲ目的トセル時代次イデ中華民國成立シテ國民教育普及ヲ目標トセル時代次ハ民國十七年十二月易幟後三民主義國民黨義ヲ奉ジ救國排外ヲ鼓吹セル時代即チ舊軍閥政權治下ノ教育時代ニシテ最後ハ滿洲國成立以後ノ王道主義ノ教育時代ナリトス。而シテ舊軍閥政治權下ニ於ケル教育ハ略々次ノ如クナリキ

教育方針及ビ方法　當時ニ於ケル教育ハ軍閥社會ノ擁護ニ起因シ居ルガ故ニ内ニハ一般民衆個人ノ人格ノ向上完成、實生活ニ必要ナル知能ノ習得ハ等閑ニ附サレ、外ニハ國家社會ノ有爲ナル一員トシテ又人類社會文化發展ニ貢献セシムルガ如キ教育ハ何等施サルヽコトナク唯軍閥ノ自巳擁護ト責任回避ニ發スル愛國救國ノ美名ノ下ニ南方國民政府黨部ノ提唱宣傳セル打倒帝國主義排外主義三民主義並ニ黨義教育ヲ施セシノミニシテ公民修身、圖畫、手工ニ至ルマデ排外教材ヲ用ヒタリ。而シテ其教育方法タルヤ研究向上ヲ圖ルガ如キコトナク旧套ノ裡ニ何等實質ヲ伴ハサル形式的教育ヲナセルモノナリ

教育者ノ素質　學校教育ノ中樞タル教師ノ素質又低劣ニシテ特ニ教育者トシテノ品性、資格ニ於

テ缺クル所アルニ係ラズ地方有力者ノ緣故等ニ依リ其職ニ就クモノ多ク又學校經營ノ基幹タル職員ニハ軍閥ノ緣戚私的關係ニ據リ或ハ校長、又ハ地方有力者ノ緣故ニ依リ其職ニ就キ篤ク可キ勢力ヲ有シテ人事其他機密ニ與リ高給ヲ食ミ教師ヲ制肘スル等ノ弊風甚シカリキ。

學校教育ニ於テ既ニ斯クノ如クニシテ社會教育ニ在リテモ形式的諸施設ハ構セラレアリシモ何等實質ノ之ニ伴フモノナカリキ。

第三節　滿洲國成立後ノ教育方針

大同元年三月一日滿洲國成立シ建國ノ精神ヲ宣明ニスルアリ次イデ同二十五日國務院令第二號ヲ以テ各學校ヲシテ從來ニ於ケル三民主義及ビ黨義教科書ヲ一律ニ廢止セシムルヤ文教部モ亦王道主義ノ下ニ國家觀念ノ啓培體認ノ尊重ヲ旨トセル文教方針ヲ提示セリ。當吉林省ニ於キテモ立國ノ精神及ビ文教部ノ方針ニ則リ吉林省教育方針ヲ定メ以テ具体的實現ニ資セリ。

教育方針

一、三民主義國民黨義ニ換フルニ王道主義ヲ以テシ、王道ノ眞義ニ基キ建國ノ理想ヲ明暢ニシ國家觀念ノ涵養ニ力ム

二、人格ノ陶冶ヲ基本ニシ勤勞自助ノ精神ヲ振作シ、以ツテ道德教育ノ確立ヲ期ス

三、環境ニ即シ、實生活ニ適應スル教授訓練ヲ施シ以ッテ産業教育ノ徹底ヲ期ス

四、國民生活ニ必要ナル知識、技能ヲ授ケ健全ナル身体發育ノ促進ヲ計ル。

以上ノ教育方針ニ基キ教材ノ一大取捨ヲ行フト共ニ授業ニ當リ常ニ補足的講授ヲナサシメ日語ヲ普及セシムルニモ單ニ語學ノ上達ヲ期スルノミナラズ眞ノ日本精神ノ理解ト日本文化ノ吸收ヲ目的トシ仍ッテ以テ混然ト融和セル第二國民ノ涵養ヲナスニ資セシメタリ。學校其他ノ施設方面ニ於キテハ先ヅ國民普通教育ノ普及ヲ圖ランガ爲メ事變以來未ダ開校スルニ至ラサルモノノ開校ヲ促進シ縣立中學校ハ遠カラズ之ヲ省立ニ移管シ縣ヲシテ專ラ小學校教育ニ當ラシメ民衆學校ヲ増設シ又目下漸次完成ヲ遂グッ、アル集團部落ニハ複級小學校ヲ設置スルノ方針ヲ採ルノ外私塾、私立學校ヲ指導監督シ小學校教員ノ檢定、諸研究會、講習會ヲ設ケ質的向上ヲ期シ從來文科偏重主義タリシ中學校ニ實科ヲ増設シ更ニ農業學校ヲ新設シ工科中學校ヲ充實セシメ産業教育ノ普及ヲ期シ且女子中學校ニ家事、裁縫手藝科ヲ新設シ以ヲ第二國民ノ母トシテノ素養ヲ涵養セシメントス。

第三節　教育行政機關沿革

本省内ニ始メテ學校ノ設置ヲ見シハ渤海國時代ノコトニシテ教育行政機關ノ創設ハ教育ノ普及ト實學ノ教授ヲ目的トナセル光緒三十一年ノコトナリ。卽チ省城ニ學務處ヲ設ケ總辦ヲ其長官トナシ其下

ニ監督教務提調、庶務提調、文案、會計、檢察其他ノ官ヲ置キ各所ノ學校章程ノ調査學校建設ノコトヲ司レリ。

翌三十二年冬新ニ提學司設置セラル。其組織次ノ如シ

- 提學司
  - 長官提學使
    - 總務課
    - 普通課
    - 圖書課
    - 會計課
  - 檢事
  - 視學官

光緒三十三年吉林行省公署設ケラルルヤ教育施設ノ急速ナル發達ヲ見同冬各府州縣ニ令シ先ズ學署（光緒ノ初メニ設置セラレタル學校ナリ）ヲ改メテ勸業所トナシ總董、勸學員ヲ置キ之ヲシテ全境ノ學務ヲ辦理セシメタリ。斯クテ各府州縣ニ劃一的文教行政機關ノ設置サルト共ニ本省ニ於ケル上下兩級文教行政機關成立ノ始メナリトス。

民國以後ニ於ケル文教行政ハ旧來ト大差ナク單ニ提學司ヲ教育司ニ提學使ヲ教育司長ニ及ビ總董ヲ勸學員長ニ改メシノミナリ。民國二年緊縮ノ結果教育司ヲ裁撤シ省長公署內ニ教育科ヲ添設セリ。同六年十一月ニ至リ教育科ヲ廢シ省ニ教育廳ヲ設ケ教育廳長ヲシテ全省ノ教育ヲ總攬セシメ其ノ下ニ三

科ヲ置キ會計、中小學校教育、高等教育社會教育ヲ分掌シ各縣ノ勸學員長ハ勸學所長ニ改メラル

民國十三年各縣ノ勸學所ヲ教育局ト改メ局內ヲ課或ハ股ニ分チ教育事務ヲ分掌セリ。局長ノ下ニ學務委員若干ヲ置キ城鎭鄉各區ノ學務ヲ分掌ス。別ニ教育廳委任ノ一名乃至二名ノ縣視學アリテ一縣ノ教育視察並ビニ指導ノ任ニ當タレリ

民國十八年國民政府法令ニ遵ヒ吉林教育廳ノ下ニ四科ヲ置キ高等教育、中等教育、初等教育ト社會教育並ニ機密事項會計、人事、收發、典守印信等ヲ分掌シ廳長ノ下ニ秘書ヲ置キ全廳ノ文件ヲ檢閱シ全省ノ教育規畫ヲ司リ以テ滿洲國ノ成立ニ至リタリ。滿洲事變直前後ニ於ケル組織次ノ如シ

事變直前

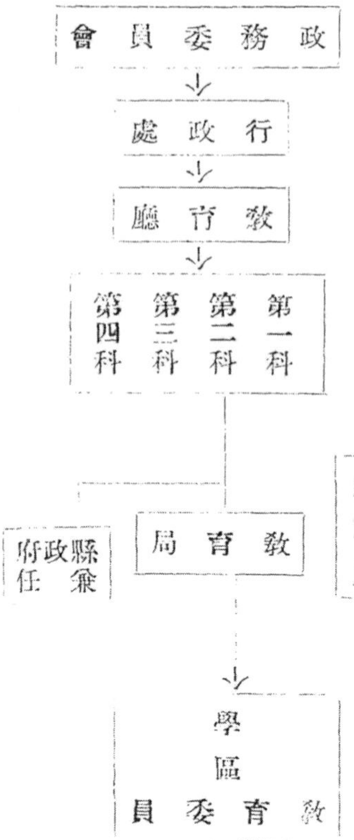

備考 ①教育局ハ教育廳ノ直轄ニシテ縣長ノ區署ヲ受ク

②教育局ヲ設置セル縣ハ舊吉林省四十二縣中三十八縣縣政府ノ兼任セルモノ四縣

大同元年三月九日付教令ニヨリ各部官制公布ヨリ大同元年七月二十五日ニ至ルマデノ教育行政機關係統表

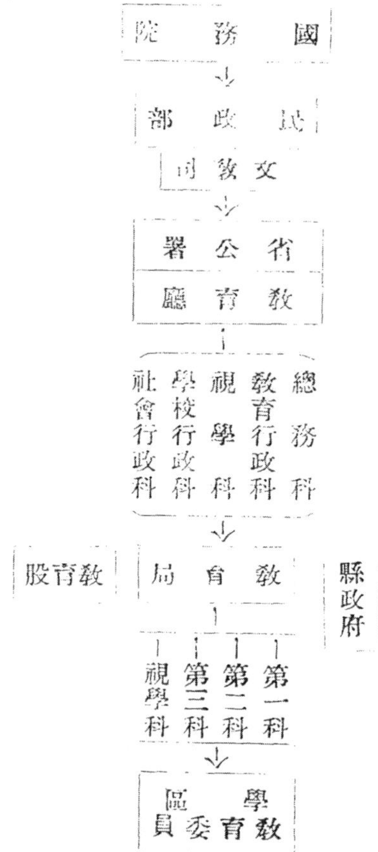

註

一、大同元年七月二十五日文教司廢止セラレ新ニ文教部設立セラレ省公署教育廳ハ民政部及文教部ノ指揮監督ヲ受クルコト、ナリ。教育廳学校行政科ヲ學校教育科ニ社會行政科ヲ社會教育科ニ改稱ス

二、大同二年七月五日教令第五四號ヲ以テ縣官制公布セラレ縣文教事宜ハ縣公署内務局ニテ掌轄シ特ニ必要ト認メタル場合ハ民政部總長ニ呈請シ教育局ヲ設置スルコトヲ得ト規定セルモ本縣制カ從

來ノ縣制度ニ比シ變革甚シク且現狀ニ則セサルトニ依リテ遂ニ施行セラレザリシタメ縣ニ於ケル文敎行政機關モ何等ノ變更ヲ見ルコトナカリキ

大同二年九月十二日民政部訓令第五三三號縣公署改組辦法ニ依ル敎育行政機關系統表

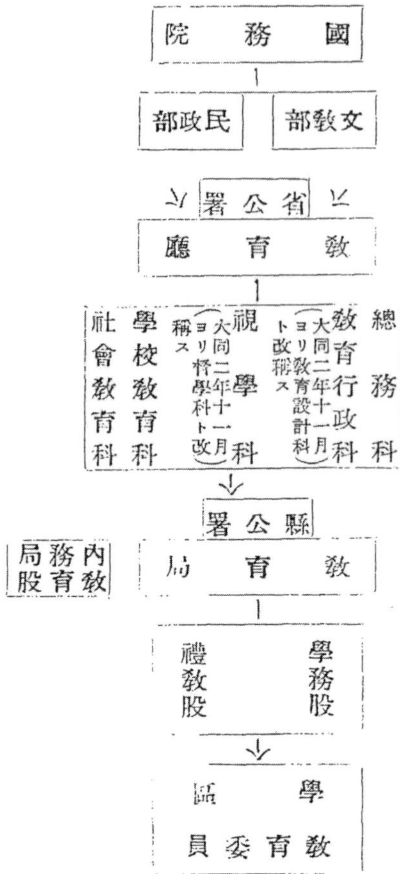

康德元年拾二月新行政制度實行後ニ於ケル文教行政機關系統表

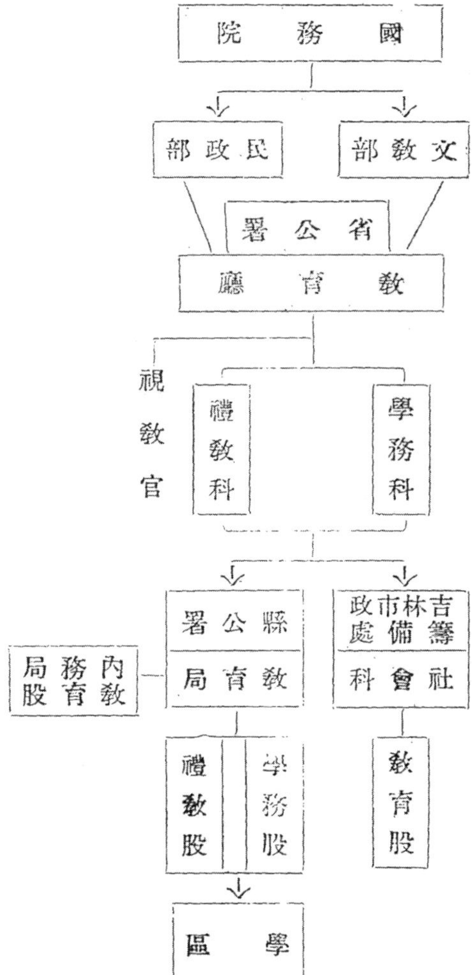

第四節　學校教育

第一項　總說

吉林省ニ於キテハ前清末ヨリ民國ニ亘リ學校教育ノ普及ヲ圖リ學校ノ設立ヲ奬勵セシヲ以テ小學校ハ爾來數年ナラズシテ省城及各縣ニ陸續トシテ設置セラレ又省城ニハ師範學校中學校次イデ吉長、濱江、依蘭、延吉ノ四道ニモ中學校或ハ師範學校ノ設立ヲ見民國九年ニハ道立師範學校ノ省立移管行ハレタリ。又民國中期醫學校及ビ教育、法律、土木、鑛學各科ノ綜合大學ヲ設立シ省内中等學校卒業生ヲ收容スベシトノ意見現ハレ民國十八年省立中學内ニ理工學院前法政專門學校内ニ文法學院ヲ附設セラレシガ次イデ二十年吉林省城西關ニ遷移シ吉林大學ト稱セリ。

然ルニ滿洲事變以來治安ノ紊亂ハ閉校ノ激增ト登校兒童ノ激減ヲ來シ克ク舊狀ヲ維持シ得タルモノハ皆無ニ近カリシモ爾來治安ノ恢復スルト共ニ漸次復校ヲ見昨今ニ在リテハ磐石、懷德、永吉、楡樹扶餘、伊通等ノ諸縣ニ比較的多數、ノ閉校々ヲ見ルノミトナレリ、舊吉林省ニ就キ開校狀況ヲ見ルニ省、布、縣、私立學校一千五百七十一校（内私立五十校）ノ内大同二年十二月ニ於テ已開校七百六十一校（内私立學校二十八。尙密山、珠河、虎林、饒河、撫遠、同江、樺川、九台ノ八縣ハ含マレズ）未開校六百八十一（内私立學校二十一）ナリシガ康德元年七月ニハ已開校九百七十九未開校五百五十五校（和龍、撫遠ハ含マレズ）トナレリ。

康德元年十二月省制改革ト共ニ學校ノ移管行ハレシモ之ニ先タチ文敎部及民政部ノ方針ニ基キ學校ノ改革行ハル。卽チ康德元七月一日吉林省立吉林醫院附屬醫學校（大同元年十月省立トセラレタルモノ）ヲ國立ニ移管シ又同日省立實驗小學校ヲ吉林省立第一師範學校附屬小學校トシ從來ノ附屬小學校ハ吉林市地區內ニアリシ永吉縣立中學一校小學校十五校ト共ニ吉林市政籌備處ニ移管セラレタリ。更ニ康德二年二月一日ヨリ文教部訓令第九十七號ニ依リ改名行ハレ省市縣立校ニ各地名ヲ冠スルト共ニ「完全」ノ文字ヲ削去シ初級高級或ハ兩級ノ文字ヲ使用スルコト、セラレタリ。而シテ之ト共ニ文教部ニ於キテハ模範的小中學校ヲ各省城ニ建設スルコトニ略々決定ヲ見本省城ニモ實驗中學校及ビ師範學校第二附屬小學校ヲ設置セラルヽコト、ナレリ。

第二項　學制及教科目

康德元年夏舊吉林大學（事變ト共ニ閉校）校趾ニ新ニ高等師範學校設置セテレシモ専門學校以上ノ學校ハ國立トナスノ方針ニ基キ同高等師範學校モ國立トセラレ省市縣立ニ係ルモノハ中等學校以下トス。而シテ小學校ハ初級四年高級二年、中學校ハ男女共初級高級各三年ノ夫々六年制ニシテ初級中學ニ於テハ稍々高度ノ普通學科ヲ高級中學ニ於テハ専門的學科ヲ教授シ男子高級中學ハ文科、理科、工科、農科、師範科、商科ニ分ルヽモ本省ニアリテハ文科、理科、師範科、工科ノ各高級中學ヲ有スルノミ。工科中學ハ土木科機械科ニ分レ女子高級中學ハ第一、第二ノ二部ニ分ル。

省立各中學校ニ於ケル授業數ハ一週二十五時間省立小學校ハ二十四時間乃至三十三時間ニシテ其教科目次ノ如シ

省立吉林兩級中學校初級部
省立長春初級中學校
省立吉林初級中學校
教科目

省立吉林女子兩級中學初級部
省立吉林女子師範學校初級部

修身、經學、國文、日語、英語、歷史、地理、數學、自然、音樂、書畫、作業、体育

省立吉林兩級中學校高級部敎科目

共修科目。公民、經學、國文、日語、英語、數學、史地、体育

專修科目　文科　國文、日語、英語、心理、論理、地理、歷史

理科　數學、博物、物理、化學、圖畫

省立吉林師範學校
省立長春師範學校
省立吉林女子師範學校高級部　敎科目

經學　公民（社會、法制、經濟）敎育（心理學、及論理學、敎育學、敎育史、敎育行政、敎授法）國文、日語、歷史、地理、數學（代數、幾何、三角、算術）博物（生物學）物理、化學、醫學、音樂、書畫、作業、休育

省立吉林工科兩級中學校

初級部

經學、公民、國文、日語、英語、史地、數學、化學物理、製圖、實習、音樂、体育

高級部機械科
經學、國文、日文、英語、數學、理化學、工場管理、簿記、製圖、實習
高級部土木科
經學、國文、日文、英語、數學、理化學、測量、製圖、實習
省立吉林女子兩級中學高級部教科目
共修科目　公民、經學、國文、日語、史地、作業、音樂、体育
專修科目　第一部　衛生醫學、藝術、教育
第二部　日語、英語、數學、自然
省立吉林師範學校日本語教員養成部
公民、教育、經學、國文、日語、史地、數學、自然、作業、音樂、体育、書畫、醫學
省立師範附屬小學校教科目
修身、國語、日語、歷史、地理、算術、自然、書畫、作業、音樂、体操
尚日語ニ就キテハ滿洲國成立後其教授ノ緊要ナルニミ、大同元年三月ヨリ省立第一中學省立師範、省立工科中學、省立女子中學、私立毓文中學及私立文光中學ノ八校ニ日本人教師ヲ任命シ全校生徒ニ每週二時間宛教授スルノ外民衆ノ爲メ日語學校ヲ開設スルト共ニ各市縣ヲ督勵シテ日語教授ヲ開講セ

シメタル結果縣私立中學校並ニ小學校ニ於テ日語ヲ敎授スルモノ多數ニ上レリ。此處ニ於テ日語敎員補給ノ爲メ省立吉林師範學校ニ日本語敎員養成部ヲ添設（修業年限三ヶ年）又康德元年四月十四日日本語敎授研究會ヲ創設シ其ノ向上ヲ圖リツヽアリ。

第三項　學校實況

本省ニ於ケル學校ハ省立市縣立及ビ私立ニシテ私立學校ニハ本國人經營ノモノ又ビ外國人經營ノモノトアリ。本國人經營ノ私立小學校ハ私塾的ノモノ多ク其數六百二十二外國人經營私立學校ハ十一校ナリ。省立ニハ中學校（師範ヲ含ム）八、小學校（師範附屬小學校）三、幼稚園（女子師範附屬）一アリ。市立ニハ吉林市立中學校一、小學校二十四、アリ。市縣立中學十六校内六校ハ未開校ニシテ市縣私立小學校（私塾ヲ除ク）九百七十六校内二百二十校ハ未開校ナリ。

吉林全省公私立中小各校概況統計表（康德元年七月末現在）

項別 / 省市縣別	已開校 校數 小	校數 中	校數 計	班數 小	班數 中	班數 計	學生數 小	學生數 中	學生數 計	職敎員數 小	職敎員數 中	職敎員數 計	經費 小	經費 中	經費 計	未開校數 校數 小	校數 中	校數 計
吉林省	4	11	15	78	85	113	1.223	2989	4 212	41	189	230	97,370	1,935,376	2,032,745	—	—	—
吉林市	26	1	27	128	6	134	6 977	313	7 290	154	17	161	275,140	117,800	392,940	—	—	—
永吉縣	100	—	100	134	—	134	8 012	—	8.012	147	—	147	1,046,560	—	1,046,560	52	—	52

舒蘭縣	49	—	49	68	—	68	2 979	—	2 979	82	—	82	17,883	—	17,883	2	1	3
德惠縣	50	—	50	77	—	77	2 623	—	2 623	90	—	90	44,800	—	44,800	—	1	1
農安縣	23	1	24	81	3	84	3 634	107	3 741	103	10	113	54,235	33,500	87,735	—	—	—
長嶺縣	14	1	15	22	1	23	887	47	934	27	7	34	4,840	—	4,840	5	—	5
長春縣	54	—	54	87	—	87	3 611	—	3 611	95	—	95	46,490	—	46,490	14	—	14
雙陽縣	36	—	36	56	—	56	2 841	—	2 841	65	—	65	29,900	—	29,900	4	1	5
伊通縣	21	1	22	57	1	58	2 724	52	2 776	70	6	76	38,800	2,500	41,300	15	2	17
磐石縣	10	1	11	44	3	47	2 286	68	2 354	58	10	68	50,190	27,000	77,190	23	—	23
樺甸縣	18	—	18	45	—	45	2 030	—	2 030	49		49	—	—	—	—	1	1
敦化縣	7	—	7	22	—	22	1 226	—	1 226	27	—	27	9,644	—	9,644	4	1	5
額穆縣	28	—	28	42	—	42	1 904	—	1 904	47	—	47	—	—	—	—	—	—
楡樹縣	55	1	56	80	4	84	2 585	134	2 719	83	10	93	111,915	—	111,915	45	—	45
扶餘縣	37	2	39	101	4	105	5 264	157	5 421	124	22	146	57,862	3,800	61,662	31	—	31
乾安縣	1	—	1	6	—	6	237	—	237	9	—	9	—	—	—	—	—	—
九台縣	75	—	75	104	—	104	4 868	—	4 868	108	—	108	154,810	—	154,810	6	—	6
懷德縣	152	3	155	268	5	273	8 493	166	8 659	246	15	261	—	—	—	19	1	20
總計	760	22	782	1.450	[illegible]	1.512	64 404	4.033	68.437	1625	286	1.911	2,040 439	2,119,976	4 160'415	220	8	228

備考　吉林市内省補助ヲ受クル三私立中學校ヲ含ム

吉林全省私塾概況統計表

康德元年七月末現在

項別	塾數	學生數			塾師			平均每生年納學費	全年收入
		男	女	計	男	女	計		
吉林市	43	801		801	44		44	12	10130
永吉縣	94	1759		1759	94		94	10	16167
舒蘭縣									
德惠縣	20	445		445	20		20	10	4800
農安縣	40	1022		1022	41		41	6	
長嶺縣	16	433		433	16		16	9	4000
長春縣	90	1751	6	1757	91		91	9	15546
雙陽縣	18	370		307	18		18	5	1845
伊通縣	20	260		260	20		20	12	2653
磐石縣	2	48		48	2		2	10	480
樺甸縣	17	377		377	17		17	10	3250
敦化縣	2	17		17	2		2	6	110
額穆縣	6	85		85	6		6	7	590
榆樹縣	194	2644		2644	151		151	6	16369
扶餘縣	23	316		316	23		23	5	1586

備考
一、舒蘭縣未據呈報
二、本表依地方制度施行後管轄區域編製者

乾安縣	—	—	—	—	—	—	—	—	—
九台縣	23	327		327	23		23	13	4270
懷德縣	14	207	15	222	14		14	10	2360
總計	622	10.862	21	10 883	582		582	140	84156

吉林全省外人設校概況統計表　　康德元年七月末現在

項別／地別	校數	班數			學生人數							教職員數							全年經費	經費來源
		高級	初級	總計	滿		日		鮮俄		總計	滿		日		俄英		總計		
					男	女	男	女	男	女		男	女	男	女	男	女			
吉林省	1	…	4	4	140	…	…	…	…	…	140	6	…	1	…	1	…	8	7.400	教育廳及教會補助
吉林市	4	13	12	25	143	102	168	153	2鮮	4鮮	572	3	6	9	1	…	…	19	429,399	滿鐵居留民會教會天主教四處補助
舒蘭縣																				
德惠縣	1	3	4	7	…	…	…	…	88俄	65俄	153	…	…	…	…	8俄	2俄	10	50.000	北滿鐵路局補助
農安縣	…	…	…	…	…	…	…	…	…	…	…	…	…	…	…	…	…	…	…	
長嶺縣	…	…	…	…	…	…	…	…	…	…	…	…	…	…	…	…	…	…	…	
長春縣	1	…	1	1	36	…	…	…	…	…	36	…	…	1	…	…	…	1	250	學生負担
雙陽縣	…	…	…	…	…	…	…	…	…	…	…	…	…	…	…	…	…	…	…	
伊通縣	1	1	1	2	45	…	…	…	…	…	45	…	…	1	…	…	…	1	700	學生負担

磐石縣	…	…	…	…	…	…	…	…	…	…	…	…	…	…	…	…	…	…	…	
樺甸縣	…	…	…	…	…	…	…	…	…	…	…	…	…	…	…	…	…	…	…	
敦化縣	1	1	1	2	…	…	16	15	…	…	31	…	…	1	1	…	…	2	1.771	民會滿鐵補助
額穆縣	…	…	…	…	…	…	…	…	…	…	…	…	…	…	…	…	…	…	…	
楡樹縣	…	…	…	…	…	…	…	…	…	…	…	…	…	…	…	…	…	…	…	
扶餘縣	1	1	2	3	…	110	…	…	…	…	110	1	3	…	…	…	…	4	1.200	丹麥教會
乾安縣	…	…	…	…	…	…	…	…	…	…	…	…	…	…	…	…	…	…	…	
九台縣	…	…	…	…	…	…	…	…	…	…	…	…	…	…	…	…	…	…	…	
懷德縣	1	…	…	1	…	2	28	…	…	…	30	…	…	…	…	…	…	3	…	
永吉縣	…	…	…	…	…	…	…	…	…	…	…	…	…	…	…	…	…	…	…	
總計	11	19	25	45	366	240	184	168	90	69	1.117	10	9	13	2	9	2	48	49.072	

備考　一　舒蘭縣未據呈報　二　本表依地方新制度施行後管轄區域編製者

第四項　省制改革ニ因ル學校移管

省制改革ニ依ル學校移管狀況次ノ如シ

（一）他省ニ移管セル縣立中小學校

省別＼種別	中小學校別	學校數	學生數	職員數	縣名	備考

濱江省	小學校	已開校	二三二	二四、三七三	六七四	賓、阿城、雙城、五常、延壽、珠河、葦河、穆稜、寧安、東寧、密山、虎林	康德元年七月現在ト同年十二月一日現在トヲ同一ト假定シ調製ス
		未開校	一六四				
	中學校	已開校	六	三九九	六二		
		未開校	二				
三江省	小學校	已開校	六四	六、七九一	一九九	方正、依蘭、勃利、樺川、富錦、同江、饒河、寶清	
		未開校	八四				
	中學校	已開校	四	二七四	三六		
		未開校	｜	｜	｜		
間島省	小學校	已開校	四〇	五、六九三	一六五	延吉、和龍、汪清、琿春	
		未開校	一四一				
	中學校	已開校	二	一七二	二〇		
		未開校	｜				
奉天省	小學校	已開校	六	六二二	一五	濛江	
		未開校	四				
	中學校	已開校	｜	｜	｜		
		未開校	｜	｜	｜		
合計	小學校	已開校	三四二	三七、四七九	一、〇五三		
		未開校	三九三				
	中學校	已開校	一二	八四五	一一八		
		未開校	二				

(二) 吉林省ニ移管セラレタル縣立中小學校

奉天省	小學校	已開校	一五二	八、四九三	二四六	懷德	
		未開校	一九				
	中學校	已開校	三	一六六	一五		
		未開校	一				

（三）省制改革ニ伴フ移管省立學校

（イ）濱江省ヘノ移管

省立第三師範學校及同附屬小學校（在阿城）

省立第三中學校（在雙城）

省立第四中學校（在寧安）

省立第六中學校（在哈爾濱）

（ロ）三江省ヘノ移管

省立第五師範學校（在依蘭）

（ハ）間島省ヘノ移管

省立第四師範學校及同附屬小學校（在延吉）

省立第二工科中學校（在延吉）

第五節　社會教育

第一項　總說

克ク旧來ノ悪習ヲ矯正シ醇風美俗ヲ保持シ優良誠實ニシテ剛健ナル國民ヲ以テ醇厚健全ナル社會ヲ

創生シ列强ニ伍シテ憚ル所ナカランニハ社會民衆ニ對スル教育ノ普及徹底ノ如何ニ在ルト稱スベキニ由來滿洲ニ於ケル學校教育ハ義務教育ニ非ラザリシガ爲メ登校者ハ一部ノ子弟ニ限ラレ無學文盲ナル者極メテ多キニ鑑ミルトキハ社會民衆教育ニ對スル施設ハ又緊要事ナリ民國末ニ於キテモ既ニ民衆教育館、民衆教育講演所、民衆問字處識字處閲報所、民衆運動場、民衆茶園、等設置セラレ、失業者、廢業者並ビニ無學者ニ對シ就學ノ途ヲ開キ又職業技能ヲ体得セントスル民衆ニ其機會ヲ與フルト共ニ廣ク民衆ノ性情ヲ陶冶シ其知識增進ヲ圖リ身体ノ鍛練ニ資セシメタリ　ト雖モ師資ヲ始メ諸維持費乏シキガ爲メ或ハ其維持困難ナルアリ或ハ設備ノ不完全ナルアリテ停止或ハ單ナル形式的存在ト化セル狀態ナリキ。

滿洲事變ト共ニ民衆教育機關ノ閉鎖ノ已ム無キニ至リシモノ少カラザリシヲ以テ滿洲國成立後學校ノ復校普及ヲ圖ルト共ニ民衆教育機關ノ回復ニ努メ三民主義黨義ニ關スル教育並ニ圖書ノ閲覽ヲ停止シ王道主義ト建國精神ニ基ク教育ヲ講ジツヽアリ。

新吉林省學齡兒童狀況表

康德元年五月調

已未就學／性別／年齡別／市縣別	已就學者數									未就學者數			學齡兒童總數	就學者百分比
	初級				高級				合計					
	六－九	一〇－一五	一六以上	計	一〇－一五	一六－一八	一九以上	計		六－九	一〇－一五	計		

吉林市	一、八九四	二、三〇八	六九	四、二七二	二、四二〇	二三七	一九	一、六六六	五、[illegible]三七	四、一三六	三、五五八	七、七三〇	一三、六六七	四三%強
長春縣	六二三	二、六一〇	一六五	三、三九五	一三〇	八三	三	二一六	三、六二一	二〇、七三二	二一、七九四	四二、二二六	四五、八三七	八%弱
雙陽縣	一、〇八二	二、九一〇	二六三	四、二五五	八〇六	四〇一	二四	一、三三二	五、五八六	一〇、一六六	一四、〇三七	二三、四九七	二九、〇八三	一九%強
伊通縣	八七四	一、〇六〇	一七二	二、一一〇	三一〇	九五	一九	四二四	二、五三四	九、一[illegible]	一五、〇五七	二四、一六九	二六、七〇三	九%強
德惠縣	八八四	一、五三五	[illegible]	二、四三三	一四〇	五四	—	一九四	二、六一六	一三、九三三	二〇、一七四	三三、〇九六	三五、七一二	七%強
農安縣														
長嶺縣	一、七三一	三、九一一	九七八	六、六二〇	八二九	六九	一四	二三	六、八三三	一、〇九九	一、七六三	二、八六二	九、六九四	七〇%強
乾安縣	二五九	一、二八五	九〇	一、六三四	一五	六	—	二	一、六五五	三、三七九	三、〇三〇	六、四〇九	八、〇六四	二三%弱
扶餘縣														
永吉縣	四、一八六	四、八九二	一九九	九、二三七	九〇八	一九五	四	一、一〇七	一〇、三四四	二五、一八〇	三〇、一七三	五五、三五六	六五、七〇〇	一六%弱
舒蘭縣														
額穆縣	六六二	一、二〇八	一〇四	一、八七四	三二一	一三八	六二	五二三	二、三九[illegible]	一、四九[illegible]	一、五八一	三、〇七三	五、四六九	四〇%弱
敦化縣	五八七	八〇四	三九	一、四三〇	三三	六三	一	[illegible]	一、五二[illegible]	一、七七〇	二、四二二	四、一八[illegible]	五、七〇六	三七%弱

二六〇

樺甸縣	二九四	二、〇三一	一九一	二、五一六	一二四	六六	三	一九三	二、七〇九	六、九七三	六、一三四	一三、〇九九	一五、八〇	一七強%
磐石縣	二、七一	二、五八八	二四三	四、〇三二	二七八	七三	一五	三六	四、三一八	四、二五八	九、五八八	一三、八四六	一八、二一四	二四弱%
榆樹縣	一、四九九	三、四〇三	三二	五、五三	一九八	二七八	五一	五二七	八、〇五〇	一、五三三	一三、三九七	[illegible]	二八、九八〇	三弱%
懷德縣	二、〇一	四、〇〇一	一〇四	[illegible]	三八三	二	二	五〇七	五、六七七	一、五三三	一四、七八四	二九、〇四〇	四、七一三	一六強%
計	二八、八〇四	二四、四五二	一、三〇一	四、五五五	五、一八四	一、八七一	三二六	七、一八一	六一、八七六	二二、三五八	一五九、三三六	六八一、五一四	四三、三五〇	一八強%

第二項　民衆教育機關實況

民衆教育機關ノ中樞タル民衆敎育館ハ舊吉林省ニ於テ二一個處ニ存在セシニ對シ新省ハ十七ヶ所（省關ハ含マレズ）ナリ。民衆學校ハ三十五ヶ處（省關ハ含マレズ）ニシテ舊省ト同數トス。省縣立ノ圖書館ハ舊省ニ於テ四ヶ處ナリシニ對シ新省ニハ五ヶ處ヲ有ズ。其實況次表ノ如シ

吉林全省圖書館概況統計表

康德元年十二月末現在

項別／廳市縣別	所在地	設立年月	職員數	保藏圖書冊數	每日平均閲書人數 男	每日平均閲書人數 女	每日平均閲書人數 計	全年經費	資產	備考
教育廳	省城維新街	宣統二年（省立）	5	48.301	135	…	135	5.916	62.840	館長富弘逸
吉林市	…	…	…	…	…	…	…	…	…	

永吉縣	…	…	…	…	…	…	…	…	…	
舒蘭縣										
德惠縣										
農安縣	…	…	…	…	…	…	…	…	…	
長嶺縣	…	…	…	…	…	…	…	…	…	
長春縣										
雙陽縣	…	…	…	…	…	…	…	…	…	
伊通縣										
磐石縣	…	…	…	…	…	…	…	…	…	
樺甸縣	第一校院內	康德元年三月	2	2.244	60	…	60	480	…	館長李桂芬
敦化縣	教育館內	民國：九年八月	1	562	30	…	30	…	…	附設教育館內
額穆縣										
榆樹縣	…	…	…	…	…	…	…	…	…	
扶餘縣	縣城大西門外									
乾安縣	…	…	…	…	…	…	…	…	…	
九台縣	…	…	…	…	…	…	…	…	…	
懷德縣	縣城	民國十六年二月	2	6.275	20	…	20	948	…	館長趙鎮喬
總計			10	57.382	245		245	7.344	62.840	

吉林全省民衆教育館概況統計表

康德元年十二月末現在

種別 所管機關別	所在地	設立年月	職員數	保藏圖書目數	平均毎日ノ閲覽人數 男	女	計	全年經費預算	資產數	備考
教育廳	省城後魚行	民國十一年四月	14	2.198	235	…	235	11.146	82.609	日語校四處民衆校二處閲報處一處講演所三處民衆茶園 處体育場 處ヲ設ク
吉林市	…	…	…	…	…	…	…	…	…	
永吉縣	樺皮廠	民國三年四月	3	967	35	…	35	2.201	…	圖書閲報講演.問字.問事等ノ部ヲ設ク
舒蘭縣										
德惠縣	縣城	大同二年十一月	3	…	30	…	30	1.128	1.500	民衆學校一班ヲ附設ス
農安縣	縣城	民國十九年七月	3	1.976	30	…	30	2 024	…	書報講演民衆校問字問事書信處ヲ附設ス
長嶺縣	縣城	康德元年七月	1	…	8	…	8	512	…	
長春縣	朱家城.卡倫小合隆.小雙城	康德元年九月	4	75	72	…	72	7.132	…	縣ニ合計四ケ所ヲ設ク
雙陽縣	縣城	民國四年七月	3	635	10	…	10	1.496	…	圖書部一處ヲ設ク
伊通縣										
磐石縣	縣城	民國十九年八月	2	59	30	…	30	1.116	…	講演部ヲ設ク
樺甸縣		…	…	…	…	…	…	…	…	
敦化縣	縣公署東院	民國十九年七月	3	…	…	…	…	…	…	圖書室.講演所.閲報所等ヲ設ク
額穆縣	蛟河街	康德元年七月	3	…	50	…	50	1 344	…	日語學校.講演部ヲ設ク

楡樹縣	縣城	民國十三年	1	475	20	…	20	1.094	2.000	閲書部ヲ設ク
扶餘縣										
乾安縣	…	…	…	…	…	…	…	…	…	
九台縣	富涼街	大同二年二月	1	…	40	…	40	718	…	閲報、講演、及問字等ノ部ヲ設ク
懷德縣	…	…	…	…	…	…	…	…	…	
總計	15		41	6 385	560		560	29.911	86.109	

吉林全省民衆教育館所辦事業概況統計表　康德元年十二月末現在

項別／廳市縣別	書報閲覽室		民衆閲報所		講演部所		民衆運動場		民衆茶園		問字問事處		民衆娯樂部		備考
	室數	毎日閲覽人數	所數	毎日閲覽人數	所數	毎日聽講人數	場數	毎日運動人數	園數	毎日閲報寫信人數	處數	毎日問字問事人數	部數	毎日娯樂人數	
教育廳	1	50			3	90	1	500	3	45	3	15			
吉林市	…	…	…	…	…	…	…	…	…	…	…	…	…	…	
永吉縣	1	10	1	25	1	30					1	1			
蘭符縣															
德惠縣			1	10			1	200							閲報所附設在教育館内
農安縣	1	20			1	50	1	…			1	1			
長嶺縣					1	8									
長春縣															

雙陽縣	1	10													
伊通縣					1	30									本縣ハ康德元年五月調
磐石縣					1	30									
樺甸縣	…	…	…	…	…	…	…	…	…	…	…	…			
敦化縣			1	30	1	40	1	60			1	5			
額穆縣					1	60									
楡樹縣	1	20													
扶餘縣	1	50			1	40									本縣ハ康德元年五月調
乾安縣	…	…	…	…	…	…	…	…	…	…	…	…	…	…	
九台縣			1	30	1	40					1	15			附設教育舘內
懷德縣	…	…	…	…	…	…	…	…	…	…		…	…	…	
總計	6	160	4	95	12	418	4	760	3	45	7	37			

吉林省民衆學校概況統計表　康德元年十二月末現在

種別 / 所管機關別	學校數	學級數	學生數			畢業生數			畢業回數	職教員數	修業年限	全年經費豫算數	備考
			男	女	計	男	女	計					
敎育廳	2												
吉林市	…	…	…	…	…	…	…	…	…	…	…	…	

永吉縣	1	1	40	…	40	40	…	40	1	1	1/2	360	
舒蘭縣													
德惠縣	2	2	55	…	55	…	…	…	…	4	1/3	…	
農安縣	1	1	1	30	31	18	227	245	8	2	1/3	50	
長嶺縣	…	…	…	…	…	…	…	…	…	…	…	…	
長春縣	4	4	178	…	178	…	…	…	…	4	1/3	…	教育舘内ニ附設セラレ居ル故教員ハ兼職ナリ
雙陽縣	8	8	169	125	294	209	269	478	12	9	1/3	230	
伊通縣	1	1	30	15	45						1/6	52	康德元年五月調
磐石縣	…	…	…	…	…	…	…	…	…	…	…	…	
樺甸縣	1	1	35	…	35	…	…	…	…	2	1/3	…	
敦化縣	1	1	…	43	43	…	…	…	…	1	1/3	624	
額穆縣	…	…	…	…	…	…	…	…	…	…	…	…	
楡樹縣	1	1	24	6	30	24	6	30	1	1	1/3	140	
扶餘縣	2	2	…	80	80					3	1/3	90	康德元年五月調
乾安縣	…	…	…	…	…	…	…	…	…	…	…	…	
九台縣	1	1	10	20	30	…	32	32	1	1	1/3		教育舘内ニ附設
懷德縣	10	10	285	87	372	123	21	144	4	10	1	880	
總計	35	33	827	406	1.233	414	555	969	27	38		2.426	

項別／省市縣私立別	學校數	學生數	一週授業時數	修業期間
吉林省	四	一二〇	一二	六ケ月
吉林市	一	三五	一二	六ケ月
永吉縣	一	四〇	一二	六ケ月
舒蘭縣	｜	｜	｜	｜
德惠縣	｜	｜	｜	｜
農安縣	｜	｜	｜	｜
長嶺縣	｜	｜	｜	｜
長春縣	二	二六九	一二	六ケ月
伊通縣	一	五二	一二	六ケ月
雙陽縣	｜	｜	｜	｜
樺甸縣	｜	｜	｜	｜
磐石縣	三	｜	｜	｜
敦化縣	一	四三	一二	六ケ月
額穆縣	一	三〇	一二	六ケ月
楡樹縣	一	五七	一二	六ケ月

九台縣	一	八三	一三	二ヶ年
懷德縣	｜	｜	｜	｜
合計	一六	七二九		

第三項　文敎、團體

文敎團體ハ之ヲ敎育、敎化、体育及ビ宗敎ノ四種ノ團體ニ分ツヲ得ベク本省ニ於ケル、敎育、敎化體育諸團體中代表的ナルモノニツキ概觀スルニ次ノ如シ。

一、敎育團體

敎育團體タル敎育會ハ既ニ舊政權時代ニ發布セラレタル「吉林省敎育會規行章程」並ニ「吉林省各縣敎育會現行章程」ニ據リ省並ニ縣ニ組織セラレアリシモ其改組ノ要ヲ認メタル本省ハ大同二年十二月二十九日「吉林省暫行敎育會規程」並ビニ「吉林省敎育會臨時改組辦法」ヲ頒布シ敎育會法發布セラル、ニ至ル間ノ暫行法トシテ各敎育會ヲシテ之ニ遵照セシメタリ。

斯クテ新吉林省内ニ滿洲帝國敎育會吉林省分會以下一市十六縣ニ各支會ヲ有ス

吉林省敎育會及各市縣支會概況一覽表　康德二年五月

名稱	成立及改組時期	職員人數	會員人數	常年經費
滿洲帝國吉林省分會敎育會	清宣統三年十二月成立 大同三年一月十四日改組	二二		三、四〇〇元

仝	吉林市支會	康德元年四月成立	一二	一三八	
仝	永吉縣支會	大同三年一月十三日改組	一一	三四三	三〇〇元
仝	長春縣支會	大同三年一月廿六日改組	一四	八七	八四〇元
仝	九台縣支會	大同三年一月改組	二	一〇八	三八五元
仝	德惠縣支會	大同三年二月改組	七	一二八	
仝	農安縣支會	大同三年二月五日改組	一一	一一〇	四六二元
仝	雙陽縣支會	大同三年一月廿日改組			
仝	伊通縣支會	大同三年一月十日改組	八	一三〇	四六一元
仝	長嶺縣支會	大同三年三月一日改組	九	三〇	三二三元
仝	扶餘縣支會	大同三年一月廿五日改組	八	一二四	二七六元
仝	乾安縣支會				
仝	舒蘭縣支會	大同三年二月十一日改組	三	八八	七〇〇元
仝	額穆縣支會	大同三年	六	六四	三〇五元

仝　敦化縣支會	大同三年一月廿五日改組	五	二一	一〇〇元
仝　樺甸縣支會	大同三年二月一日改組	五	六〇	八八〇元
仝　磐石縣支會	大同三年一月十七日改組	一〇	五四	三六〇元
仝　懷德縣支會		一四		
仝　楡樹縣支會	大同三年二月二日改組	一七	一三〇	七三九元
合計		一六五	一、六一五	九、五三一

二、敎化團体

萬國道德會　同會ハ吉林ニ吉林總分會ヲ置キ分會ヲ漸次各縣ニ增設シ道德ヲ提唱シテ大同ノ締造ヲ宗旨トシ學校ノ經營施藥等社會事業ヲ營ミツヽアリ

新吉林省内同會ノ事業狀況次表ノ如シ

新吉林各市縣萬國道德會及所辦學校概況表（康德元年五月末現在）

市縣別	會數	會員數	全年經費	所辦學校									所辦講演所	
				學校數	班數			學生數			職教員數	經費	所數	每日聽講人數
					初級	高級	計	男	女	計				

吉林市	二	三〇	一、二〇〇、〇〇										
永吉縣	三	八四	一、二〇〇、〇〇	一	一	—	一	—	二	二	二	—	
德惠縣	三	三五〇	四、三〇八、〇〇	二	三	—	三	五六	三〇	八六	二	六一六	一
農安縣	一	三四	一、五〇〇、〇〇	一	四	—	四	一〇〇	二八	一二八	五	七〇〇	一
雙陽縣	一	一〇〇		一	二	—	二	七三	—	七三	二		一
伊通縣	一	一八〇	六〇〇、〇〇	一	一	—	一	二五	—	二五	一	一五〇	一
磐石縣	一	七三	七三、〇〇										
樺樹縣	一	二五五	九〇〇、〇〇										
扶餘縣	一	一五	六〇〇、〇〇										
九台縣	一			一	一	—	一	—	二五	二五	一		一
合計	一五	一、一二一	一、〇三八一、〇〇	七	一二		一二	二五三	九四	三四七	一三	一、四六七	五

註　舒蘭、長嶺ハ不詳

童子團　滿洲國政府ハ少年團ノ社會教育上ニ於ケル重要性ニ鑑ミ建國後間モ無ク少年團ノ任意組織ヲ禁止シ傍ラ其統制方法ニ就キ研究ヲ重ネツ、アリシガ大同元年九月八日「童子團組織綱要」「童子團滿洲國聯盟規章」「童子團訓練方針」ヲ定メ之ヲ各省區市公署ニ分チ爾後童子團ノ組織ハ該章程ニ依據セシメ省區市長ニ於テ其組織ヲ許可セル時ハ之ヲ本部ニ呈報セシメ童子團聯盟ニ加入セシムルコト、セラレタリ。斯クテ吉林ニ於キテモ大同二年春童子團組織ノ準備進メラレ同年四月滿洲國吉林童子團規則定メラレ十一月當時ノ教育廳長榮孟枚ヲ團長トスル吉林童子團組織セラレ本部ヲ教育廳ニ置ケリ。次イデ農安縣童子團雙陽縣童子團ノ組織ヲ見タリ。

新吉林省內童子團狀況次ノ如シ

吉林省市縣童子團狀況一覽表

團名	成立年月	幹部員數	現團員數	活動概況
吉林省童子團	大同二年十一月	一二	一四〇	現在所有團員亟為活躍正努力於各項社會工作
農安縣童子團	康德元年九月	一〇	四八	該團因經費關係現正設法募集來有成數以便擴充
雙陽縣童子團	康德二年一月	八	三〇	該團新成立一切事業未見若何進展
懷德縣童子團	大同二年六月	一七	二三〇	該團事業頗稱發達能再力求實質向上則奉成新國家優秀份子可立而待也
總計		四七	四四八	

三　体育團体

本省ニハ大滿洲帝國体育聯盟吉林省事務局アリ。始メ大同元年四月大滿洲國体育協會設立セラル、ヤ同年九月省長ヲ支部長トスル同協會吉林支部設置セラレシモ康德元年七月一日同協會ハ改メテ大滿洲帝國教育聯盟トセラレ吉林支部モ亦同吉林省事務局トセラレタリ。

吉林省事務局ハ之ヲ吉林省公署教育廳内ニ置キ本省内各種運動競技會支部ヲ以テ組織セラレ教育廳長張書翰ヲ理事長トシ省公署各種運動競技協會支部及ビ各縣体育會ヨリ夫々評議員ヲ選出ス其他理事常務理事及ビ名譽顧問若干名アリテ体育聯盟中央事務局トノ連絡、管内各縣体育運動團体ノ統制聯絡管内各縣体育運動團体ノ事業補助各種運動競技會ノ後援運動競技ノ指導奬勵代表選手ノ派遣其他運動競技ニ必要ナル事業ニ關スル事項ニ當ルヲ目的トス

第六節　特殊教育

私立助産學校

民國二十年六月設立セラレ學生中ニハ女子中學校、女子師範學校等ノ卒業生モアリ。康德元年十二月現在ニテ生徒六十名教職員十七名アリ。經費年額約四千五百円ニシテ省ノ補助ヲ受ケツヽアリ。

吉林男女盲目職業學校

學生十數名ナリ

吉林育嬰堂

日本ノ孤兒院ニ類スルモノナリ。

吉林游民習藝所

娼妓廢業者ニ職業的技藝ヲ授クルモノニシテ所內ハ染色、木工、織物ノ三科ニ分ル。永吉縣ノ管理スル所ナリシモ康德元年七月一日ヨリ濟良所ト共ニ市ニ移管セラル。

吉林濟良所

娼妓廢業者ノ救濟收養施設ナリ。

吉林省立工藝講習所

本所ハ旧省立工藝廠、及ビ旧省立女工廠ヲ合併シ康德元年七月一日ヨリ吉林省立工藝講習所ト改ム旧省立工藝廠ハ前吉林民政使謝汝欽氏宣統元年五月ニ功德院ノ廟產ヲ接收シ之ヲ基金トナシ貧民習藝所ヲ設立シ各處ノ貧民ヲ收容シ技藝ヲ教授セシニ始マル。翌二年四月名ヲ工藝教養所ト更ム。巴虎門外青蓮寺ニ工廠ヲ設立シ省庫ヨリ年一万元ノ補助ヲ受ケ合併ニ至ル。

旧女工廠ハ前吉林省政府實業廳ニ於テ女子實用職業ト自立ヲ提唱シ民國十四年春季文廟東隣天壇旧址ニ設立セラレシモノナリ。

所內ハ總務科ト敎務科ニ分カレ總務科ハ事務部ニシテ敎務科ハ男子部ト女子部ニ分ル。男子部ハ木工地毯、製菸、製鞋、製布ノ五組ニ、女子部ハ毛織、平布、製襪、手綉機綉、滿服、洋服ノ七組ニ分ル講習年限三個年ニシテ宿舍各費及ビ食費月五円ハ所ヨリ支給ス

旗務工廠

前淸時代吉林全省內旗人ノ生計ヲ補救スル目的ヲ以ッテ各所ニ旗務處ヲ設立セラレタリシモ宣統元年七月統合ノ目的ヲ以ッテ各旗務處ノ預金及ビ官兵旗産其他ノ各欵ヲ以テ吉林省城內ニ大規模ノ旗務工廠ヲ設立スルニ至レリ。廠內監工部ハ織工科、木工科鞋工科ノ三科アリテ別ニ販賣處ヲ設ク。宣統以來二十有餘年屢々戰禍、匪略ヲ承ケ經營困難ニ陷ルコト數回ニ及ベルモ克ク之ヲ維持シ昨今漸ク挽回ノ曙光ヲ見ルニ至レリ。

第七節　留學生

本省ニ於ケル留學生ハ省費生、縣費生、蒙旗費生及ビ自費生トアリシモ滿洲國成立後省費生、縣費生ノ留學生ヲ廢シ均シク官費留學生トシテ諸外國ニ留學セシムルコト、ナリ大同二年七月ヨリ省縣兩費留學生ヲ文敎部ニ移管シ省縣ニ在リテハ官費留學生ノ推薦ヲ爲スニ止マレリ。蒙旗費生ハ旗族敎育ノ促進人材養成ノ爲メ指定ノ旗款收入ヲ以テ本省旗生學費トシテ之ヲ補助スルモノナリ。

留學地ハ英國、獨國、佛國、米國、日本等ノ諸國ニ亘ルモ滿洲國成立後ハ日滿ノ特殊關係ニ鑑ミ留日ニ重キヲ置クノ方針ヲ取ル。從ツテ留日學生ノ據カニ多キヲ加ヘシニ反シ留中國學生ハ康德元年以後ハ自費ヲ除キ全部ノ引揚ケヲ見ルニ至レリ。

本省國別留學生並ニ學校別留學生狀況次表ノ如シ

吉林省費派遣留學生數（大同二年度）

	留學生數	派遣費額
英國	四	英金　七二〇磅
獨國	二	仝　三六〇磅
佛國	二	仝　三三六磅
米國	二	米金　一、六二〇
日本	一七	日金一一、九一六円
計	二七	

吉林省各縣費留學生數（大同二年度）

日本	五	日金四、二四〇円

吉林省自費留學生數

日本　五　日金　三、〇〇〇円

吉林省蒙旗費留學生數　大同二年度

日本	三一	日金	一〇、六二〇円
中國	二〇	銀洋	二、七〇〇円
獨國	二	英金	二四〇磅
米國	一	米金	六〇〇磅
計	五四		

吉林省留學生學校別一覽表

年度別	國別費別 ＼ 學校別	大學程度 省費	學費	自費	蒙旗費	計
大同二年度	日	四	二	?	四	一〇
	英	四	…	…	…	四
	獨	二	…	…	二	四
	佛	二	…	…	二	四
	米	二	…	…	一	三
	中國	…	…	…	九	九
	合計	一四	二	?	一八	三八

年度別	國別費別 ＼ 學校別	大學程度 官費	自費	蒙旗費	計
康德元年度	日	四	三	二	九
	英	四	…	…	四
	獨	二	…	…	二
	佛	一	…	…	一
	米	二	…	…	二
	中國	…	三七	…	三七
	合計	一三	四〇	二	五五

高等專門學校程度 省費	高等專門學校程度 縣費	高等專門學校程度 自費	高等專門學校程度 蒙旗費	高等專門學校程度 計	中等學校程度 省費	中等學校程度 縣費	中等學校程度 自費	中等學校程度 蒙旗費	中等學校程度 計	總計
一二	三	?	二	一七	一	…	?	二五	二六	五三
…	…	…	…	…	…	…	…	…	…	四
…	…	…	…	…	…	…	…	…	…	四
…	…	…	…	…	…	…	…	…	…	四
…	…	…	…	…	…	…	…	…	…	三
…	…	…	二	二	…	…	…	…	…	二〇
一二	三	?	一三	二八	一	…	?	二五	二六	六八

高等專門學校程度 官費	高等專門學校程度 自費	高等專門學校程度 蒙旗費	高等專門學校程度 計	中等學校程度 官費	中等學校程度 自費	中等學校程度 蒙旗費	中等學校程度 計	總計
一六	七	四	二七	…	二九	二	三一	六七
…	…	…	…	…	…	…	…	四
…	…	…	…	…	…	…	…	二
…	…	…	…	…	…	…	…	一
				…	…	…	…	二
…	七	…	七	…	二五	…	二五	六九
一六	一四	四	三四	…	五四	二	五六	一四五

第八節　教育經費

治安回復ニ伴フ學校ノ開校並ニ社會教育機關ノ充實ニ依リ各市縣共ニ漸次教育費ハ漸增セリ。獨リ永吉縣ノミハ康德元年七月一日一中學校十小學校ヲ吉林市政籌備處ニ移管セルガ爲メ其著減ヲ見タリ且各省縣派遣留學生ハ官費生トシテ中央ヨリ派遣スルコト、セラレシヲ以テ其派遣費ハ省縣共負擔ヲ免レタリ

各市縣別並ニ教育廳關係經費ヲ示セバ次表ノ如シ

新吉林省各市縣別教育費

種別 市縣別	大同二年度教育費(決算)	康德元年度(豫算) 學校教育費	社會教育費其他	計	備考
吉林市	未報告	九一、四四三、〇〇	—	九一、四四三、〇〇	永吉縣教育費ノ激減ハ吉林市地域內縣立中學校一、小學校十五ヲ康德元年七月一日吉林市ニ移管セシニ因ル
永吉縣	三、一〇[illegible]、四四	三一、四四四、〇〇	二、〇三三、〇	三三、七六六、〇〇	
額穆縣	一七、七一八、[illegible]	二二、[illegible]六八、〇〇	一、二八四、〇	二四、二五二、〇〇	
敦化縣	一五、五五八、〇〇	一六、一六四、〇〇	二、六六四、〇〇	一八、八二八、〇〇	
樺甸縣	未報告	二〇、三三六、〇〇	九九二、〇〇	二一、三二八、〇〇	
磐石縣	未報告	二九、八二四、〇〇	二、六二八、〇〇	三二、四五二、〇〇	
伊通縣	三四、八二〇、〇二	三八、六八八、〇〇	一、二九二、〇〇	三九、九八〇、〇〇	
雙陽縣	二〇、〇七五、九二	二六、八四四、〇〇	一、九六六、〇〇	二八、八一〇、〇〇	
長春縣	四六、二五四、一九	五[illegible]、一五〇、〇〇	五、三二六、〇〇	六四、四七六、〇〇	
懷德縣	四八、五六二、八九	六六、七四七、〇〇	九四八、〇〇	六七、六九五、〇〇	
長嶺縣	未報告	一二、九九八、〇〇	五一八、〇〇	一三、五一〇、〇〇	
乾安縣	四、七三〇、〇九	三、〇二二、〇	—	三、〇二二、〇〇	
扶餘縣	三八、三八七、五四	四二、〇〇〇、〇〇	二、六九五、〇〇	四四、六九五、〇〇	
農安縣	二五、一一三、六六	四三、二二一、〇〇	二、〇二八、〇〇	四五、二四九、〇〇	
德惠縣	三八、一[illegible]一、三九	三七、八五六、〇〇	一、七六四、〇〇	三九、六二〇、〇〇	
九台縣	三九、八〇四、八〇	六七、〇六二、〇〇	—	六七、〇六二、〇〇	

楡樹縣	三六、九五四、九二	五一、〇四八、〇〇	三、六五二、〇〇	五四、七〇〇、〇〇
舒蘭縣	二七、九五〇、二〇	一六、〇六、〇〇	一、一六四、〇〇	二七、三二一、〇〇
郭爾羅斯前旗		五、七六〇、〇〇	七一四、〇〇	六、一七四、〇〇
合計	四八一、三〇八、〇〇	六九二、四三三、〇〇	三一、〇五一、〇〇	七四、四四四、〇〇

吉林省公署敎育廳關係經費

	大同二年度	康德元年度
敎育廳經費（文敎行政主管機關經費）	一一〇、三五四、〇〇円	八九、六五〇、〇〇円
省立學校敎育經費	三九四、二七六、〇〇	三四三、五三四、〇〇
社會敎育經費	一六、四八四、〇〇	一七、二五二、〇〇
留學生及其他各種補助費	九〇、六〇一、〇〇	—
計	六一一、七一五、〇〇	四五〇、四二六、〇〇

〔註〕吉林ニ在ル私立毓文中學、吉林助產學校、及私立文光中學ハ省ノ補助ヲ受ク

第八章　新吉林省ノ宗教

第一節　總說

本省內ニ於ケル在來ノ宗敎ハ佛敎、儒敎、道敎、回敎、喇嘛敎其他ノ雜敎ニシテ外來ノモノトシテハ基督敎（新舊）希臘敎及猶太敎等アリ、傳來支那ニ於ケル宗敎ハ其種類決シテ少カラサルモ內容及各宗個々ノ信徒數ニ至リテハ實ニ微々タルモノナリ、國家的保護統制又ハ政策的ニ奬勵セル佛敎、儒敎喇嘛敎ノ如キハ一時的又ハ一地域的ニ隆盛ヲ見タルコト無キニ非サルモ根底的ニ全國民衆ノ信仰ヲ得タルコト尠ク亦一宗敎殊ニ秘密結社的內容組織ヲ有スル敎義ガ地域的ニハ相當ナル浸透力ヲ有セシコトアレドモ統制的綜合的傳播ヲ見タル例尠シ之其ノ社會組織並ニ國民性ノ然ラシムル所ナル可ク外來宗敎特ニ基督敎ノ如キモ各派傳導部並ニ宣敎師ヲ派シテ布敎ニ力メツ、アルモ事實上ニ於テハ敎義ヨリモ其ノ布敎機關本國ノ經濟的若クハ政策的背景ヲ根據トシテ傳播力ヲ有セシモノニシテ換言セハ彼等ノ附屬事業ヲ基礎トシテ波及セルモノ多ク眞ノ信仰トシテ民心ヲ把握セルハ極メテ稀ナリ拳匪事件庚子亂等ニ於テモ宣敎師ノ迫害ヲ受ケタル例ヲ見ルモ決シテ對宗敎的ノ迫害ニ非スシテ其ノ背後ニ在ル本國ヲ對照トシテ惹起セルモノナリ彼ノ回敎ト大イニ其ノ趣ヲ異ニセルヲ見ル可シ、其他ノ各宗敎ノ波及情況モ多クハ利害關係ヲ基点トセル地域團体的關係ニ依リテ特色付ケラレ有ルヲ見ル可シ
滿洲ニ於ケル宗敎ニ關シテハ賴ル可キ文獻資料無キヲ以テ本省ニ於ケル現況ヲ略述シテ參考ノ資トス

第二節　諸　宗　教

第一項　佛　教

吉林省ニ於ケル佛教ハ奉天黑龍江兩省ニ比シテ比較的普及セリ。中華吉林省地理誌ニハ「寧安城內外大廟十七座、廷吉有金佛寺而銅佛寺丈繁盛、山河鎭之西頭道溝有石佛寺、東寧有佛爺溝在城南、草萊未闢之前、有古塔欹立、約高數丈旁有銅佛數尊、亦皆高尺有咫、今塔基已沒、銅佛已渺、只留佛爺溝之名、古寺古塔之存者、惟農安之隆安塔萬金塔而已、各縣寺宇甚多、如賓縣之興隆寺保林寺青龍寺殿宇猶新廟產尙裕、寧古塔舊有前後和尙屯、是和尙苟不絕食、仍賴耕屯以爲粮也」ヲ見ルモ僻地ニ至ルマテ佛教カ相當根强ク布カレ居リシヲ見ル可シ

而シテ佛教カ本省ニ傳播サレシ年代及ビ布教情況ハ之ヲ明ニスルヲ得サルモ日本ニ佛教ノ渡來セシカ欽明天皇十三年百濟聖明王ノ佛像、經典、佛具ヲ献セシニ初リ（百濟ハ滿洲吉林系扶餘族ニ屬シ吉林平野ヨリ南下セシモノ）農安ノ古塔建設年代ガ遼ノ聖宗說（吉林地誌）金ノ兀求說（東三省古跡遺聞）ノ兩說ノ存スル等ヨリ見テ約二千年前既ニ相當ノ傳播ヲ見遼金（一千年前）ニハ所謂佛教文化華ナリシヲ窺知シ得ヘシ、前淸康熙年間外藩統治策トシテ喇嘛教ヲ利用セショリ一時佛ヲ祀ルコト盛ナリシモ光緒年間學校教育興隆ヲ來シ寺院ヲ改メテ學校トナシ廟產ハ勸學ノ主旨ヨリ之ヲ學校ニ歸屬セシメ

タルヲ以テ自然佛教ノ一大衰退期ヲ來シ寺廟ノ癈棄セラルヽモノ簇出セリ

民國初年佛教再ヒ行ハレ更ニ進ンテ哲學的ニ研究スル者漸ク多カラントセシモ廟產既ニ無ク僧侶四散セシ後ナリシヲ以テ其ノ恢復モ微々タリキ然レドモ中央官途ニアル人々此ノ方面ニ意ヲ用ヒ僧學校ヲ建テ僧敎育會ヲ興シ各省ノ僧團ハ聯合シテ中華佛教會ヲ組織シ漸次復興ノ緖ニ就カントセリ（中華佛教會ハ各種ノ學校傳習所ノ設立並ニ講演、社會事業ヲ興スコトヲ主トシ別ニ說教慈善事業ヲ興ス）

然シテ各省各縣ニ佛教會ノ支部ヲ置キ全國佛教徒ノ連絡ヲ保持スルコト、セリ

本省內ニ在リテモ事變前迄ハ各地ニ佛教會ノ支部在リテ本部トノ連絡ヲ保持セシモ事變以來聯絡ヲ斷チ其ノ活動ヲ休止セリ本城內ニ於ケル實際的活動トシテハ殆ト見ル可キモノナシ

佛教ニ關聯セル慈善事業ノ主ナルモノヲ揭クレハ

1　廣濟慈善會　　佛ノ慈善ヲ說キ貧民ニ衣食ヲ施與ス

2　五義慈善會　　右ト略同シ

3　中國佛教會　　著シキ活動ヲ見ス

第二項　道　教

佛教ハ老子ヲ祖トシタルモノニシテ、元來ハ宗教ニ非サリシモ後世ニ至リテ偶像ヲ設ケテ冠婚葬祭ヲ行フコト、ナリ、教派モ龍門、金山、華山、金會等所謂三十六宗七十二派ヲ生セリ

其ノ寺院ヲ觀、宮、廟ト稱シ奉天ノ千山ノ廟最モ有名ナリ。當省內ニ於テハ龍門派ニ屬スルモノ多ク其ノ廟宇隨所ニ存在ス佛敎ノ僧侶ニ相當スルモノ道士（淸居、伙居ノ別アリ前者ハ剃髮不要、後者ハ蓄髮而娶妻）ト呼ノモ多クハ醉生夢死ノ生活ヲナシ世道人心ヲ敎化スルカ如キ望ム可クモ非ス

道敎ハ老子ノ所謂無爲ニシテ化スヲ根本トシ「吉福ニシテ不老長生シ自然ト合化シ行ク」ニ在リ、儒敎カ其ノ本來ノ高遠ナル哲學的思想ヲ失ヒテ一般民ノ儀禮的宗敎ト化シタルニ反シ道敎ハ其ノ國民性ヲ基調トセル實生活ノ理想ト合致セルヲ以テ觀、宮、廟（娘々廟、關帝廟、武聖廟、城隍廟）等苟モ滿洲人ノ住スル都市村邑ニハ之ヲ見サル所ナシ

本省（舊）ニ於ケル觀、宮、廟ノ主ナル者次ノ如シ（據大中華吉林省地理誌）

吉林省城、道敎之廟宇、則有玉皇閣、王母宮、北山又有眞武廟、淸人諱玄改爲眞、近於玄天嶺、別有紫霞宮之類甚多、全省道敎地方之奇者、則有神仙洞、在延吉西北義松嶺之東、洞中曾爲有道之士靜修之地、敦化南牡丹嶺西有玉皇頂、北有三淸頂、皆道道敎入山修養之地、東寧張三溝、荒煙沒徑、雨後土崩、恒得錢鏡箭鏃、云是仙跡、而神仙洞尤奇、磐石西亦有仙人洞、各縣道士廟宇、如賓縣之朝陽觀朝陽宮爲道士所居而所奉者爲關帝其他火神、龍王各廟亦多道士、住持焉

其他ニ（據大中華吉林地理誌）

神仙洞　東寧小城子西南河岸、距城二十五里、懸崖壁立、高可百尺、下臨急湍、不敢俯視、架高梯

越石磴、側足而後進、始人尚可容身、漸進須鞠躬以行、過數十武、則黑暗如漆、逼窄如甕、擧首觸額行須捫壁、嗅之有土氣、燭之火不燃、至極端小如竇、不復進、擲以石、轆々至渺不可同聞而止、深幽盡、衆以爲仙人曾居此、今仙踪已杳、只剩洞外雙峰、山嶺古寺、尙不失爲名勝

太虛洞、賓縣城南八十五里、松峯山之中腰、有石洞焉、洞口鐫松峯山太虛洞六字、入內則旁豎一石碑高四尺、寬一尺、文曰先生姓曹諱道淸西樓人也、幼絕葷、無兒戲、更介拔俗、甫冠、辭親就師、字殘缺不辨、末顧榮安四月五月初五日立、碑陰刻有書逸駕定㩳老功張洞明、監齋高圓明、侍經蘇守信、都講郝洞修、侍香王素貞、侍燈高一貞、等人名、味所刻字義似道敎家、其人亦必係漢族、但榮安年號不見史冊、不辨歲月之遠近也

酒仙會　道家多晚年養老、原不戒酒、呂洞賓醉臥像、爲道士所崇奉、阿城、賓、城雙、同賓一帶、燒鍋繁密地方、自前淸光緒八年、商界已共組酒仙會、於商界最占勢力、其職在經理每年應完酒稅、按照各燒鍋分攤解省、共完票銀二万兩、今烟公賣以後此項會亦少矣

龍王廟　在吉林松花江南、巴爾虎屯、昔巴爾虎人、亦奉道敎、今改歸爲國民學校久矣、住持旧道士仍喋々訴訟、勸學所覇產廟產非道士之私產、學校亦非學所長之私產、則末明世道也云云

之ヲ以テシテモ奇嚴淸溪ノ地ニ居ヲシメ無爲ニシテ自然ト合化スル道敎ノ敎義ノ一端ヲ窺知シ得ルト共ニ反面實生活上ニ不離ノ關係カ存在スルヲ知ル可シ

第三項　儒　教

孔子カ集大成セル儒教ハ子思、孟子、荀子ニヨツテ祖述セラレ漢ニ至ツテ國教ノ形式トナレリ、爾後歷代ノ尊崇ヲ得宋代ニ及ビテ高遠ナル哲學思想ヲ加味シテ所謂理學ヲ生セリ現在行ハレアル儒教ハ專ラ此等宋代ノ理學殊ニ朱熹ノ學ヲ宗トシ之ヲ正統トナセリ

儒教カ宗教ナリヤ否ヤハ屢々問題トナリタル所ニシテ「天之未喪斯文也、匡人其如予何」「予所否者、天厭之天厭之」「死生有命富貴在天」「獲罪於天無所禱也」等ノ語ヲ引用シテ其ノ宗教タラサルヲ說ク者アルモ事實上ハ全國到ル處ニ孔子廟ヲ設ケテ之ヲ祀リ孔門ノ諸賢ハ勿論歷代ノ大儒又之ニ配祀セラレテ春秋二季ニハ犧牲ヲ供ヘ舞樂ヲ奏シ純然タル宗教的色彩ヲ帶フルニ到レリ　民國以後ニ及ヒテ儒教ヲ國教トスルヤ否ヤニ關シ一時問題トナリタルモ遂ニ決定ヲ見サリキ

惟フニ儒教ハ宗教的色彩ヲ有スルモ純然タル宗教ト異リ宗教團體ト云フ可キモノナク、僅ニ智識階級ニ屬スル有志間ニ研究サレ居ルニ過キサリシナリ、滿洲國建國宣言發セラル、ヤ卽チ澎湃トシテ孔道研究興隆シ各地ニ孔道研究會組織セラレ一時衰退ノ極ニ在リタル儒學ハ再ヒ其ノ黎明期ヲ現出セリ

文廟ノ復活

吉林ノ地ニ初メテ儒教ノ傳ハリシ年代ニ就キテハ何等老證スヘキ文献ナキモ隋唐相繼キテ滿鮮ノ統一ヲ計リ遂ニ唐ノ高宗百濟ヲ滅シ更ニ高勾麗ヲ合シテ朝鮮ヲ一統シ程ナク勃與セル渤海ト平和修交ヲ

結フニ至ルヤ盛ニ唐ノ文明ヲ輸入セリ、即チ領土的ニハ東三省ノ全部ヲ占有シ得サリシト雖モ文化的ニハ完全ニ之ヲ征服シ漢民族ノ勢力ハ漸次北進スルニ至レリ

遼代ニ至ルヤ政治的ニハ滿洲及ヒ支那本土北半ヲ占メタルモ軍事、學術、工藝等ニ於テハ漢人ヲ巧ニ使用シ漢人文化ヲ利用シテ雄大ナル文化的建設ヲ行ヒタルハ各地ニ殘ル佛塔並ニ出土品ニ依「八百三字、蓋金元之國書、亦仿漢字之体、當時建國荒漠、猶重尊崇儒、遼金元之興、蓋尊孔教乃能安漢人之心、夷狄有君、五鳳樓紫禁城遺跡、想見宮室禮製、以先王之法爲歸」云々ニヨリ其ノ一部ヲ知ルノミナリ

以上ノ如ク本省ニ於テハ往時漢族文化ノ進出ト共ニ相當儒教行ハレタルカ如キモ其ノ后一時中絶ノ形ニアリ清朝ニ至リ再ヒ漢人文化ヲ吸取シ八旗散丁ノ强制的滿洲移住（乾隆九年）ト同時ニ其ノ文化ヲ再ヒ滿洲ノ地ニ移植セリ

故ニ本省ニ於ケル儒學興隆ニ伴フヘキ文廟モ其ノ建立比較的新ニシテ其ノ數モ多カラス

儒教ハ學ノ道トシテ將又治國ノ方略トシテハ不拔ノ存在ナリシカ宗教トシテハ實ニ微力ニシテ强固ナル信仰團體組織ナシ從ツテ儒學一度衰ヘ始ムルヤ文廟ノ維持ハ實ニ困難ナル問題ニシテ或ハ各界ノ人士ニ依ルカ或ハ所有地ノ利息ニヨリ又ハ教育費、省庫等ヨリ支出ヲ仰キ漸ク維持サレタルモノニシテ中ニハ維持困難ナル爲祭祀モ行ハレス荒廢其ノ極ニ達シタルモノモアリ

建國後各縣ニ令シテ文廟ノ復活ヲ爲サシメ春秋二季ノ祭典ヲ壯嚴ニ行ハシメ鋭意之カ復活ニ努メツヽアリ吉林省内ニ於ケル文廟概要次ノ如シ

1 長春文廟

前清同治十二年ニ建立セルモ其ノ規模大ナラサリシヲ以テ民國十三年時ノ吉長道尹(現在龍江省長)孫其昌等ノ募財ニヨリテ改築ヲナシ大成殿三、崇聖祠三、東西廡各三等修建セラレ其ノ面目ヲ一新セリ 即チ之ヲ大清會典ニ徴スルモ所謂辟雍之禮ニ稍合致シアリ滿洲建國後此地ニ奠都アリ孔教尊崇ノ見地ヨリシテ、大同元年秋大同二年春國務總理儀ニ據リテ祭祀ヲ行ヒ二年秋祭ニハ執政親ラ祀典ヲ行ハセラレタリ、目下正式ノ辟雍之禮ニ則ル文廟ノ修築ヲ立案中ナリト云フ

2 永吉文廟

同治拾年大成殿及兩廡初メテ成ル別ニ名宦郷賢各祠、祭祀庫、樂祀庫、省牲亭、神厨等アリ其後久シク修理ヲ絶タレ荒廢ニ歸セントセシモ民國十年ニ大修築ヲ行ヒ其ノ面目ヲ一新セリ、吉林省地理誌ニ其ノ狀況ノ一端ヲ窺フ可シ

至聖紀元二四七二年、大成聖誕、即大中華民國十年九月二十八日、夏正辛酉八月二十七日孔教會奎文閣讀經員林傳甲、自京師至吉林省城、祇謁孔子廟、正値大興土木、丹碧重新、開支省帑、數以鉅萬、廟在東關、基地廣濶、近臨松花江岸、伴水之濱、正値芹重時節、物候略遲、尚未經霜、瞻望欞

星門、樹以石坊、比他省木牌樓、實爲鞏固、其舊碑已仆者、正待扶植、東西官廳各三大間、想見祀孔與祭者多、東爲省牲亭西爲神厨、兩端皆有樂器庫、又北東祀名宦、西祀鄉賢、入東門、循路以進先瞻仰大成殿、正在黝蓋黃瓦、父老曰、吉林風雪苦寒、磚土易裂、瓦屋易漏水　隨時歳修、於戲美哉、昔聖人立教、最重自修、吾嘗見地內僻縣廟堂、有百年未修、且駐兵者、其帥可奪、其民困於兵（中略）　吉林官紳父老昆季、能重修文廟　洵自治之大本乎云々

本廟ハ恐ラク本省内ノ模範的廟宇ナラン

吉林省文廟一覽表

名稱	位置	建設年月	西紀	建築概要	附屬祠宇	估計基址	經費及來源	備考
永吉文廟	縣城外東南		一八七二	大成殿ノ間東西廡各九間崇聖祠七間大成門五間祭器庫三間省牲亭三間東官廳二間樂器庫三間神廚一間西官廳三間	名宦鄉祠各三間	二六〇 三六〇	年支吉大洋約八百元	文廟建立已百餘載年代久遠詳細情形不易考僅據同治十年重修年久失修大有頹倒之處
德惠文廟		民國十六年七月	一九二七	正殿三間東西廡各三間	無	四、〇〇〇	祀孔費年約七百元由財務局保管支領	民國十八年落成
農安文廟		清光緒十九年	一八九三	大成殿三楹東西廡各三楹大成門三廡	無	一、〇〇〇	經費五千五百元發商生息以作祭祀修繕之用	建築方面尚未齊整內部設備極不完善
長春文廟	縣城東南隅	清同治十二年	一八七三	大成殿崇聖祠東西廡更衣室東庫房共計房屋二十間	每月年街吉祥二十五元臨時祭・款由縣令財務處	三、五〇〇	無	民國十三年重修殿宇廡墻僅屬整齊院內亦頗清潔

伊通文廟		清光緒十四年	一八八八	大成殿三間東西廡各三間崇聖祠三間大成門三間	文昌廟三間	六、〇〇	年支約八百四十元	民國十九年重修廟容完整
磐石文廟		民國二年	一九一三	二層殿宇五間	無	六、六七	年由教育經費內支約一百五十元	民國四年三月落成民國二年提倡修建時規模宏大需款項支絀捐款難再不但兩廡泮橋未修
敦化文廟		清光緒二年十一月	一八九五	大成殿東西廡崇聖祠各三楹大成門櫺星門一東西便門各一禮門義路門一照壁一座	無	七、五〇	經費之來源用借々儲四款發生利息年約三百九十元	
楡樹文廟		清同治十三年	一八七四	大成殿崇聖祠東西廡戟門各三楹櫺星門學城門賢城門各一小板門樓一座	節烈祠三間魁星樓一座	四、六三	無固定經費由地方捐款項下撥	年久失修現皆殘落
扶餘文廟	縣城東南門裏	清道光二年	一八二三	正殿瓦房三間殿前捲棚三間	無	一、九二	無固定經費由教育局特別費項下開支	光緒五年重修
懷德文廟		清光緒五年		櫺星門三間東西廡各三間大成殿崇聖祠各三間	四九四			

第四項　回　教

マホメツト教ハ唯一至上宇宙創造ノ神アラーノ教ニシテ眞ノ宗教ト云フ可キモノ他ニナシト信ジ平和、安全、救濟、恭敬ヲ意味スル「イスラム」ヲ以テ自己ノ宗教ニ名付ケタルモノナリ、卽チ該教ノ神ハ「イスラム」ノ神ニシテ基督ノ神ニ外ナラス　回教カ支那並ニ滿洲方面ニ傳來セシ狀況ハ詳ナラス　漢唐時代其ノ勢力ハ天山南北路方面ニ達シ都護府ヲ置キテ統治セシメタルモ余リニ異國的ナリシ爲唯單ニ勢力範圍ニ止リテ西域人（土耳古人）ノ活動舞台トシテ殘サレシニ徹シ其ノ文物ノ來往ヲ察知シ得ヘク其後彼等ハ次第ニ蒙古地方ニ入リテ六朝末頃ニハ相當隆盛トナリ安史ノ亂鎭定ニ力ヲ致シテヨリ次第ニ勢力ヲ扶植セリ滿洲ノ方面ニ於テハ遼河上流地方ニ迄及ヒ高句麗其乘襲ヲ恐レテ長春奉天間ニ長柵ヲ築ケル事實等ヨリシテ中央亞細亞民族ノ東漸ト共ニ彼等ノ宗教タル回敎ノ傳播サレタルコトモ首肯シ得ヘシ

省內ニ於ケル現況ヲ見ルニ敎徒ノ多クハ下層階級ニ屬シ屠牛、製革、旅館、浴場等ヲ營ム、吉林、長春、寧安（濱江）三姓（三江）琿春（間島）等最モ盛ナリ

清眞寺、禮拜寺ハ吉林、長春、農安、扶餘「阿城、寧安」（濱江）三姓（三江）等ノモノ有名ナリ

回敎徒ハ佛敎、道敎ト異リテ其ノ色彩モ鮮明ニシテ從來ハ異敎徒ヲ惡ムモ、敎徒間ハ親密ニテ團結心强ク異敎徒トハ婚姻ヲモ結ハス（現今此ノ風習ハ漸次失ハレツヽアリ）更ニ著シキ特徵トシテハ豚肉ヲ食セス牛羊肉ヲ常食トシ屠羊ハ必ス祭長ノ指令ヲ俟ツテ之ヲ屠殺シ出所不明ノ肉類ハ之ヲ食セサルヲ普通トス故ニ市場ニハ回敎徒專門ノ料理店アリテ之ヲ清眞館ト稱ス、其他ニ回敎徒子弟ヲ敎育スル清眞學校アリ

滿洲里、海拉爾、哈爾濱、新京、奉天等ニハトルコ系ロシア亡命者カ回敎徒トシテ相當ノ勢力ヲ有シアリ

第五項　基督教

基督教ノ滿洲進入ニハ悠久ノ歷史アリ　或人ハ金時代ノ上京廢址ニテ（雙城縣境）十二世紀ノ金屬十字架ヲ發堀シ之ヲ以テ當時基督教ノ曾テ滿洲ニ在リシ證據トナスモノアリ、唐代ニ景教流行シ聶士託利安（ネストリアン）派宣教師長安ニ來リテ布教ス、卽チ宋代一朝ノ長年月ヲ經テ遼金ニ來レルモノトモ考ヘ得ヘキモ確然タル証據ナシ、只蒙古時代ニハ西方トノ接觸常ニ繁ク基督教トノ關係ガ深カリシ事モ叉想像サレ得ヘク托廊落金漢ハ曾テ教徒トナリ洗禮ヲ受ケタル史實アレハ洮兒河附近ニ發見サレタル金屬十字架ハ一部考古學者ノ最モ興味ヲ持ツ所ナルモ、之ヲ以テ直ニ基督教ノ滿洲流布カ蒙古、金ニ源ヲ發シ居ルモノト斷定スルハ不可ナラン　從ツテ滿洲ニ於ケル基督教ノ流布ハ當然俄人ノ東侵以後ヲ以テ基點トスヘク俄國既ニ滿洲ヲ經營スルノ意アリテヨリ希臘教侵入シ來リ商取引開クルト共ニ英、法、丹、比、美等ノ布教事業相續キ哈爾濱ハ滿洲ニ於ケル希臘教ノ中樞トナレリ

耶蘇舊教（所謂天主教）ハ一八三八年宣教師祿爾（佛人）ノ滿洲ニ來リ布教セシヨリ當時支那內地ヨリ來リ開墾ニ從事スルモノ、中ニテ教徒トナルモノ多ク、彼等ハ總テ其ノ庇護ヲ受ケタリ、此カ爲之ニ歸依スル者益々增加シ當時信徒二千人前後ナリシモノ最近（十八年調査）ニテハ信徒既ニ十萬ヲ越ヘタリ、本省內ニ於テハ吉林、長春、磐石等ノ諸縣最モ盛ナリ

1　耶蘇新教（長老會）

關東大會ハ長老ニ由リテ組織サレタルモノナリ、其ノ起原ニ溯ルニ民國前四十四年及四十二年英國ノ愛爾蘭、蘇爾蘭ノ西長老會來華シ各分擔ヲ定メテ布教ニ從事シ教會學校ヲ設立セリ、民國前二十年ノ頃兩會合一シ關東長老會ヲ組織シ自ラ信徒、政治規則ヲ定メ其ノ方針及ヒ堂會分立ニ就キテハ長老會本部ノ指圖ヲ仰カサル事トセリ、之即チ關東教會自治自立ノ初ナリ

民國前四年長老會ヲ大會ニ改メ遼東遼西、吉林ノ三區會ヲ增設シ民國拾一年ニ至リテ全國長老會ハ倫敦會、公理會ヲ組織シ關東大會ハ中華基督教會關東大會ト改稱ス、同時ニ兩支會ハ本部ニ屬シ宣教師モ本大會ノ管下ニ服務センコトヲ希望スルニ至レリ　更ニ參事部ヲ組織シテ執行機關ト爲シ民國十六年ニ至リ蘇、愛兩本部ノ同意ヲ得テ兩支會教師等中華基督會ニ服務スルコト、ナレリ、本會ハ行政ト工作ノ便利ノタメ範圍內ノ工作地ヲ十六教區ニ分チ吉林モ一區會トナリ其ノ區會ノ下ニ吉林教區、海龍教區、長春教區、楡樹教區、阿城教區、呼蘭教區（舊吉林區會）ノ六教區ヲ設ク

關東教會ノ下ニ支會二四五個所アリ　堂會六九、小學校五四初級中學男子七、女子四、男女高級中學各一、醫學校一、男子醫院一〇、女子醫院一〇、聾啞學校一、瞽目學校一ヲ奉天吉林黑龍江省等ノ各地ニ經營ス

基督教青年會

基督教會ノ分會トシテ組織セラレシモ現在ニテハ同會ヨリ分離獨立セリ、基督教ノ信仰研究ヲ主タ

ル目的トシタルモ現在ニテハ語學、社會事業ノ研究或ハ會員相互ノ親睦ヲ計ル爲ニ利用セラレ宗教的色彩ハ稀薄ニナリツヽアリ

第六項　家裡教（在家裡）―達摩清淨佛教會

中華民國安清幇ト稱セラルヽモノニシテ長江沿岸地方並ニ中部支那一帶ニ於テハ青幇トモ稱ス忠、孝、悌、仁、義、禮、智、信ヲ其ノ宗旨トシ幇員ハ師弟間ハ父子ノ如ク相互間ハ手足ノ如ク義氣ヲ標傍シ外ニ對シテハ弱キヲ扶ケ強キヲ挫クヲ以テ其ノ主義綱領トス家裏ハ其ノ初明朝時代周祖陸祖ニヨッテ專ラ達磨ノ臨濟禪ヲ傳ヘ清初ニ至リ翁祖、鉢祖、潘祖ハ其ノ衣錢ヲ受ケ之ニ儒、道兩教ヲ加味シテ家裏ヲ形造レリ康熙帝天下ヲ統一スルヤ人心ノ安定ヲ三祖ニ囑シ潘祖ヲ以テ本祖トシテ杭州ニ家廟ヲ修シ民心ノ安定ニ當ラシメタリ

滿洲ニ家裏ノ進出セシ系統ハ頗ル複雜ニシテ滿人カ京津地方ニ入リテヨリ歸來傳道セラレタルモノ山東省方面ヨリノ移民ニ依ルモノ南支方面ノ妓樓業者等ニ依リテ傳搬セラレタルモノ等アリ其ノ幇員モ所有階級ヲ集メテ相當ノ潛勢力ヲ有スルニ至レリ

滿洲建國以來家裏ハ滿洲國獨自ノ立場ヨリシテ完全ニ南支ヨリ分離シ達磨清淨佛教ヲ信條トシ不良會員ノ陶汰ヲ行ヒテ純然タル宗教團體ヲ組織シ以テ滿洲國在家裏ヲ統制セントシテ其ノ具體策並ニ表現運動ニ就キテ種々劃策シ滿洲國在家裏同志會ヲ組織シ康德元年四月ニハ家裏ヲ達磨清淨佛教會ト改

メ會員ノ獲得ト統制ニ努ムルニ至レリ其ノ會員數其他詳細ニ關シテハ充分ナル資料ヲ得ル能ハス

第七項　在　裏　敎

觀世音菩薩ヲ本尊トシ聖衆古佛（假想佛）ノ靈光利益ニヨリテ自ラ八戒ヲ守リ後世安樂ヲ主眼トシ自ラ清淨ヲ持ス　卽チ其ノ敎義ハ佛道儒三敎ヲ混合佛敎ノ法、道敎ノ行、儒敎ノ禮ヲ取リ正心修身、克己復禮ヲ宗旨トシ八戒ヲ嚴守シ敎祖、邱祖、羊祖ノ位牌ヲ祀ル而シテ本敎ハ所謂各種ノ宗敎的結社ト同樣ニ明確ナル系統ハ不明ニシテ或ハ白蓮敎ノ一派ト稱シ或ハ明末楊萊如カ道士程楊旺ニ龍門派ノ道學ヲ學ヒ神示ニヨリテ之ヲ創立シタルモノナリトモ云フ觀世音菩薩ヲ禮拜スルモ體系アル敎典ナク敎義ハ口傳ニシテ八戒（香、紙、像、鷄、猫、犬、煙、酒）ノ内煙草、酒ヲ二大戒トシ嚴正ナル禁酒禁煙ヲ標傍スシカレドモ其ノ入會、脫會ハ極メテ簡單ニ行ハレ、一生涯ノ在裏ト一年若クハ數年ノ在裏トアリテ何等ノ制裁、秘密ナク在裏ナル事ヲ表明シテ酒烟ノ饗應ヲ辭スルモノナリ

本省内ニ於ケル在裏信者ハ頗ル多數ニシテ各階級人士ヲ網羅シ各所ニ在裏公所ヲ設置シ月ニ數回同志會合シテ各自修養ヲナシ公所ヲ主宰スル同敎ノ達光、領正ヨリ法話ヲ聽キ祖師ノ靈光利益ヲ祈リ、八戒ヲ守リ未來、冥福ヲ祈願ス

第八項　道院ト世界紅卍字會

道院及世界紅卍字會ハ宗敎運動トシテ滿洲國人間ニ隱然タル勢力ヲ有スルモノナリ、道院ハ民國九

年十二月山東省債縣ニ於テ洪解空、劉福綠ノ兩名カ老祖（道院ノ祖神）ノ神憑ニ基ク亂示ニ依リ「太乙北適直經」ト名ツクル綱典ヲ結集シ道場ヲ設ケ縣名ニ依ツテ之ヲ濱壇ト祚シタルカ道院ノ濫觴ナリ
亂示トハ支那古代ヨリ傳ハル一種ノ自動的起述ニシテ大本敎ノ御筆先ニ類スルモノナリ、蓋シ老祖トハ天地萬物ノ始祖即チ大道ノ根源ニシテ儒敎ニ云フ道ヲ人格化シタルモノナリ、民國十年陰曆二月九日淮安縣人杜乘寅カ山東省海南ニ開敎スルト共ニ濱壇ヲ改メテ道院（老祖ノ本体）ト稱シタリ
世界紅卍字會ハ道院ノ分院トモ云フ可キモノニシテ紅卍字會ノ名ハ太陽ノ如ク恩惠ノ廣大無限ナルヲ意味シ又卍字ハ吉祥雲海ト祚シテ佛相ヲ象徴ス、故ニ世界的ニ宣傳シ其ノ會員信徒タル者ニハ種族國境等ノ差別ナシ、然シテ道院ニ對シテ不即不離ノ關係ニアリテ先ツ道院ニ於テ靜座内觀ノ修養ヲ積ミ更ニ紅卍字會ニテ社會事業タル善行ノ實踐ヲ標榜ス　即チ道院ト紅卍字會トハ異體同心ニシテ即チ紅卍字會ハ道院内ニ附設セラレタル一分課ト見ラルヘク道院ノ信徒ハ一面紅卍字會ノ會員ナリ
吉林省城ニ紅卍字會ノ設立ヲ見タルハ民國十一年ニシテ其ノ運動ノ歴史ハ僅二十年ニ過キサルモ北滿邊僻ノ地ニマテ傳道セラレ二三〇餘ノ支部ヲ有シアル狀況ナリ而シテ實施シツヽアル事業左ノ如シ

1 貧民子弟敎育ノタメノ學校經營
2 山東地方ヨリ移住セル貧民ニ對シ公共團体ト協力シテ衣食ヲ惠與シ移住民ヲ斡旋ス
3 天災、饑饉ノ際羅災民救助ノタメ義損金ノ募集救濟

4　會報發行

而シテ民國十八年ニハ世界婦女紅卍字會設ケラレタリ

事變後ハ衰微甚タシク殆ト有名無實ノ情態ニ陷リタルモ康德元年三月新京ニ於テ第十週年紀念ヲ擧行シ全國代表ヲ召集今後ノ積局的活動ヲ劃策スル所アリタルヲ以テ漸次恢復ニ赴クモノタル可シ

第三節　事變後ノ宗教團体ノ活動

建國以後人心ノ安定ト地方治安確立ト相俟ツテ諸宗教團體ノ活動著シク盛トナレリ

1　孔　學　會

趙欣伯（元立法院長）等同志ヲ募リテ孔子崇拜ヲ提唱シテ自ラ之カ指導ニ當レリ、然シテ孔學會ヲ組織シ大同元年十壹月二十日奉天ニ於ケル發會式ノ擧行ニ際シテハ會員約八十名ノ參集ヲ見タリ

其ノ會章草案第三條ニ「本會ハ孔子尊崇、聖經闡明聖教ノ張皇ヲ提唱スルヲ以テ宗旨トナス」トアリ更ニ其ノ同志ヲ求ムル文ニ「清朝ノ變法以來競ツテ新學ヲ貴ヒ一瀉千里ノ勢アリ西洋人ニシテ東亞ノ禮教ヲ知ル者ハ云フ、百年ノ後西洋文明ハ亞細亞大陸ニ普及シ五百年ノ後ハ孔子ノ教全世界ニ及ハント、是西洋文明ハ物質文明ニシテ孔教ハ精神文明ナレハナリ

同シク文明ト云フモ物質文明一方面ノミ發展スレハ世界戰爭ハ愈々激烈トナルヘシ、精神文明ノ薰

陶愈々熟スレハ人類ノ幸福ハ愈々多カルヘシ爾來歐米學者ハ漸ク物質文明ノ頼ムヘカラサルヲ知リ各大學ニ於テモ漢文科ヲ設ケ禮教ノ傳播ニ努力シ居レリ日本朝野ノ漢學研究者ハ世々乏シカラス其ノ著書モ極メテ多シ

此會ヲ發起スルハ初心ヲ補ヒ身ヲ修メ而シテ國ヲ治メン爲ナリ此爲ニ提致スルノミ其ノ趣旨ハ孔學ヲ尊敬スルコトナリ「下略」云々ト述ヘテ專ラ儒教思想ノ宣揚ニ努メタリ

2　萬國道德會

道德會ハ民國七年山東省濟南ニ於テ當時神童ト稱セラレタル江希張ノ創業ニナリ爾來同九年青島ニ移リ同十七年北平ニ本據ヲ移セリ然シテ總籌備處ハ依然トシテ濟南ニ存置セリ吉林ニ於テハ旗人常翼忱ナル者前記江希張ノ教義ニ共鳴シ自ラ率先シテ入會スルト共ニ專ラ道德會ノ宗旨ヲ宣傳シ民國十五年ニハ名譽會員タルノ推擧ヲ受ケ同時ニ吉林總分會トシテ宗旨ノ宣揚方ヲ委囑セラルヽニ至レリ其ノ後濟南事變ニヨリテ山東方面トノ連絡絶タルヽヤ本工作ノ一切カ死餅ニ歸シ本部ニ於テモ打續ク戰禍ノタメ殆ト有名無實トナリタルモ滿洲建國成ルヤ曩ニ江希張ノ教ヲ受ケタル王鳳儀（奉天）同志ヲ糾合シテ道德ノ培養並ニ民心ノ教化ヲ目的トシテ萬國道德會ヲ興シ大同二年文教部ノ批准ヲ經新京ニ總會ヲ設ケテ全國ニ其ノ宗旨ノ擴充ヲ期シ同年八月一日吉林省總分會ノ設立ヲ見タリ（茲ニ注意スヘキハ當初ノ道德會カ其ノ儘消滅セシニ非スシテ後者ノ道德會ト何等ノ連繋ナク對立ノ狀態ヲ續ケアルモ

ノアリ）

本會ノ主唱スル所ハ十八常戒三大禁戒ヲ守リテ民心ノ敎化、慈善ヲ普及スルコトヲ目的トシ儒、道、佛、基、回、各敎祖並ニ科哲學ノ創始發明者ヲ供祀シ之ヲ七院ト稱ス即チ孔敎院、道敎院、基督敎院、佛敎院、回敎院、科哲學院、總院之ナリ

3 大本敎

本敎ノ滿洲進出ハ民國十三年出口王仁三郎ノ蒙古訪問ニ初リ世界紅卍字會ノ日本震災慰問ヲ契機トシテ兩者ノ提携機運漸次濃厚トナリ昭和六年奉天ニ人類愛善會滿洲聯合會ヲ設置シテ滿洲ニ於ケル既成宗敎團体トノ提携ニ力メタリ　滿洲事變勃發スルヤ人類愛善會ヲ隷下ニ置キテ其開拓工作ノ主力ヲ滿蒙ニ注キ大同三年一月ニハ新京ニ於テ在理敎トノ提携ニ成功シ更ニ九月萬國道德會十月世界大同佛敎會ト連繋シ各地ニ支部ヲ設立シテ鋭意信者ノ獲得布敎ニ努メ康德元年十二月ニハ本省内二八ヶ所ノ（磐石、吉林、永吉、九台、懷德、扶餘、楡樹ニ）支部ノ設立ヲ見ルニ至レリ

上述ノ如ク事變ニ依リテ衰微沈滯セシ諸宗敎團体モ治安ノ確保ト人心ノ安定ト相俟ツテ漸次積局的宣道工作ヲ開始シ原有宗敎團体以外ニモ朝鮮大宗敎（檀君敎）ノ進出或ハ日本佛敎各派ノ僧侶派遣等ニヨツテ滿洲宗敎界漸ク活氣ヲ帶ヒ來レリ然レドモ以上ハ單ニ各宗敎ノ表面的觀察ニ過キサルモノニシテ個々ノ宗敎團體自體ニ確固タル統制ナク且秘密結社的色彩ヲ有スルモノ尠カラサルヲ以テ正確ナ

ル調査統計ニ依リテ數字的ニ表示スルコト能ハス將來ト雖モ各宗教團體自體ニ統制的内容ヲ備ヘ且適當ナル調査機關ヲ備ヘサル限リ單ニ其ノ概要ヲ知リ得ルノミナラン

吉林省宗教概況表

據吉林省公署教育廳調査（康德元年五月現在）

縣別＼宗別	佛教			道教			回教			天主教			基督教			道德會		
	寺廟	布教者	信徒數	廟觀	布教者	信徒數	寺廟	布教者	信徒數	教堂	布教者	信徒數	教堂	布教者	信徒數	會	布教者	信徒數
吉林市	12	23	2345	8	58	2.114	3	10	1 453	2	81	1.130	2	10	751	2		30
永吉	20	102	10.596	25	283	5.863	10	90	12.156	1	10	774	4	45	1536	3		84
額穆	2	3	3 247	6	21	12 846	1	11	49				2	3	44			
敦化	4	4	50	4	2	60	1	1	335	1	1	153	1	1	107			
樺甸	3	1	528	2	1	297	1	1	176	1	1	300	1	1	220			
磐石	4	4	5.200	1	3	6.885	1	2	759	.1	1	422	1	1	138	1		73
伊通	4	14	775	3	8	634	1	1	6.388	1	1	144	1	1	825	1		180
雙陽	16	33	552	21	28	488	1	1								1		100
長春	10	6	12.061	12	26	755				4	2	1985	1	1	101			
懷德																		
長嶺	4	4	160	2	2	112				1	1	1050						

乾安	2	2	55	1	1	5												
扶餘	3	2	1 026	3	1	507	1	6	7.000	1	1	400	1	1	200	1		15
農安	3	21	528	12	7	1 158	2	3	43	3	3	261	1	2	16	1		124
德惠	1	2	30 512	14	9	14 786	1	1	104				1	2	40	3		350
楡樹	10	23	26 038	17	29	11 424	3	3	470	4	4	356	6	7	229	1		255
舒蘭	11	10	916	9	7	1.583	1	1	26									
九台	14	4	90							1	1	75	2	2	120	1		

第九章　新吉林省ノ交通

第一節　鐵　道

舊吉林省ニ於テハ南滿洲鐵道、北滿鐵路東部線及ビ南部線、吉長鐵路、吉敦鐵路、吉海鐵路ノ幹線ヲ始メトシ天圖鐵路、穆稜炭礦鐵路、蛟奶支線等其延長一、九一〇粁ニ達シ更ニ滿洲國第一次第二次鐵道敷設計畫ニ依リ敦圖線（一九二粁）拉賓線（二六八・四粁）圖寧線（二五七粁）京大線（二一二粁）及ビ牡丹江ヨリ佳木斯ニ至ル線（三一〇粁）等新ニ敷設セラル、コトトナリ鐵道ニ依ル便益多大ナランﾄセシガ新吉林省ハ其區域ノ著シキ減少ヲセルニ拘ラズ北滿鐵路東部線ヲ除ケル之等既設幹線ノ外

拉賓線、京大線ノ新設開通並ビニ京圖線ノ全通セルアリテ愈々鐵道交通ノ便ヲ加ヘタリ

新吉林省內國鐵線延長表

京圖線			三八五、三〇粁（全延長五二八粁）
	舊吉長鐵路	新京—吉林	一二七、七〇
	舊吉敦鐵路	吉林—敦化	二一〇、四〇
	舊敦圖線	敦化—南溝（敦化延吉縣界）	四七、二〇
奉吉線			（全延長四四七、六粁）
	舊吉海鐵路	吉林—海龍	一八三、四〇
京賓線		新京—蔡家溝	一五六、一〇（全延長二四〇、二粁）
拉賓線		拉法—平安	一一〇、〇〇（全延長二七二、〇粁）
奶子山線		蛟河—奶子山	一一、〇〇
京大線		新京—前郭旗	一四八、三〇
計			九九四、一〇

〔註〕大同二年二月九日附交通部令ヲ以テ國鐵ヲ南滿鐵道株式會社ニ委託經營セシムルコト、ナリ、即チ滿洲國政府ハ吉長、吉敦、吉海、洮昂、洮索、齊克、呼海（松花江水運事業ノ一部

）瀋海、奉山（打通線及附屬港灣ヲ含ム）ノ既成諸鐵道ニ關シ滿鐵ニ對シ負擔スル債務ヲ借款總額トシ此等諸鐵道ニ屬スル一切ノ財産及收入ヲ以テ本借款ノ擔保トシ之等諸鐵道ノ經營ヲ滿鐵ニ委託スルコト、ナリ同年三月一日鐵路總局設立セラレテヨリ舊諸鐵路ノ改名行ハレタリ

第一項　京賓線

本線ハ曾ツテ東清鐵道次イデ東支鐵道或ハ中東鐵道ト稱セラレシモ滿洲國ニ於テハ北滿鐵路ト呼ビ哈爾濱新京間ヲ北滿鐵路南部線ト稱セシガ康德三年三月二十三日同鐵路讓渡協定調印後京賓線ト改稱セリ東清鐵道（滿洲里ヨリ綏芬河ニ至ル）ノ布設ハ一八九六年九月締結セラレタル所謂「カシニー」密約ニ基クモノナルモ南部線ハ一八九〇年偶々獨逸ノ膠洲灣租借事件起ルニ及ビ露國又之ニ倣ヒ同年三月所謂哈巴羅夫條約ヲ締結シ旅順、大連ノ二十五ヶ年租借權ヲ獲得スルト共ニ東清鐵道布設條約ト同一條件ヲ以テ哈爾濱ヨリ旅順、大連ニ至ル支線布設權ヲ得若シ必要トスルトキハ營口、及鴨綠江ノ中間ニ於テ遼東半島沿岸ノ最モ便利ナル一地点迄支線ヲ敷設スルノ確認ヲ得シニ基ク。而シテ北滿鐵路各方面ノ工事ハ哈爾濱ヲ中心トシテ頗ル迅速ニ運バレ一八九七年春起工シ一九〇三年七月ニハ大連旅順ニ至ル支線、牛莊支線ニ亘ル全延長約七千百哩ニ達スル全線ノ運輸ヲ開始スルニ至レリ。其後一九〇五年日露戰爭ノ結果ポーツマス條約ニ依リ寛城子以南ヲ日本ニ讓與セシモ尙總延長一、〇六七哩

ニシテ在支外國鐵道中最長ノモノニ屬ス

露國ハ一八九六年九月東淸鐵道會社條約ニ於テ鐵道地帶内ニ於ケル政治軍事上ノ特權ヲ有シ鐵道地帶内ハ實際上露國主權ノ下ニアリシ觀ヲ呈シ居リシモ一九一八年ノ露國革命以來革命ト共ニ勃興セシ幾多ノ革命委員會ニ於テ爭覇ノ目標トナリ殆ド鐵道管理權ノ所在不明タルニ至リシガ當時漸ク對外的ニ目覺メ來リシ支那ハ此間ニ處シテ巧ニ東支鐵道ノ回收ニ歩ヲ進メ遂ニ一九二〇年三月從業員同盟罷業ニ乘ジテ沿線ノ警備及附屬地帶警察權掌握ノ爲露國鐵道守備隊ノ武裝解除ニ成功シ九月ニハ露國公使及領事ノ待遇停止ヲ斷行シテ露國公使ノ東支鐵道ニ對スル公的地位ヲ失ハシメ且鐵道地帶内ニ於ケル露國領事裁判權停止ノ結果支那ハ名實共ニ東支鐵道ヲ管理スルニ至レリ、但シ警察權ニ關シテハ當時北京公使團ニ於テ國際公共警察制編成ノ議アリシガ故ニ暫ク舊制ニ從フコト、ナリテ今ニ至リシガ東支鐵道實權ノ回收ハ十月交通部ト露亞銀行トノ間ニ締結セラレタル東省鐵道管理追加契約附屬文書ニヨリ具體的ニ實現セリ

斯クテ露西亞ノ第一次革命以來前後八年ヲ費シ、合法的ニ又ハ非合法的ニ露國ノ得タリシ利權ヲ盡ク回收シ一九二四年以後完全ナル支那側ノ獨占時代ニ入リ一九三〇年ニハ鐵道附屬地内ニ於ケル訴訟ノ便宜上東省特別區ナルモノヲ設ケ以テ附屬地内ニ於ケル一般ノ行政ヲ管掌シ來レリ

北鐵讓渡問題ニ關シテハ大同二年六月二十六日第一回日滿露三國代表會見折衝以來細部ニ亘ル意見

ノ相違アリテ調印ノ運ビニ至ラザリシモ實ニ交渉開始以來一年七ヶ月ノ日子ト四十回ニ亘ル會談ヲ經タル康德貳年一月二十二日日本外務省ニ於ケル東鄕カズロフスキー第八次會談ノ結果兩者間ニ意見ノ一致ヲ見、茲ニ於テ直チニ起草委員會ヲ任命シ今次ノ東鄕カズロフスキー交渉ニ於テ兩者間ニ解釋ノ一致セザル微細ナル諸点ニシテ蘇聯本國政府ヨリ寄セラルベキ希望乃至意見ハ右起草委員會ニ提出シ協定文起草ニ際シ充分考慮ヲナスコト、シ三月二十三日協定文ノ調印ヲ了シ日滿蘇間長年ノ懸案タル北鐵讓渡問題モ解決セラル、ニ至レリ

協定ニ達シタル交渉內容次ノ如シ

（一）　讓渡ノ客體　北滿鐵道及ビ一切ノ附屬財產

（イ）　鐵道總延長　一、七二六粁

（ロ）　業務用線　二、五四四粁

（ハ）　電信電話線　二、五六七粁

（ニ）　給水設備

（ホ）　鐵道ニ屬スル機關車其他各種工場、森林利權等一切ノ財產

（二）　讓渡價格　一億四千萬圓

（三）　蘇聯從業員退職金　三千萬圓

（四）支拂條件　讓渡價格金額ノ支拂ハ現金及ビ物資ヲ以テス讓渡價格ノ三分ノ一ハ現金、三分ノ二ハ物資ヲ以テス、支拂期間ハ三ヶ年トス

1　現金支拂方法一億四千萬圓ノ三分ノ一ノ其二分ノ一ハ調印ト同時ニ支拂ヒ殘リハ三ヶ年拂ヒトス

支拂ノ單位タル日本紙幣ニ對シテハ爲替相場ノ變動ヲ考慮シ瑞西フランニ對シテ八％以上ノ變動アル場合ハ之ニ應シテ上下シ圓比價ヲ決定スルコト

支拂ヲナセル殘額ニ對シテ年三分ノ利子ヲ支拂フモノトス

2　物資支拂方法、支拂期間三ヶ年六期支拂品目ニ關シ蘇聯ハ支拂ト同時ニ其目標ヲ掲示スル筈ナルモ蘇聯ハ米、生糸、絹織物、商船、電氣機械及器具、漁網、銅、茶、大豆、小豆ヲ望ム、右物資ハ調印後六ヶ月以内ニ購入契約ヲナスコト

（五）支拂保證、現金並ニ物資支拂ニ關シ滿洲國ガ完全ニ支拂ヲ履行スル事ヲ日本政府ニ於テ保証スル右ノ旨公文形式ニヨリ日本政府ヨリ蘇聯ニ通告スル

（六）引繼時期調印ト同時ニ一切ノ權利ヲ引繼グコト

（七）解雇退職金支拂方法

（イ）三ヶ月ノ豫告期間ヲ設ク二ヶ月ノ猶豫期間ヲ與ヘテ引揚ゲシム

（ロ）退職金ノ支拂ハ蘇聯政府宛トス

（ハ）退職從業員ハ現行規程ニヨリ會計決算ヲ遂ゲ且家族並ニ資金一切ハ舊滿蘇國境マデ無賃運搬ノ權利ヲ認ム

（ニ）退職資金支拂中積立金ノ支拂ハ調印ト同時恩給年金ノ支拂期間ハ二ケ年トス

第二項　京圖線

大同二年四月敦圖線ノ開通ニ因リ同年九月一日ヨリ舊吉長鐵路、吉敦鐵路ト併セテ京圖線ト稱シ北鮮鐵道ニ連絡スルモノニシテ其全延長五二八粁、康德元年九月十四日始メテ新京淸津間ノ直通列車ノ運轉ヲ見タリ。途中拉賓線、圖寧線ノ培養線ヲ持チ滿洲國内東西ヲ結ブ交通路トシテ又日滿ヲ結ブ東西交通路トシテ將來括目ニ價スルモノアリ、北鐵讓渡後ト雖モ日滿間ノ東西交通路タルノ使命ハ微動ダニセザルベキノミカ京大線全通ノ曉ニハ更ニ重要意義アルヲ思ハシム

京圖線ニ依ル日滿間距離ノ短縮ヲ見ルニ次ノ如シ

輸送距離比較表

A 新京ヲ起点トシタル場合

經由港／行先	大連經由	釜山經由	淸津敦賀經由	羅津敦賀經由

行先＼經由港	大連經由	釜山經由	清津敦賀經由	羅津敦賀經由
大阪	二、四〇七、八粁	二、三一二、八粁	一、六九一、二粁	一、七二五、四粁
名古屋	二、五九八、二	二、五〇三、二	一、六六〇、六	一、七〇四、八
東京	二、九七五、九	二、八八〇、九	二、〇三八、三 （一、八九八、九）	二、〇八二、五 （一、九二二、一）

B吉林ヲ起点トシタル場合

行先＼經由港	大連經由	釜山經由	清津敦賀經由	羅津敦賀經由
大阪	二、五三五、五	二、四四〇、五	一、五六五、五	一、六〇七、七
名古屋	二、七二五、九	二、六三〇、九	一、五二二、九	一、五七七、一
東京	三、一〇三、六	三、〇〇八、六	一、九一〇、六 （一、七七一、二）	一、九五四、八 （一、七八四、四）

C哈爾濱ヲ起点トシタル場合

行先＼經由港	大連經由	釜山經由	拉賓線及清津敦賀經由	拉賓線及羅津敦賀經由
大阪	二、六四七、八	二、五五二、八	一、七二八、六	一、七七二、一
名古屋	二、八三八、二	二、七四五、二	一、六九八、〇	一、七四一、五
東京	三、二一五、九	二、一二〇、九	二、〇七五、七 （一、九三六、三）	二、一一九、二 （一、九四四、一）

〔註〕 (1)括弧内ノ數字ハ新潟港經由ヲ示ス
(2)釜山經由ハ海路釜山、下關間ヲ二二〇粁トス

短縮距離表（大阪行）

起点	經由地	大連經由ニ比シ短縮ノ粁數	大連經由ニ比シ短縮ノ率	釜山經由ニ比シ短縮ノ粁數	釜山經由ニ比シ短縮ノ率
新京	清津敦賀	七一六、六	〇、三〇	六二一、六	〇、二七
	羅津敦賀	六七二、四	〇、二八	五七七、四	〇、二五
吉林	清津敦賀	九七二、〇	〇、三八	八七七、〇	〇、三六
	羅津敦賀	九二七、八	〇、三六	八五二、八	〇、三四
哈爾濱	清津敦賀	九一九、二	〇、三五	八二四、二	〇、三二
	羅津敦賀	八七五、七	〇、三三	七八〇、七	〇、三一

舊吉長鐵路沿革

一八九四年ノ交吉林將軍長順本線急設ノ要アルヲ密奏セルコトアリ、其後露國ガ東省鐵路公司ヲシテ支那ト東清鐵道南部線敷設權ヲ得ルヤ吉長線モ亦遼東還附ノ報酬トシテ東清鐵道支線ノ名ノ下ニ其

敷設權ヲ獲得セルモノニシテ其後一九〇四年日露戰役後日本ノ敷設セル、奉天新民府間ノ軍用狹軌鐵道ヲ戰後支那ニ讓渡スルト同時ニ本線合同契約ヲ約セルモノニシテ一九〇四年四月新奉及吉長鐵道協約ヲ訂立シ翌年十一月日支合同資本ヲ以テ敷設ノ約ヲ結ビ一九〇九年八月南滿鐵道ト支那政府間ニ借欵契約締結サレ鐵道敷設費五三〇萬圓中二一五萬圓ハ南滿洲鐵道株式會社ヨリ貸與シ他ハ支那政府ヨリ支出スルコトニ決定セリ之ヨリ先一九〇五年支那ハ時ノ吉林將軍達貴ノ上奏ニヨリ支那ヨリ八十萬兩吉林銀元廠ヨリ七十八萬兩ノ資金支出ヲ計畫シ吉長線敷設ニ着手セントセシモ時偶々日露ノ和議成リ且媾和條約ニ伴フ日支間協約ニヨリ遂ニ合同出資ヲ約セルモノトス當時吉林省民ハ利權外溢ヲ名トシ之ニ反對シ吉林鐵路公司及ビ公民保路會等ヲ組織シテ集資自辦ヲ請願スル所アリシモ成ラザリキ

右借款ハ償還期限二十五箇年五箇年据置後二十箇年年賦償還ト定メ借款期間中ハ日本人技師長及會計主任ヲ用ヒ營業收入ハ新京正金銀行支店ニ預入シ餘剩アル時ハ殘額中借款元利六箇月分ヲ預金トシテ存置シ其餘ハ支那政府ノ用ニ充ツト規定セリ一九〇九年起工以來屢々資金不足シ且工事中革命起リ殊ニ淸國政府ノ滅亡シテヨリ工事ノ障害尠ナカラズ。一九一二年漸ク全線ノ開通ヲ見タリ。然レドモ工事ノ不完全ト土們嶺隧道ノ着手遲レ、且貨物運賃率制度ノ杜撰驛ニ於ケル貨物積卸設備ノ不完全等ノ爲馬車輸送增加シ營業成績良好ナラズ。這ニ於テ一九一五年五月日支協約ニ據リ吉長鐵路ニ關スル協約ノ改訂ヲナスベク翌年二月ヨリ交涉ヲ開始セルモ纏ラズ一九一八年一月漸クニシテ滿鐵理事龍居

頼三氏ト交通部次長權量氏トノ間ニ協約ノ調印ナリ本鐵道ノ積極的改善ヲ圖ルト共ニ其營業ハ南滿鐵道會社ノ受託經理ニ歸スルコト、ナレリ

一九一七年一月ニ於ケル第二次借款契約ハ供款額六五〇萬圓ニシテ第一次借欵ニヨリ既ニ貸與セル借欵額中ノ未償還額一、九八八、七五〇圓ヲ扣除シ殘額四、五一一、二五〇圓ヲ新ニ交付セルモノニシテ償還期限三十箇年、借欵期間中ハ支那政府局長ヲ置キ業務ヲ監督スルモ一切ノ業務ハ擧ゲテ南滿鐵道會社ニ委託シ日本人三名ヲ選任シテ工務、運輸會計ノ主任ニ充テ其一人ヲ選ビテ南滿鐵道會社ノ代表タラシメ會社ノ權利義務ヲ執行セシムルコト、セリ

吉敦鐵路沿革

本鐵道ハ所謂吉會線ノ前半ヲナスモノニシテ一九〇八年九月間島ニ關スル日清協約第六條ノ協定ニ基キ日本ガ投資優先權ヲ獲得セシモノナリ。一九一七年六月十八日西原借欵ノ名ニ於テ吉會鐵道借款豫備契約北京交通部ト特殊銀行團(日本興行銀行、朝鮮銀行、台灣銀行)トノ間ニ締結セラレ金一千萬圓ヲ前貸スル事トナリ調印ノ翌日章駐日公使ニ東京ニ於テ之ヲ手交セリ本豫備契約ニ準據セル正約ハ六ケ月以内ニ締結サルヘキ筈ナリシモ(第八條)前記一千萬圓ヲ政費ニ流用セル等ノ爲民間ノ反對ニ遭ヒ又他面當事者間ニ諸種ノ條件ニ於テ意見ノ一致ヲ見ルコト能ハズ荏苒正約ノ締結ナクシテ推移ス漸ク一九二五年ノ春ニ至リ滿鐵ト張作霖トノ間ニ本線工事請負ニ就キ協定成リ次イデ十月二十四日交

通部總長葉恭綽トノ間ニ調印ヲ完了セリ、其内容ヲ見ルニ資金立替工事請負ノ形式ニシテ本線全長約四百支里二ヶ年竣功、立替資金總額日金一千八百萬圓全額交付年利九分、工事期間中日本人一名ヲ總工程師ニ用ヒ立替金ノ未濟中ハ日本人一人ヲ總會計トナシ局長ノ命令ニ服從セシムルコト、シ局長ハ工事ノ監督及全線管理ノ權ヲ有シ本件立替金ハ軍政各費ニ流用スルコトヲ得ザルコト、シ回收ハ隨時之ヲナシ得ベク市況良好ナル時ハ公債發行ノ商議ヲナス事ヲ得ル如ク又工事竣功後一ヶ年ヲ經テ償還スルヲ得ザル時ハ三十ヶ年賦トシテ皆濟スル事トシ嘗ツテ前渡金ヲ交付セル吉會鐵道借欵正約締結前ノ暫行契約トシテ將來吉長鐵道ト合併シ得ヘキコト及合併ノ際吉林鐵道契約ノ改廢ヲ提議シ得ベキ事等ヲモ明定シ所要材料購入ニ關シテハ局長ノ承認ヲ經タル後一般市場ニ於テ入札又ハ指定購買ヲナスモノニシテ其他列車ノ運轉、工事請負、工事ノ檢査等總テ國有鐵道ノ一般規則ニ依ル事トス。其後葉恭綽去リ許世英内閣成立スルヤ新任交通部長龔心湛ノ部下船政司長凌昭ハ一九二五年十月二十二日通電ヲ發シテ契約ノ内容ヲ發キ本契約ヲ以テ賣國喪權行爲ナリトナシ可成ノセンセーションヲ起シタルモ奉天ニ於テハ張作霖東三省ヲ以テ自治區域トナス旨ヲ宣佈シ吉敦鐵道ニツキテモ中央ノ司令ヲ受ケズ一九二六年一月二十六日吉長鐵路局内ニ吉敦鐵路建築工程局ヲ設立シ吉長鐵路局長魏英武ヲシテ局長ヲ兼ネシメ之ガ進行ヲ計ラシメタリ本線ハ一九〇八年九月ニ於ケル間島ニ關スル日清協約ニテ吉會鐵道ノ投資權ヲ留保セシメ將來吉長鐵道ヲ延長シテ延吉南境ニ至ル場合ニハ更ニ圖們江ヲ渡リテ會寧ニ達セシメ朝鮮鐵道ト連絡スベキヲ承認セシメ一切ノ辦法ハ吉長鐵道ト一律ニシ日本ハソノ敷設費ノ半額ヲ投資スルノ權ヲ得シニ始マル而シ日本ハ投資權ヲ得タルノミニシテ敷設權ヲ得タルモノニ非ラザルヲ以テ着工ニ就キテハ何等ノ干涉權ナカリキ

一九一八年吉會鐵道借款豫備契約ノ締結アリテ支那政府ハ本鐵道敷設費其他必要條件ヲ定メ特殊銀行團ノ同意ヲ求ムルコト、ナリ、又將來建設費ニ充ツヘキ資金ニ就キテハ日本特殊銀行團ハ支那政府ノ爲メ五分利付金貨公債ヲ發行シ其公債募集ニヨリ得タル資金ヲ以テ前記前貸金ヲ優先的ニ返濟スベク且正約ハ六個月以內ニ締結スベキ定メナリシモ民間側ノ反對、當事者間ノ意見ノ相違アリテ正約ノ締結ニ至ラズ一九二五年十月本線トハ別個ニ吉敦線ノ工事請負契約ノ締結ヲ見ルニ至レリ、一九二八年五月十四日附ヲ以テ吉會鐵道中敷設未完成部分タル敦化ヨリ朝鮮國境ニ至ル敦線圖ニ關シ交通部ト滿鐵トノ間ニ工事請負契約ノ調印ヲ了シタリ。然レドモ支那側ノ排日運動等ニ依リ敷設極メテ困難ナリキ。滿洲國成立ト共ニ本線ノ重要性ニ鑑ミ其敷設ヲ急ギ大同二年二月九日ニハ天圖鐵道ヲ買收シ補修ヲナシ大同二年五月ニハ完成ヲ見タリ。茲ニ於テ同年五月下旬ヨリ敦圖線ノ名稱ノ下ニ假營業ヲ開始シ九月一日ヨリ正式營業ニ移リ吉長、吉敦ノ兩線ト併セ京圖線ト呼稱セラル、ニ至レリ

三一三

第三項　奉吉線

本線ハ奉天、吉林間全延長四四七、六粁康徳元年四月一日ヨリ舊吉海鐵路（吉林、海龍間）ト舊瀋海鐵路（海龍、奉天間）トヲ併セ奉吉線ト呼稱スルコト、ナレリ

舊吉海鐵路沿革

本鐵道ハ東三省ニ於ケル外資ニ依ル鐵道敷設熱ニ刺戟セラレタル吉林ノ農、工、商、敎各團體ハ省議會ニ本鐵道敷設問題ヲ提議シタルヲ以テ省議會ニ於テハ之ヲ確定シ省公署ニ於テ之ガ許可方ヲ咨リタル結果吉林省長公署ニ於テハ民國十五年十一月十日吉海鐵路建設籌備處ナルモノヲ組織シ現省長李銘書ヲ總辦ニ任命シ資本總額吉大洋千二百萬元中一千萬元ヲ吉林省公署ヨリ出スコト、シ殘リ二百萬圓ハ一般商民ヨリ募集スルコトニ決定セリ

斯クテ十五年十二月二十日ヨリ朝陽鎭ヲ起点トシ十六年二月十三日ヨリハ吉林ヲ起点トシテ測量ニ着手、三月末完了仍テ六月二十五日開工式ヲ擧行シ同時ニ着工セリ。爾來二ケ年ヲ費シ民國十八年五月十五日全線ノ開通ヲ見翌年七月一日ニハ吉海鐵路管理局ヲ設ケ開通後ノ營業一切ヲ管掌セシメタリ始メ資本ハ吉大洋一千二百萬元ノ豫定ナリシモ不足ヲ生ジ二千三百萬元トナセリ

第四項　拉賓線

從來吉林ヨリ東支南部線ニ平行シテ五常ニ至ル線ハ屢々計畫セラレタリ。卽チ民國八年ニハ吉林省

官銀號總辦劉文田等發起トナリ計畫セシコトアリシモ奉吉確執ノ餘波ヲ蒙リテ停頓シ其後當時ノ吉林省財政廳長蔡運升又計畫セシモ果サズシテ轉任トナリソノ後ヲ受ケテ舒蘭縣知事共益公司代表社員峯旗氏等中心トナリ盡力セルモ亦實現スルニ至ラズ民國十七年ニハ滿鐵總裁山本條太郎氏ト東省當局トノ間ニ新滿蒙五鐵道中ノ一トシテ交渉ヲ重分セラレタル歷史ヲ有ス

滿洲事變後政治的ニ軍事的ニ痛切ニ必要ヲ感ジタル當局ハ至急之ガ建設ヲナス事トナリ吉長吉敦鐵路管理局ヨリ大同元年五月二十六日附ヲ以テ吉林省公署ニ吉敦線ノ拉法站ヨリ哈爾濱ニ至ル所謂拉賓線ヲ建設シ度キ旨ヲ請願セリ、茲ニ於テ省公署ハ中央交通部ニ之ヲ咨リ通過各縣長ニ對シ協助保護方訓令セリ

大同元年五月末ヨリ測量ヲ開始シソノ佔用地ハ吉長、吉敦鐵路局ノ購地暫行章程ニヨリ辦理セラレ大同元年六月十八日起工、關係縣ヨリ警察隊ヲ派遣建設ノ保護ヲ受ケタリ。一面鐵路局自身ニ於キテモ拉賓線護路隊ヲ組織シ之ガ保護ノ任ニ當リ大同二年十一月竣工大同三年一月ヨリ假營業ヲ開始シ同年九月一日鐵路總局ノ經營下ニ入レリ

第五項　京大線

本線ハ新京ヨリ松花江、嫩江ノ合流点ナル大賚ニ至ル二一二粁ニシテ民國十七年東三省當時所謂新滿蒙五鐵道中ノ一線ニシテ曾ツテハ種々ノ問題ヲ惹起セシモ大同二年二月九日附交通部令ニ基キ本線

ノ建設ハ康德元年四月二十日滿鐵ニ委任セラレタリ

敷設工事ハ始メ順調ニ進捗シタルモ昨夏ノ水災ニ依リ著シク遲延シ昨元年九月中ニハ新京農安間六二、六粁ノ開通ヲ見ル可キ豫定ナリシモ十二月上旬漸クニシテ其敷設ヲ見直チニ假營業ヲ開始セリ本年一月農安ヨリ郭爾羅斯前旗內扶餘對岸ノ地ニ至ル八五、七粁ノ工事成リ一月十五日ヨリ新京前郭旗驛間一四八、三粁ノ假營業ヲ開始セリ

前郭旗驛ハ第二松花江ヲ隔テ、扶餘ノ對岸ニアリ、始メ鐵橋ヲ架シテ扶餘ニ到ルマデ鐵道ヲ通ズル方針ナリシモ同地ノ河床軟弱ノ爲メ實現スルニ至ラズ。本線ハ全線ノ竣工ヲ見タル上五月頃鐵路總局ニ移交セラルヽ豫定ナリ

從來扶餘方面ノ特産河豆ハ背後地タル肇州、長春嶺、茂興站、們七坑官地等各地ヨリ多量ニ出荷シ第二松花江ノ舟運ニ依リ北鐵南部線、松花江驛ニ出デ南下シ居リシモ本線ノ開通ハ根本的ニコノ系統ヲ打開シ出廻特産ハ殆ド全部新線經由ニテ新京ニ出荷スルモノト思量サル

第六項　奶子山線

本線ハ京圖線蛟河驛ヨリ奶子山ニ至ル十一粁ノ省有鐵道ニシテ專ラ奶子山炭礦ノ運炭ノ目的ヲ以テ敷設セラレタルモノニシテ一九二九年一月ニ竣工シ蛟奶支線ト呼稱シ吉敦鐵路管理局ニ委任經營セシメタリシモ大同二年三月鐵路總局ニ移交セラレ康德元年四月一日ヨリ奶子山線ト改稱セラル

第二節　水運

舊吉林省管内ニ於テハ松花江ヲ始メトシ牡丹江、圖們江、烏蘇里江等其支流ト共ニ殆ド省全体ヲ網狀ニ蔽ヒ居リ各々相當ノ水運ノ便ヲ供シ居リシモ吉林省ニ在リテハ其大部分ヲ失ヒ僅カニ第一松花江ニ依ルノミナリ。

第一項　第一松花江ノ水運

第一松花江ハ源ヲ長白山脈ニ發シ奉天省濛江縣ヲ南北ニ貫流シ本省樺甸縣永吉縣ヲ過キテヨリハ舒蘭九臺ノ縣界及楡樹德惠ノ縣界ヲ流レ扶餘縣ハ本江ヲ隔テ、農安乾安ノ兩縣ニ相對シ、其下流ニ於テ嫩江ト會シ第二松花江ノ本流ヲナス。其兩岸ニハ十數港ノ埠頭ヲ有ス　第一松花江ハ概シテ水深淺ク且處々ニ急灘アリシ爲メ汽船ノ航行シ得ル所少ナシ。今之ヲ吉林上流、吉林陶賴昭間陶賴昭扶餘間、扶餘哈爾濱間ニ分チ概觀スルニ次ノ如シ

(一)　吉林上流

吉林上流ハ山嶽地帶ヲ流ル、ガ故ニ急灘淺瀨多ク汽船ノ航行ニ適セズ獨木舟、筏及薪炭、農產物ヲ積メル小民船ヲ通ズル程度ニテ省城ニ近キ五十粁餘ノ間小蒸汽ヲ通ジ得ルノミ

(二)　吉林陶賴昭間（一九九粁）

本區間ハ水深三呎乃至五呎、河幅三百米乃至五百米アリテ解氷期間中ハ吃水淺キ汽船及ビ荷船ノ

往來アルモ吉林下流十粁餘ニ所謂九站ノ險灘アリテ奔流ナルガ爲汽船ト雖モ遡航困難ナリ。更ニ四十粁餘ニシテ烏拉街ノ險灘アリ狹水道ニシテ減水甚シキ時ハ舟航阻止セラル、モ此ノ地ヨリ下流ハ平原地帶ニシテ河幅廣ク水流緩カナリ

（三）　陶賴昭、扶流間（一六二粁）

本區間ハ河幅廣ク一粁ニ達シ減水セル時ト雖モ四百乃至五百米アリ、扶餘附近ハ增水時ニハ四粁乃至五粁ニ及ブ事アリ。水深ハ一般ニ深ク二呎ニ過ギザル所アリ且年々水路ノ變移甚シク處々淺瀨ヲ生ズルガ故汽船ノ航行ハ困難ナリ、蓋シ伊通河並ニ飲馬河ヨリ流出スル土砂ハ合流点下流ノ河床ニ堆積シ且ツ流水ノ爲メソノ位置ヲ變ズルガ故ナリ、一九〇六年以來屢々該區間ノ汽船航行ヲ計畫セシモ資本缺乏ノ爲メ成功セザリキ、僅カニ哈爾濱、扶餘間航行ノ小汽船ガ貨物、旅客ノ都合ニヨリ增水期ニ於テ年數回遡航セシコトアリシノミ。然ルニ一九一五年以來利國輪船公司ハ每年數回吉林扶餘間ノ航行ヲナスニ至レリ

要之第一松花江水運ノ未發達ハ河流ノ地形ニモ因ルベキモ亦上流地方ノ特產物ハ總テ南方若シクハ東方ニ搬出サルベキモノナルニ拘ラズ江水ハ北流シ南滿市場トノ連絡ナク且特產物ノ出廻期ニハ結氷シテ舟航不可能ナル上ニ吉長、吉敦、吉海ノ各鐵道ニ依ルヲ便利トスルニモ因ルナルベシ

（四）　扶餘、哈爾濱間（一六八粁）

扶餘ノ下流四浬ノ地点二三呎内外ノ淺瀨アリ減水時航行ニ支障ヲ來スコトアルモ三岔口ニ於テ嫩江ヲ合シテヨリハ急ニ水量増加シ普通八呎減水時尙四呎以上アルノミナラズ扶餘ノ下流十二哩ノ地点ハ汽船ノ夜間航行モ自由ニシテ舟航ノ便アリ

松花江ハ解氷期前五箇月余即チ四月下旬ヨリ十月下旬乃至十一月上旬ニ至ル間ヲ除ケバ航行盛ニ行ハレ沿岸諸村ニ水運ノ便ヲ與フルコト多大ナリ。最近數十年間ニ於ケル松花江結氷期及解氷期ノ平均月日次ノ如シ

結氷期　十一月十日

解氷期　四月十五日

吉林ヨリ哈爾濱ニ至ル埠頭次ノ如シ

地名	河岸ノ位置	埠頭間ノ距離	吉林トノ距離	備考
○吉林	左	｜粁	｜粁	
○九站	左	一四、五	一四、五	
○烏拉街	右	二〇、三	三四、八	埠頭ハ哨口ト稱シ市街ヲ距ル東南八滿里
○四家子	右	二七、〇	六一、八	缸窰ノ西四十滿里
黄茂屯	右	七、五	六九、三	主トシテ缸窰炭ノ積出港
○溪浪河	右	一六、五	八五、八	舒蘭河トモ稱ス

白旗屯	右	一八、〇	一〇三、八	埠頭ハ霍家船口ト稱ス白旗屯ノ西八滿里
法特哈門	右	二三、七	一二七、三	
老河身	右	一〇、五	一三七、八	黑林子ノ西四〇滿里主トシテ積出港
牛拉山子	左	五、〇	一四二、八	
朱家船口	左	七、五	一五〇、三	
○秀水甸子	右	三、〇	一五三、八	秀水甸子ノ西南一八支里、鰲龍崗ト稱ス
○五樹	右	四四、五	一九八、三	埠頭ハ老牛道ト稱シ五棵樹ノ南五滿里
○松花江	左	二一、二	二一九、五	
○五家站	右	四〇、七	二六〇、二	埠頭ハ達口溝ト稱シ市街ノ東南八滿里
八里營子	左	二八、〇	二八八、二	
○烏拉木	左	三九、〇	三二七、二	市街ヲ去ル一五滿里
○扶餘	右	八六、五	四一三、七	
(○肇州)	左	一二四、一	五三七、八	市街ノ南一〇滿里
○達戸	左	二四、〇	五五一、八	
○長春嶺	右	三四、七	五八六、五	埠頭ハ代池ト稱シ西北八滿里
(○北瀔州)	左	七六、五	六六三、〇	
(○哈爾濱	右	七五、三	七三八、三	

〔註〕 1本表中粁程ハ航行速度及ビ目測更ニ土民航業者ノ言ヲ參酌セルモノナリ
2○印ハ汽船寄航埠頭

3 括弧内埠頭ハ濱江省所管内份ヲ示ス

松花江ニ依ル輸送物資状況（水上警察局調）

項別／年度別	入港船舶總數	同人員	上流地方ヨリ輸送サルヽ物資	下流地方ヨリ輸送サルヽ物資
大同元年度	約一、二〇〇隻	約三、〇〇〇名	豆子約二十五萬石 蘇子約三萬石	小豆約三萬石、粉條五萬斤、綠豆三萬石、鹽魚約五萬斤、乾魚約二萬五千斤
大同二年度	約一、一〇〇隻	約二、〇〇名	豆子約二十二萬石 蘇子約一萬五千石	ナシ
康德元年度	約九六〇隻	約二、一〇〇名	豆子十六萬石小米一萬石 粉條一萬斤、綠豆三千斤	ナシ

〔註〕大同二年以後下流地方ヨリノ輸送物資皆無ノ如キモ唯記載ナカリシノミニシテ實際ニハ上流地方ヨリノ輸送物資量中ニ若干含マレ居ルモノヽ如シ

第二項　松花江航運沿革

一八五八年愛琿ニ於テ極東總督「ムラヴヨフ」伯ガ支那政府ト所謂愛琿條約ヲ締結シタル後同年七月伯自身二露國商人ヲ伴ヒ汽船「アムール」號ニ搭乘シ江口ヨリ三十露里余ヲ遡航セルガ之ヲ以テ松花江上ニ於ケル汽船航行ノ嚆矢ナリトス、爾來露國ハ幾度カ遠征隊ヲ組織シテ調査ト貿易ニ從事セシメタルガ上流吉林ニ至ル迄遡航シ得タルハ一八九五年ノ事ナリ翌一八九六年ニハ約五十萬布度ノ鐵道建設材料、穀類ヲ輸送シテ哈爾濱迄來航セリ、一八九七年以後黑龍江汽船會社、黑龍江商事汽船會社

其他個人汽船ガ新ニ松花江ヲ一航行路線トシ一八九八年ニハ東支鐵道モ之ニ參加スルニ至レリ
斯クノ如ク露國ハ一八五八年ノ愛琿條約、一八六〇年ノ北京追加條約及一八八一年ノ聖彼得堡條約ニ依リ更ニ一九一〇年露支兩國間ニ於ケル松花江航行ニ關スル議定成リ完全ニ松花江ニ船舶ヲ廻航スル權利ヲ得タリ

然ルニ支那ガ松花江ニ汽船ヲ馳驅シタルハ民國七年春ノコトニシテ黑龍江省督軍鮑貴卿ノ後援ノ下ニ江口迄下航セシヲ最初トス其後露支共ニソノ汽船數ハ增加セシモ露國ニ革命起リシ一九一七年迄ハ完全ナル露國ノ獨占下ニアリシナリ、革命ノ餘波極東ニ及ビソノ勢力ノ動搖ニ乘ジ日本ヲ初メ外國汽船會社抬頭スルヤ支那人ノ注意ヲ喚起シ他面露國船舶所有者ハ過激派ニ依ル沒收ヲ懼レソノ所有船ヲ哈爾濱ニ廻航シテ賣却セントスル者續出セシ爲メ支那船舶業者ハ安價ニ之ヲ購入スルヲ得タリ

當時商人陳陶怡ナルモノアリ盛ニ俄船ヲ買收シ資本ノ不足ハ航業發展ノ目的ヲ以テ交通銀行ノ補助ヲ受ケシガ當時ノ外交部長曹汝霖、黑龍江省督軍鮑貴卿之ヲ援助シ民國八年ニハ資本金二百萬元トナシ成通航業公司ナルモノヲ設立セリ、購入汽船二十九隻拖船二十隻ニ及ビ中國輪船公司トシテノ第一聲ヲ揚ゲタリ一九二〇年ニ至リ支那官憲ハ吉林、老小溝間ノ露國船舶ノ航行ヲ禁止シ次イデ一九二四年ニハ布告ヲ以テ露國ヲ始メ外國汽船ノ航行ヲ禁ジ一九二六年遂ニ支那側ハ埠頭ト共ニ東清鐵道河川汽船部ノ船舶ヲ回收シ東北海軍部江運部ヲ設ケ管理セシムルニ至レリ

然ルニ支那汽船會社相互ノ競爭ノ爲メ半官的ナル戊通航業公司モ營業不振ニテ解散東北航務局ト改組シテ官營事業トシ東清鐵道航務課ノ財産回收ニ依リ松花江船舶ノ大多數ハ東北航務局ノ所屬船トナリ。然シ乍ラ國境河川問題未解決ト沿岸貿易不振ノ爲メ船舶業者相互ノ競爭ヲ防止スル爲メ一九二六年東北航務局、東北海軍江運處、東亞輪船賬房、奉天航業公司、滬濱航業處、賓江儲蓄會等ニヨリソノ所有船五十二隻帆船十七隻ヲ糾合シテ「シンジケート」ヲ組織シ東北航務聯合會ト稱シ東北航務局樓上ニ事務所ヲ設ケタリ、然シ黑龍江省政府ノ直營ニ係ル數種ノ大小船舶業者ノ奪貨挑戰ト下流地方ニ於ケル農商人ノ猛烈ナル反對ニ遭ヒ本「シンジケート」モ改組ノ必要ニ迫ラレ民國十九年二月東北江防艦隊司令ノ指示ノ下ニ三十六船主聯合大會ヲ開キ聯合營業大綱ヲ可決シ「トラスト」ノ名ヲ哈爾濱官商聯合會ト定メタルガ同年七月東三省當局ハ突如事業許可取消ノ通告ヲ發セリ。滿洲國成立後ハ各船主間ノ從來ノ如キ競爭防止ノ爲メ大同二年四月再ビ各船主ヲ以テ「シンジケート」ヲ組織シ哈爾濱聯合航業會ノ成立ヲ見ルニ至レリ

第三節　空　運

滿洲ニ於ケル地上交通機關ハ其發達未ダ高度ナラザルノミナラズ交通設備不完全ニシテ且不安ノ域ニアルモノ尠カラザルニ反シ其廣大ナル地域ハ概シテ平原ニシテ氣流、氣象共ニ好條件ヲ具ヘ航空事

業ノ發達期シテ俟ツベキモノアリシニ拘ラズ永ク外國航空機ノ通過地トシテ航空文化ノ恩惠ニ浴セザリキ。然ルニ滿洲國政府ハ日滿兩國ヲ結ブ最モ迅速ナル連絡交通路ノ新設ト歐亞ヲ結ブ空ノ大幹線完成ノ爲メ民營ノ航空會社ヲシテ之ニ當ラシメ政府ハ之ガ保護助長スルノ方針ヲトリシガ遂ニ大同元年十月二十六日資本金國幣三百八十五萬圓全額拂込滿鐵出資百六十五萬圓住友合資會社出資百二十萬圓滿洲國政府出資百萬圓ヲ以テ日滿合辦滿洲國法人「滿洲航空會社」ノ創立ヲ見ルニ至レリ。本社ヲ奉天ニ、支社ヲ東京ニ置キ、奉天、大連、新義州、錦州、朝陽、凌源、承德、赤峯、新京、吉林、敦化龍井村、圖們、哈爾濱、齊々哈爾、海拉爾、滿洲里、大黑河、北安鎭、佳木斯、富錦、寧安ノ各飛行場ニハ出張所アリテ滿洲國內及其隣接國側ノ旅客、貨物郵便物等ノ航空輸送航空機ノ修理及機體ノ製造組立其他ノ事業ノ經營ニ當ル

本社ノ事業開始ハ奉天、大連間ヲ除キ大同元年十一月三日ヲ期シテ行ハレ日本中島飛行機株式會社製「濤」型四八〇馬力發動機ヲ裝備セル八人乘及六人乘ノ「フオツカー」式及二人乘「プスモス」式旅客機ヲ使用ス

本省內關係航空路次ノ如シ

一、奉天—新京—哈爾濱—チ、ハル線　距離七八五粁　航空回數　每日一往復

二、新京—吉林—敦化—龍井村—圖們線　距離四二五　每週三往復（火・木・土）

三、新京—チ、ハル線　距離五一〇　毎週三往復（月・水・金）

第四節　道　路

第一項　路　線

古來支那ノ主要道路ハ首都ヲ中心トシテ放射狀ニ作リ省城或ハ主要都市ヲ連絡シタルモノニシテ從ツテ歷朝首都ノ移動ニ伴ヒ道路モ亦自ラ變遷セリ清朝時代ニハ首都北京ヲ中心トシテ四方ニ通ジ其省城ヲ結ベルモノヲ官馬大路或ハ官路ト稱シ省城ヲ中心トシテ各縣城ヲ連絡セルモヲ大路ト稱ジ各地方村落間ニ於テ官路及ビ大路ヲ連絡スルモノヲ小路ト呼ベリ

本省ニ於ケル道路ノ中心ハ吉林ヲ第一トシ新京之ニ次グ。吉林ヨリノ主ナル放射道路次ノ如シ

吉林—雙陽—伊通—開原—奉天—北平

吉林—拉法—額穆索—沙蘭站—寧安
（額穆索）—沙河鎮—老頭兒溝—延吉—琿春

吉林—烏拉街—楡樹—阿城（阿勒斯喀）

吉林—舒蘭—陶賴昭—扶餘（伯都訥）—齊々哈爾—璦琿

吉林—磐石—海龍—清原—奉天
（吉林）—樺甸

然ルニ之等舊來ノ諸道路ハ夏期降雨ノ際ハ泥濘膝ヲ沒スルガ如キ惡道路ニシテ殆ンド交通杜絶サルヽノ狀態ニアリテ僅カニ十一月ヨリ翌年三月ニ至ル間ニ於テ全地凍結シ河川溝渠ハ爲メニ橋梁ノ要ナク道路外ノ地ハ赤裸ノ空地ニシテソノ通行自由トナルヲ以ッテ一年中ノ交通運搬ハ多ク此ノ間ニ行ハルヽノ狀ナリ

茲ニ於テ政府ハ(一)國防及治安維持ノ見地ヨリ(二)內政機能ノ敏活ト經濟力ノ增進、疲弊農村ノ救濟ノ見地ヨリ又(三)鐵道補足ノ見地ヨリ道路ノ新設補修ヲ企圖シ道路ヲ國道、縣道、區道、里道ニ分チ區道里道ハ專ラ縣並ニ鄉村ニ於テ補修ヲナシ、縣道ハ國庫補助ノ下ニ省並ニ縣ニ於テ其補修ニ當リ國道建設ノ爲メニ大同二年三月三日新ニ國務院ノ下ニ國道局設置セラレタリ。而シテ曩ニ國道建設籌備事務ニ當リシ關東軍特務部ガ立案セル十ケ年六萬粁建設計畫ヲ基本トシ國道五ケ年計畫ヲ樹立シ總工費一億圓ヲ以テ六萬粁ノ道路網ヲ完成スルコトヽシ前期五ケ年ニ三萬四千粁後二萬六千粁ヲ完成スベク經費一千五百萬圓ハ建國公債ヲ以テ支辦セラルヽコトヽナレリ

國道局計畫ニヨル國道等別級ヲ見ルニ

一等道路(約一萬二千五百粁)

(イ) 國都ヨリ主要都市又ハ海港ニ達スル路線

(ロ) 國防上特ニ必要ナル路線

二等道路（約一萬二千五百粁）

（イ）主要都市相互間ヲ連絡スル路線

（ロ）主要都市ヨリ主要縣城又ハ鐵道驛所在地ニ達スル路線

三等道路（約三萬五千粁）

（イ）縣城相互間ヲ連絡スル路線

（ロ）縣城ヨリ地方都市ニ達スル路線

今本省内ニ於ケル主要計畫道路ニ就キ見ルニ次ノ如シ

（一）新京—農安—扶餘一六四粁　（大同二年度施行線）

本道ハ大倉組ニ於テ請負ヘルモノニシテ測量ハ大同二年三月二十五日ニ開始同年五月二十四日完了シ既ニ竣功セリ

（二）公主嶺—伊通五三、八粁　（大同二年度施行線）

本道ハ清水組ニ於テ請負測量ハ大同二年三月二十八日ニ開始同年六月四日ニ完了シ工事ハ測量完了ノ直後同年七月十八日ヨリ始メ二年ヲ經タル康德元年七月三十日其竣功ヲ見タリ

（三）新京—伊通　六九粁　（大同二年度施行線）

本道ハ大連工材公司ニ於テ請負、大同二年四月六日測量ヲ開始同年五月十四日完了シ着工ハ稍々遲

レ同年七月二十三日ニシテ爾來二年余ヲ經タル康德元年八月十五日全部ノ竣功ヲ見タリ

（四）　公主嶺―懷德　　五二粁　　（大同二年度施行線）

本道ハ清水組ニ於テ大同二年三月二十八日ヨリ測量ヲ始メ同年五月十五日ニハ全線五二粁ノ測量ヲ終ヘ同年六月二十八日東亞土木會社トノ工事請負契約成立シ間モ無ク工事ニ着手シ康德元年六月三十日ニハ公主嶺黑林子間二十二粁ノ竣功ヲ見タリ而シテ黑林子、懷德間三十粁ハ福井組ニ於テ工事ニ當リ康德元年七月十日ニハ既ニ着工シ康德元年十月十三日ニハ土工終リ目下砂礫ヲ敷キツヽアリ

（五）　新京―吉林　　一一一粁三　　（大同二年度施行線）

本道ハ國道局直營ニテ大同二年四年十一日測量ニ着手シ同年五月三十日ニハ之ヲ完了シ六月三十日ヨリ工事ニ着手セルモ其後二區ニ之ヲ分チ同年八月十一日ヨリ第二區ヲ清水組ニ於テ請負、新京、吉林兩方ヨリ工事ヲ進メツヽアリシモ次イデ全線ヲ三區ニ分チ第一區三十九粁八ハ國道局ニ於テ直營、第二區三十七粁五ハ昭和工務所ニ於テ築造ニ當リ第三區ハ引續キ清水組ニ於テ工事ニ當ルコトヽナリ昭和工務所ハ大同二年十月三日ヨリ工事ニ着手セリ。カクテ第三工區ハ康德元年六月二十八日、第二工區ハ同年八月十日、第一工區ハ同年九月三十日土工ヲ終ヘ、本年五月初メ迄ニハ舖裝構造物モ竣功ヲ告グル豫定ナリ。本道路ハ土盛リ、コンクリートアスファルト、自動車車輪巾ノコンクリートノ四種ヲ繼ギ合セタルモノニシテ全滿產業道路建設ノ試驗台トセラレタリ、舖裝工事ニハ國道局ニ於テ特

ニ亞米利加ヨリ「グレーダー」「スクレーバー」「エレペーチング」ノ舗裝機械十數台ヲ購入セリ

本道路總工費約百三萬三千圓餘ニシテ舗裝費ノ一部四十六萬七千五百圓ハ本省ニ於テ負擔ス

（六） 敦化ー寧安　一九六粁　（大同二年度施行線）

本道路ハ軍用道路トシテ軍ノ起工セシモノナリシモ敦化、東京城間一三六粁ト東京城寧安間六十粁ノ二區ニ分チ敦化ヨリ東京城ニ至ル間ハ西本組ニ於テ請負、東京城寧安間ハ國道局ニ於テ直營スルコトトナリ、西本組ハ大同二年七月二十日ヨリ改築ニ當リ敦化、干溝子間三十一粁ハ康德元年五月十六日ニ土工竣成シ構造物モ同年末迄ニハ完成ノ筈ナリ次イデ干溝子、東京城間一〇五粁ハ森本組ニ於テ工事ニ當リ康德元年九月四日着工目下建設中ナリ

東京城、寧安間六〇粁ハ大同二年六月二十九日ヨリ國道局ニ於テ測量ニ當リ同年八月二十日完了セルモ工事ハ寧安海林間ヲ請負ヘル寧安日本在留民會總代ナル松本隆助氏請負、大同二年八月四日着工同年十月十日其竣功ヲ見タリ

（七） 新京ー煙筒山　一〇三粁　（大同二年度施行線）

國道局計畫ノ道路ナルモ途中匪賊多キ爲メ未ダ測量ニ着手セズ

（八） 新京ー市環狀線　六五粁　（康德元年度施行線）

本線ハ康德元年八月三日ヨリ國道局ニ於テ測量ニ當リ同年九月末ニ之ヲ完了シ全線ヲ二區ニ分チ第

一區道路築造工事ハ國道局直營ニテ康德元年十月十二日ヨリ、第二區道路築造工事ハ鐵道工業ニ於テ請負康德元年十月十五日ヨリ着工シ目下築造中ナリ

（九）新京ー大廝蘇　二二五粁　（康德元年度施行線）

本道路ハ國道局直營トシ大同二年十二月六日ヨリ測量ヲ開始シ康德元年三月八日終了セリ

第二項　自動車運輸

從來長途自動車營業ヲナサントスル者ハ中華民國制定ノ長距離自動車公司條例及長距離自動車公司許可證發行規則ニ據リ各省ニ於テ管理規則等ヲ制定シ省長營業許可ヲナシ、事業出願者ハ中華民國人ニ限リ一ケ年ヲ限度トシタルモ各省ニ於テ區々ニシテ舊吉林省ニ在リテハ實業廳主管ノ下ニ出願者ニ對シ省長許可ヲ與ヘ自動車鑑札ヲ附與シ汽車換照費トシテ毎年大洋十二元ヲ三期ニ分チ納付セシメタリ。

然ルニ各省トモ許可稅及車捐ノ增收ニ重キヲ置キタルモノ、如ク一路線ニ數人多キハ十數人ニ許可セル例モアリ從ツテ自然營業者間ニ競爭ヲ生ジ、採算ヲ度外視セル運賃ヲ以テ營業シ或ハ不合理ナル經營方法ニ依リ車輛ノ改善、道路ノ補修等ノ觀念モナカリシヲ以テ事業成績振ハズ冬期ニ於ケル副業的氣分ヲ以テ營業セラレタル狀態ナリ之ニ鑑ミ地方交通機關トシテ又文化產業開發、及治安工作上普及發達ヲ助長センガ爲メ國內同一ノ法令下ニ統一シ又特許ニ就テハ一定方針ノ下ニ交通部大臣之ヲ總

括スルコト、ナシ以テ國內ニ於ケル事業全般ノ統制ヲ計ルコト、ナレリ。茲ニ於テ交通部ヨリ大同二年二月二十五日（訓令第四十三號）「長距離自動車營業ノ許可ニ關スル件」發セラレ「從來各官廳ヨリ長距離自動車營業ノ許可証ヲ受ケタル者ハ須ク…三月二十五日迄ニ管轄縣公署及省公署ヲ經由シ本部ニ屆出ツヘシ、若シ期限內ニ屆出ヲ爲サヾル者ハ直チニ其營業許可ヲ取消ス」コト、セラレ又同年五月三十日（敎令第四十三號）交通部ノ官制ヲ改正シ自動車運輸事業ノ統制ハ該部ノ管轄ニ歸セシメラレタリ。斯クテ從來舊吉林省公署實業廳ニ於テ主管セル長途自動車營業許可ノ件ハ大同二年六月十四日ヲ以テ交通部ニ移管セリ

新法令自動車運輸許可章程並ニ自動車交通營業法ハ目下審議中ニシテ同年十一月二十三日訂正書式調査案ニ關スル件發布以來ニ自動車運輸許可章程ヲ援用シツ、アリテ事業ノ健實ナル發達ヲ期センガ爲メ從來ノ濫許制ヲ排シ一路線一營業主義ヲ採ルト共ニ基礎鞏固ナル經營者ヲ許可スルノ方針ナリ

新吉林省管內長途自動車國營路線（鐵路總局經營）

區間	經過地	粁程	興業費	開業未開業別	備考
新京—吉林	大平嶺 大水河	一二一、三	一〇九、二五〇、〇〇	未開業	
新京—扶餘	農安	一六四、〇	一七五、一八四、〇〇	開業	
敦化—海林	寧安	二三三、七	二八、九七〇、〇〇	開業	

扶餘—洮南	大賚 安廣	二〇一、〇		未開業	
合計		七〇〇、〇			

新吉林省管內長途自動車民營路線

區間	經過地	粁程	興業費	開業未開業別	備考
新京—懷德	十里堡 大嶺	四八、〇	一三五、〇〇〇、〇〇	開業	昌圖驛—法庫開原—康平間モ兼營ス 日滿合辦會社
新京—伊通	大南屯	七三、〇	三五、〇〇〇、〇〇（新京—伊通・新京—雙陽）	開業	日本人經營會社
新京—雙陽	范家屯	五六、〇			
公主嶺—懷德	大黑林子	四六、八	五〇、〇〇〇、〇〇	開業	日滿合辦會社
公主嶺—伊通	靠山屯	五二、〇	五〇、〇〇〇、〇〇	開業	仝
吉林—磐石	樺甸	二五二、〇	一〇〇、〇〇〇、〇〇（吉林—磐石・吉林—岔路河）	開業	滿人經營會社
吉林—岔路河	一拉溪	七三、〇			
吉林—舒蘭	日旗屯	一二四、〇	五〇、〇〇〇、〇〇	開業	滿人經營會社
敦化—局子街	龍井村	不詳			
合計		七二三、八			

第五節 通信

一、郵務

事變前ニ於ケル滿洲ノ郵務狀態ヲ見ルニ一九一三年東三省ハ東三省郵界トナリ奉天ニ管理局ヲ設ケ舊吉林省內ニ於テハ長春、吉林、哈爾濱ニ一等郵局ヲ設ケアリシガ後東三省郵界ハ北滿洲南滿洲ノ二郵界ニ分割セラレ哈爾濱ニ管理局ヲ設ケ北滿洲郵界ヲ管轄セシメタリ、從ツテ本省ハ哈爾濱郵務管理局ノ管轄下ニ置カレ長春、吉林ニ一等郵局ヲ設ケ其他ノ重要地ニ二、三等郵局及代辦所及信櫃ヲ設ケ必要ニ應ジテハ市中ノ要處ニ信箱、信筒ヲ設置シ村落ニハ鄉間信櫃其他ノ集配機關ヲ置キタリ、而シテ此等郵便物遞送ハ汽車ニヨル火車郵路、汽船ニヨル輪船郵路、民船ニヨル民船郵路、配達夫ニヨル郵差郵路ノ四ニ大別サルヽガ交通機關ノ見ルヘキモノナカリシ舊吉林省ニ於テハ前三者ニ比シ郵差ニヨル遞送重キヲナシタリ、郵差ニハ步差、馬差ノ二アリ、豫メ發着時間表ヲ作成シテ豫定日時間ニ遞送セシムル事トセシガ重要都市間ヲ除キテハ普通二日又ハ三日ニ一回トシ甚シキハ一週一回配達セシモノナリ

滿洲國政府ハ大同元年四月一日ヲ以テ國內郵政接收ヲ宣言シ新ニ郵便切手端書ヲ制定シ、大同元年八月一日ヲ期シテ滿洲國內ニ於ケル郵政權ノ接收ヲ斷行スルコトニ決シ七月十一日交通部郵政司ヨリ郵便法、爲替法、預金法等ニ關スル條例ヲ正式發表シタル所、南京政府ハ滿洲郵政封鎖令ヲ發シ、七月二十四日以後全滿郵政局ハ一齊ニ閉鎖サレ一時郵務停止ノ已ムナキニ至リシモ政府ハ緊急善後策協

議ノ結果實力ヲ以テ接收スルコト、ナリ二十五日完全ニ接收ヲ終ヘ郵政司ニ於テ國內ノ郵政ヲ統制シ奉天、哈爾濱ニ郵政管理局ヲ設置シ重要都市ノ順序ニ一、二、三等郵便局ヲ設クルコト從來ト異ナル處ナカリキ

康德元年十二月一日地方行政制度改革ノ實施セラルヽヤ之ト呼應シ交通部ハ郵政局官制第四條ニ依ル郵政管理局管理區域ヲ改正シ同日ヨリ實施スルコトヽナレリ。即チ奉天、哈爾濱ノ外更ニ新京ニ管理局ヲ設ケ新吉林省ハ鎭東、安廣、洮安、洮南、開通、瞻楡、突泉、雙山、梨樹、昌圖、開原、西豐ノ各縣及間島省、興安南省ト共ニ新京郵政管理局ノ管理下ニ歸セリ

新吉林省管內所在郵局名稱、位置、及取扱事務

局名	位置	別配達	價格表記書狀	價格表記箱物	代金引換通常	爲替振出	爲替拂渡	外國爲替（振當局拂限アルモノ）	內國特殊小包	外國小包	外國引換代金小包	郵便貯金
△新京郵局	新京特別市大馬路	○	○	○	○	○A	○A	○	○A	○	○	○
△新京頭道溝郵局	新京特別市富士町	○	○	○	○	○A	○A	○	○A	○	○	○
△新京二道溝郵局	新京特別市二道溝	○				○B	○B			○		

△新京三道街郵局	新京特別市三道街	○	○			○ A	○ A			○		
△吉林郵局	吉林市河南街	○	○		○	○ A	○ A	○	○ A	○	○	○
△吉林西江沿郵局	吉林市西江沿	○				○ B	○ B			○		
△吉林車站郵局	吉林市車站	○				○ B	○ B	○		○		
△吉林商埠地郵局	吉林市西大馬路	○	○			○ B	○ B	○		○		
△樺皮廠郵局	永吉縣樺皮廠鎮西大街				○	○ B	○ B		○ B	○		
烏拉街郵局	永吉縣烏拉街鎮北大街					○ C	○ C		○ B			
扶餘郵局	扶餘縣城北大街	○			○	○ B	○ B		○ B	○		○
△三岔河郵局	扶餘縣三岔河	○			○	○ A	○ A		○ B	○		○
長春嶺郵局	扶餘縣長春嶺鎮西大街					○ C	○ C		○ B			
德惠郵局	德惠縣城西大街					○ C	○ C		○ B			
△張家灣郵局	德惠縣特別區哈長路張家灣站鐵道西	○	○		○	○ A	○ A	○	○ B	○	○	○
△老燒溝郵局	德惠縣特區老燒溝站西北街				○	○ C	○ C		○ B	○		

△磐石郵局	磐石東十字街				○	○ B	○ B	○	○ B	○		
△烟筒山郵局	磐石縣烟筒山鎮大十字街					○ C	○ C		○ B			
榆樹郵局	榆樹縣城北大街					○ C	○ C		○ B			
五棵樹郵局	榆樹縣五棵樹鎮南大街					○ C	○ C		○ B			
伊通郵局	伊通縣城十字街				○	○ C	○ C		○ B			
△農安郵局	農安縣城十字街		○		○	○ B	○ B	○	○ B	○	○	○
長嶺郵局	長嶺縣城西大街					○ C	○ C		○ B			
舒蘭郵局	舒蘭縣城南大街					○ C	○ C		○ B			
雙陽郵局	雙陽縣城東北街					○ C	○ C		○ B			
敦化郵局	敦化縣城十字街	○			○	○ B	○ B	○	○ B	○	○	○
△蛟河郵局	蛟河縣城興隆鎮				○	○ B	○ B	○	○ B			○
額穆郵局	額穆縣城中大街					○ C	○ C		○ B			
△下九台郵局	九台縣城下九台車站北中大街				○	○ B	○ B		○ B	○		○

樺甸郵局	樺甸縣城西大街				○	○ B	○ B		○ B			
△公主嶺郵局	懐德縣公主嶺西大街	○	○	○	○	○ B	○ B	○	○ A	○		○
△范家屯郵局	懐德縣范家屯正大街					○ C	○ C	○	○ B	○		
懐德郵局	懐德縣城中街路北					○ C	○ C					

〔註〕(1)△印ヲ附セルハ汽車又ハ汽船ノ通ズル地所在ノ郵局ヲ示ス

(2)○印ハ常該事務ヲ取扱フモノトシA・B・C・D等ノ符合ハ額限八百圓四百圓百圓五十圓ヲ示ス但シ代金引換及價格表記ニ就テハAハ千圓Bハ五百圓ヲ示ス

二、電信 電話

從來滿洲ニ於ケル通信網ハ極メテ幼稚ニシテ鐵道ニ沿フ電信以外ニハ凡ソ次ノ系統アリ

吉林
- 磐石
- 額穆—敦化—敦化—延吉—汪清—寧安
- 九台—長春—長春〔農安—長嶺
　　　　　　　　　〔伊通—雙陽
- 舒蘭—五常—楡樹

哈爾濱
- 賓—方正—依蘭—樺川—富錦—同江
- 阿城
  - 雙城
  - 珠河

三三七

電話ハ各縣ニ電話局アリテ縣營ニテ縣內各要所ト縣城トヲ連絡シアリ縣城相互間或ハ省城間ヲ連絡シアルモノハ極メテ稀ナリ、故ニ民國十九年吉林全省ノ行政會議ニ於テ左ノ電話網ノ完成ヲ企圖セリ

吉林
- 舒蘭—五常
  - 珠河—一面坡—葦河
  - 延壽—方正—依蘭—佳木斯—樺川—富錦
  - 楡樹
- 蛟河
  - 敦化
  - 額穆—寧安—穆稜
- 樺甸—敦化—延吉—琿春—東寧—五站
- 磐石
- 雙陽
  - 長春
  - 伊通
- 下九台—德惠
  - 扶餘
  - 楡樹—雙城—濱江
  - 農安

右ノ中既設線ハ單線八番ノ鐵線ナルヲ以テ之ヲ複線ノ銅トナサントシ舊建設廳ノ努力ニモ拘ラズ完成ニ至ラザリキ

滿洲國ノ成立後一般利便ノ促進ト軍事治安維持ノ關係上其完成ノ心要アルヲ以テ清鄕委員會ニ於テモ亦治安維持會ニ於テモ交通網ノ完成ニ努力シ舊吉林省各縣內計畫ノ分合計一、五一八粁各縣相互連絡ニ心要ナルモノ合計一、一八四粁總計二、七〇二粁經費約四十萬元ニテ官民一致ニテ其實行ニ當リ

今日既ニ大凡ノ完成ヲ見タリ

他方日滿相互間ノ電信連絡ハ其系統ヲ異ニスルノミナラズ制度運用ヲ異ニシ且施設ノ差甚シク圓滑ヲ缺キタルモ滿洲國ノ文化經濟ノ急速ナル發達ト國防上ノ關係ヨリ之ガ擴充改善ハ絶對的ニ必要トナリ而モ之ガ爲メニハ莫大ナル資金ヲ必要トスルガ爲メ日滿兩國協議ノ結果從來ノ官業ヲ民營トスルニ決シ、大同二年五月十五日兩國間ニ批准セラレタル條約第一號「滿洲ニ於ケル日滿合辦通信會社ニ關スル協定」ニ據リ資本金日本金圓五千萬圓ヲ以テ滿洲電信電話會社設立セラレ同年九月一日ヨリ事務ヲ開始シ積極的ナル統一改善擴張ヲ企圖ス

新吉林省內ニ於テ同會社線ニ據リ日文電信ニテ連絡シ得ル地次ノ如シ

吉林―磐石
吉林―蛟河―敦化
吉林―九台―新京―公主嶺

滿洲電信電話會社

本社ハ大連ニアリテ目下新京ニ新築中ナリ

資本金	日本國通貨	五、〇〇〇萬圓
金圓配當株式	七八萬株	三、九〇〇萬圓
滿洲國幣配當株式	二二萬株	一、一〇〇萬圓

内　譯（拂込額）

政府所有株式（全額拂込ノ現物出資）

日本國政府　一、六五〇萬圓

滿洲國政府　六〇〇萬圓

民間所有株式

金圓配當株式（甲種）　四五萬株　五六二、五萬圓

滿洲國幣配當株式（乙種）　一〇萬株　一二五萬圓

事　業

有線電信電話、無線電信電話、放送無線電話、其他ノ電氣通信事業並ニ日滿兩國政府ノ認可ヲ受ケタル附帶事業

但シ鐵道及航空事業ニ附帶スルモノ並ニ官署及ビ警備專用ノ電氣通信ヲ除ク

附録

康徳二年六月

吉林省土産品之調査

總務科調査股張鎭樸

吉林省土產品之調查

人　參

査人參一項、爲我吉林省極貴重之土產品、其主要出產地、係在樺甸、磐石兩縣山陵地帶、每年白露節、爲採取時期、康德元年、約產上等人參四十餘兩、籽冲參、一萬六千餘兩（籽冲參係園中栽種者）

向由山裏農人採取運省、直接售賣與各藥商、上等者、每兩價格、約國幣四十元至五十元不等、籽冲參、每兩國幣兩角但以產額之多少爲價格之消長

藥商購買後、卽加以人工製造成品、惟在本省銷售此項成品之數較少、運銷於營口、及華南、廣東等處爲數甚多、

他省雖亦有出產者、但品質較劣殊不若吉林出品之優良也、

按人參之功用、能大補元氣、滋陰益陽、並治一切虛損等症、實爲補中上品、又在陽氣垂絕時服之、能有回元之力、

參　糖

査參糖、以吉林省城爲主要出產地、其原料、係用山參之汁液、及貢氷糖、配合熬煉成膏、康德元年、

約出五千餘觔、其買賣方法、批發、零售不等、每觔價値國幣一元、以原料價格之高低、爲糖價變遷之標準、

初次買賣地方、爲吉林省城、消費地方、爲各外埠

此糖功用、能補氣、溶液、强身、爲飮料中上等衞生之品、

白玉露酒

白玉露、爲藥酒最著名者、以吉林省城爲主要出產地、查其原料、係用燒酒製造、重將燒酒過甑、即行配合藥料、以氷糖煎炖、康德元年、約出一千五百餘觔、此酒、向係僅在製造本家零售、並不消於外埠每斤價値國幣二角五分、以原料價格之低昂、爲售品價値之漲落、

由吉林省城各藥商製造、出品最良者、爲世一堂之白玉露頗受好評、

此項白玉露酒、味厚甘芳、能活血、益氣、爲飮料中上等衞生品、

虎骨酒

查吉林省城各藥商、製造之虎骨酒、係屬藥酒之一、效力甚大、頗爲人所讚稱、其製造原料、係用燒酒、加配虎骨膠、及其他群藥煎炖之、康德元年、約出四千八百觔、向係在各製造本家零售、並消於外埠、每斤價格、國幣六角、亦以原料價格之消長、爲售賣酒價之漲落、此酒功用、專治人之身體風寒、痲木、筋骨疼痛、奏效異常、

田鷄油

查田鷄油、即哈士蟆之油、產自永吉、樺甸、磐石、額穆各縣界內水塘中、康德元年、約產八百餘觔、每年陰歷十月間、爲採撈田鷄時期、是時凡南山裏、及江東一帶、農家男女婦孺、多向水塘中撈取之、俟將哈士蟆晒乾、即行運至省城、賣與山貨莊、或各藥商、將油取出、並加以製造、每斤價值、國幣十一元、仍以產額多寡、爲價格之消長、至其消售地方、初次爲當地、並消費於營口此油爲食品之一、本地多有下火鍋煮食之者、至其功用、專能陰陽兩補、血氣大充

元蘑

查元蘑、係產自敦化、額穆、樺甸、各縣界樹木叢雜地方、每年暑伏、爲檢蘑時期、康德元年、產額約十餘萬觔

山裏農人、將蘑取家後、待其乾時、即裝包運送來省、由發貨店、爲之介紹銷售、每觔價值、國幣麥角、亦以產額多少、爲價格之消長

初次銷售於本省、至消費地方、則爲新京、奉天、大連、烟台等處、此蘑係爲天然食品之一、人民多於冬季、充作副食品、合猪肉煮食之

木耳

查木耳、以樺甸縣界、森林地帶、爲主要出產地、每年在暑伏之際、爲檢木耳時期、康德元年、產額約十

一萬餘觔

由山裏農人將木耳採至家中製乾後即運省送入發貨店、爲之介紹、銷售於本省各商家、或賣與新京、奉天、大連、烟台等處

按此木耳、亦係天然食品之一、不論何時、普通人民、以肉炒食之

元　皮

查元皮、卽俗稱之黃鼠狼皮、其主要出產地、爲敦化、額穆等縣界內山林中、每年於小雪後、由獵戸等採得、康德元年、約得元皮七千九百餘張、由獵戸等、將皮運至省城、卽售賣與各山貨店、每張價、國幣三元

此項元皮、不惟銷售本省、且又運銷於奉天、哈爾濱及美國、按此皮張、距離省城較近之山林、雖亦產出、但其毛質稍次、

至此皮之利用法、其尾能製水筆、整身能製皮帽、

灰　鼠　皮

查灰鼠皮主要出產地係在樺甸縣山裏、森林茂密之處

每年於小雪後、爲各獵戸打獵所得、康德元年、約得一千五百餘張

各獵戸採得此項皮張後、卽運至省城、賣與各山貨店、或各皮襖鋪、計其價値、上等者、每張國幣六角

次者、每張國幣二角、亦以産額多少爲價格之高下
各皮襖鋪、買得灰鼠皮、即改製熟皮、作成物品、再售與一般購主
初次銷售本省、消費地方爲奉天、哈爾濱等處、
此種皮張、離城較近之山林、雖亦産出、惟稍不如南山裏所出者爲佳
可用此皮製作皮襖、皮帽、

田　鷄

查田鷄之主要出産地、及採取時期等、均詳見於田鷄油內、康德元年、約産一萬三千餘斤、每觔價値國幣八角、仍以産額多少、爲價値之消長

鹿　茸

查鹿茸、係最珍貴土産品、計分花砍茸、花鋸茸、馬坎茸、馬鋸茸四項、其主要出産地、爲樺甸、額穆、敦化、舒蘭等縣山林地帶
每年立夏節後、爲砍鋸鹿茸時期、康德元年、約産花砍茸、六十九架、花鋸茸、百十二對、馬砍茸九架、馬鋸茸五對、（砍茸、係連鹿腦骨、鋸茸、不連鹿腦骨）
由山裏獵戶、將鹿茸或砍或鋸後、即行携至省城、售與各大藥商、花砍茸、每架由國幣五百元、至國幣一千元、花鋸茸每對由國幣三十元、至國幣六十元、馬砍茸、每架由國幣二百元、至國幣三百元、馬鋸

茸、每對由國幣二十元、至國幣六十元
藥商買得後、即加人工、用沸水炸製、使其永不腐爛、此項鹿茸、除各藥商本家製造藥品、及在省城銷售外並以多數運銷於營口、
按鹿茸之功用、服之能補氣、養血、轉弱爲强、誠極上之補品、效力非常偉大

貂皮

查貂皮一項、本地山行業商人、通稱爲大皮、爲極貴重之產品、且近年並不多見、其主要出產地、係在額穆縣東山裏　每年在大寒節、爲獵採貂皮時期、康德元年、計產貂皮六張、每張價值由國幣七十元、至國幣一百二十元
由山裏獵戶、將貂皮採得後運至省城、售與各山貨店、或皮褀鋪、將皮製熟、或製作皮帽、或逕賣貂皮此項皮張、除在本省銷售外、如有存貨、即送至哈爾濱、及奉天、營口等處售賣、
按貂皮、毛細長而暖、且極美觀、惟近年產額、極稱減少以致價格異常昂貴

熊掌

查熊掌、即俗稱之黑瞎掌、其主要出產地、即爲樺甸額穆等縣、山林稠密處所
每年立冬節、爲獵採熊掌時期、康德元年、約得二十餘付
由各獵戶等、獵得黑熊後即將其掌蹄割下、送至省城賣與魚鋪、每付價值、國幣三元、至五元

魚商購買後卽在鋪內銷售、因產額甚少並不運銷外埠

按熊掌一項、係屬食品之一、但必須有優良庖師、加意烹調、始能有淸馨氣味

狐狸皮

查狐狸皮爲我省近年稀有之土產品、以磐石、樺甸、兩縣界內山裏、爲其主要出產地

每年於小雪後、爲獵採之時期、康德元年、約產狐狸皮二十餘張

山裏獵戶、將狐狸皮運至省城、逕由山貨店介紹售與帽鋪或皮襖鋪、製成熟皮、上等者每張價值國幣十五元、次等者、每張國幣五元

此項皮張、初次銷售於本地、並消費於奉天、哈爾濱按狐狸皮毛長而豊、多均製作皮帽、皮襖大氅等、亦有於冬季用整張之皮、圍諸脖項以禦寒者

猞猁皮

查猞猁皮、尤爲本省年來產額最少之土產品、其主要出產地爲額穆縣東山裏

每年於小雪後、爲獵採此皮之時期、康德元年、只產二張山裏獵戶、運皮至省、逕由山貨店介紹、或直接賣與皮襖鋪製成熟皮、每張價值國幣二十五元

此項皮張、曩在產額多時、皆運銷於奉天、哈爾濱、近因產額過少、卽在省城銷售

按猞猁皮毛細長而豊厚、人喜以其製作皮襖、或作大氅

貉子皮

查貉子皮、爲本省之普通土產品、其主要出產地爲敦、額兩縣山裏每年立冬後、各獵戶入山圍時得之但毛皮最好者、在冬至後、有三節毛、芝蔴花、康德元年、約產三百八十餘張

獵戶得此獸皮、運送省城、託由山貨店介紹、賣與皮襖鋪、或逕行由山貨店收買、將皮製熟、每張價值國幣五元

初次銷售地方爲吉林省至於消費地方、係哈爾濱、奉天、俄國等處

按貉子皮毛厚而堅硬、人多以其製作皮褥、鄉間、及山裏一般勞動者、並作隨身坐墊之用

山跳皮

查山跳皮、雖係本省普通而又較次土產品、但以其產額及交易題數尚多、故亦查錄、其主要出產地、爲樺甸縣山林中

每年於霜降後、爲採取時期、康德元年、約產二千六百七十餘張

各獵戶得此跳皮、送至省城、逕行售與山貨業各商號或各帽鋪每張價值、國幣八分

此跳皮除在本地銷售外、除則運銷奉天

按山跳皮、暖力較大、多有用其製作禦寒帽、及年老之人、將其夾縫衣內、及褲內、以禦寒者、惟皮板輕

薄、不甚堅實

猫皮

查猫皮、亦爲土產品之一、以各鄉鎭間、爲其主要出產地、每年霜降後、各鄉鎭間農民小戶、有將其自已所養之猫、或他人所養之猫剩皮售賣、康德元年、約產八百餘張、

各農民小戶、將猫皮携至省城、巡行賣與山貨商、每張價値、國幣三角

此項皮張、均在本地消售

按猫皮品質較爲堅實、多皆染作皮帽、皮領

狗皮

查狗皮雖屬下等之土產品、因在省城山貨業、交易之額亦非少數、故幷查錄、其出產地、係在各鄉及各鎭間

每年冬季、農民小戶、有將自已所養之狗、或野狗、剩皮售賣、康德元年、約產一千五百餘張

各該農民小戶、將狗皮携至省城、賣與山貨商、每張價値、國幣一元五角

此項皮張、除在本地銷售外、並運銷於奉天

按狗皮、毛板雖均堅實、因逢雨雪時、發生腥臭氣味、故多厭用之、但一般農工界人、有用其作皮褥、或

褲褥、皮套褲、及皮帽者、近並有用藥製後作成皮襖者

猪毛鬃

查猪毛鬃之主要出產地、爲省城及各鄉間

每年不論何時、凡宰猪卽可採取、康德元年本城山貨業交易額、爲四千五百餘觔

由宰猪主賣與省城山貨業各商、每斤國幣二元

此項毛鬃、山貨商買得後、另行檢擇一番、除在本城售賣外、並運銷於奉天、再轉於國外

按猪毛鬃、在本城銷售者、多屬製造鞋刷、其運銷於他埠者、則爲有供毛織品之原料云

馬尾

查馬尾亦屬向稱大宗七產品之一、省城及各鄉間、其主要出產地

每年不論任何時期、均可採取、康德元年、省城山貨業交易額、爲五千五百餘觔

由各畜養馬匹者、將馬尾剪取、卽賣與省城山貨業各商每觔價值、國幣六角

各山貨商、買得馬尾後、除在本城銷售少數外、餘均運銷奉天、及國外

按馬尾、在本城售賣者大致爲織羅底、蝿甩、假頭髮等項之用、運銷於奉天及國外者、爲充織製珠絨等之原料

附注

總按以上所列各種土產品、均係康德元年、在本省域有所交易者、餘如未運來城及雖向有其品、而近無所產出者、概皆從闕、合併注明

康德二年七月二十五日印刷
康德二年八月一日發行

非賣品

編纂者　吉林省公署總務廳調查科
印刷者　吉林日滿印刷社
發行者　吉林省公署總務廳調查科

吉林省概説

康德三年十一月一日

吉林省概說

吉林省公署總務廳總務科

例言

一、本書ハ吉林省政紹介ノ目的ヲ以テ本省ノ沿革、一般行政、治安、産業、文教交通、社會等ノ概要ヲ記述シタルモノナリ。

二、本書ノ内容ハ康德三年ノ統計資料ハ未ダ整ハザルタメ康德二年度ノ統計數字ヲ掲載シ聊カ遺憾ノ點多々アルニ付諒トセラレタシ

三、本書ノ編纂ニ就テハ省政彙覽吉林省篇滿洲國現勢竝ニ吉林省概況ニ參考スル所少ナカラズ

康德三年十一月一日

吉林省公署總務廳總務科

吉林省概説

目次

一　吉林市全貌

二

省長

李銘書

民政廳長

張書翰

警務廳長

伊藤容憲

總務廳長

三谷清

教育廳長

馬冠標

實業廳長

羅振邦

三

小白山神殿（吉林市外）

吉林省公署正門

吉林北山全景

五

六

街店商市林吉

ゞカイの江花松・林吉

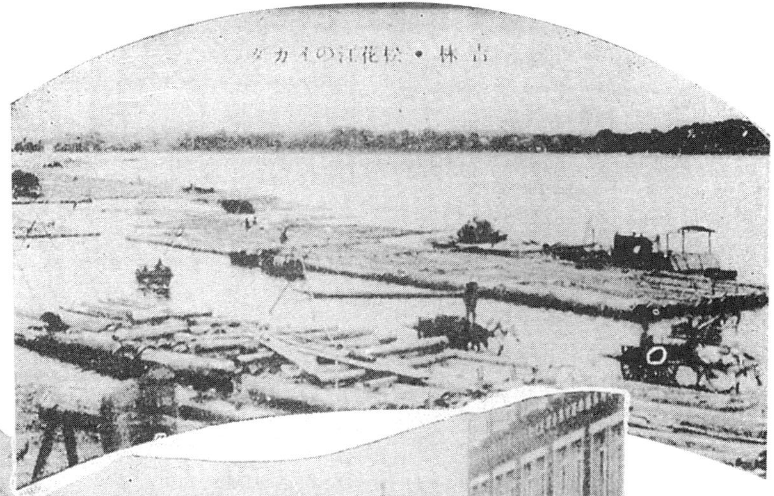

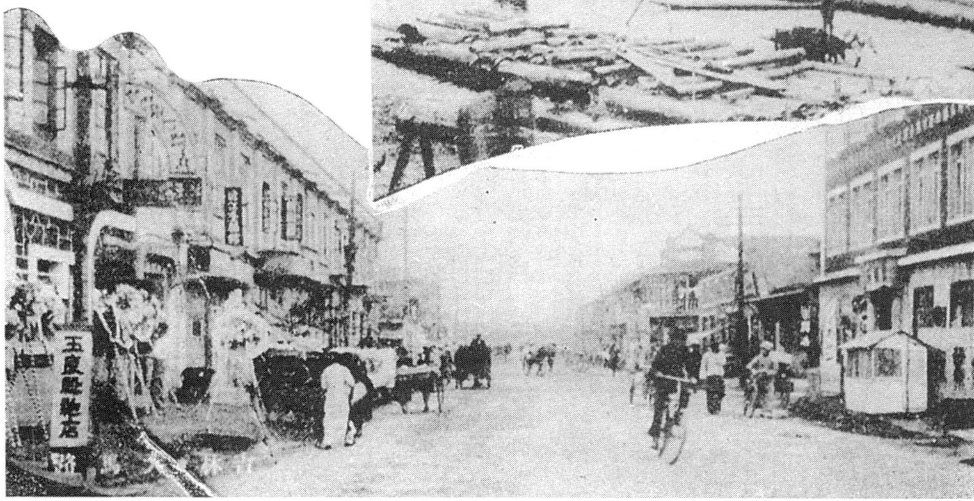

八

國都新京ノ一部

公主嶺農業實習所

公主嶺農事試驗場全景

九

10

樺甸縣城ノ一部

樺甸縣東崴子全景

樺甸ノ森林

樺甸縣森林伐採現場

二

雙陽縣淨月潭貯水池
（國都建設局施工）
完成せる貯水池圖景

縣城ヲ貫ク雙陽河氾濫狀況
康德二年八月二十六日雙陽縣城浸水狀況
最高降雨量　四九粍
最高水位　四米
低水位河幅　五米
洪水時河中　四十米

雙陽縣
滿人農民唯一ノ運搬
及交通機關タル大車

國道
雙陽縣
京吉國道ニ架設ノ道路
橋ノ一部

雙陽縣道路輾壓狀況
康德三年九月七日

雙陽縣道路改修ノ狀況
雙陽縣道築造後六トン輾壓非ニ依ル
工事狀況

一三

雙陽縣
滿洲特有ノ豚追ヒ

雙陽縣
縣農民ノ賦役ニヨリ道路改修ノ狀況

一四

雙陽縣養鹿ノ狀況

縣內ノ治安漸次良好ニ向ヒ農民ハ全ク土着シ彼等自身ニ於テ生活向上ノ道ヲ構シツヽアリ養鹿ハ其ノ代表的ノモノニシテ之等ノ改良發達ヲ促進セシムベク縣ニ於テ極力指導シツヽアリ

現場飼育頭數

第一區四頭二戶　第二區二頭二戶
第三區四二三頭三一戶

雙陽縣娘々廟祭ノ盛況

娘々廟ノ屋根ノ一部

雙陽縣滿人風俗ノ一端

一五

一六

伊　通　縣
縣城南門外排水路上流護岸工事

伊通縣縣城南門外排水路工事

伊通縣
縣城外京伊盤國道壯觀
（直線爲伊京國道
曲線爲伊盤國道）

一七

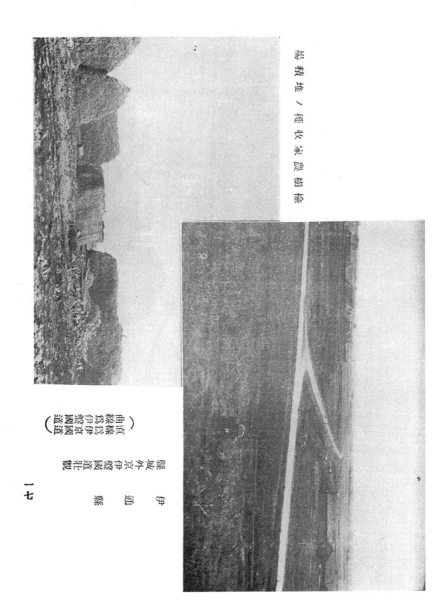

楡樹農家收穫ノ堆積場

一八

○扶余県松花江風景

県城前ノ河幅ハ二粁半ニ達シ新京、白城子方面ヘノ唯一ノ交通路ニシテ一日約八百名ノ出入アリ

農古塔（農安縣）

扶餘古城伯都訥站跡

清初（約二百六十年前）此ノ地ニ城廓アリテ西部吉林ノ要地タリシモ現在土壁殘存スルノミ

扶餘縣南門外關帝廟

約二百五十年前建設サレタルモノナルモ風沙ノタメ覆ハレテ見エズ近年ニ至リテ雨大風ニ洗レテ出現セリ

扶餘縣松花江風景

縣城前ノ河幅ハ二粁半ニ新京、白城子方面ヘノ唯交通路ニシテ一日約八百出入アリ

蒙古相撲
力闘正ニ闌ナル
（郭爾羅斯前旗）

オボ（道祖神）ニ夕ベノ祈リホ献グ喇嘛ノ一群

（乾安）穀倉

（乾安）百斯篤防疫陣

（乾安縣）羊群

（乾安縣）耕ス人

（乾安縣）ソーダト塩ノ自然産出ト調査隊前方湖水大木蘇泡

楡樹縣穀物ノ出荷

康徳貳年拾月壹日磐石縣第五區拐子炕集團部落南向ヲ望ム

松花江橋ノ遠望

一三

一、位　置

本省ハ滿洲國ノ中央部ニ位シ、東部ハ間島省ニ連リ南部ノ大部ハ奉天省ニ、一部ハ安東省興安南分省ニ接シ、西北並ニ北部ハ龍江濱江兩省ニ連接ス。

其ノ經緯度西ハ東經一二三度二分ヨリ起リ東ハ東經一二八度八分ニ至リ、南ハ北緯四二度五分ヨリ發シ北ハ北緯四二度五分ニ達ス。

二、地勢並ニ氣候

地　勢　本省ノ地勢ハ之レヲ山岳地帶、山丘地帶及ビ平原地帶ニ三大別スルコトヲ得。

山岳地帶ハ本省ノ東部地方ヲ占メ、所謂完達山脈ニ屬スルモノニシテ松義嶺、哈爾巴嶺ハ敦化縣ト間島省ト境界ヲ南北ニ走リ、老張廣才嶺ハハ之レニ並行シテ松花江上流ノ支流トノ分水嶺ヲナス、此等ハ左程險峻ナラズ山岳中至ル所ニ小平原ヲ有スルヲ特徴トス。

山丘地帶トハ山岳地帶ヨリ本省ノ西半部ヲ占ムル平原地帶ニ至ル間卽チ完達山脈西麓一帶ノ地トシ、所謂密林地帶、疏林地帶ト稱スル地方ハ概ネ山岳地帶、山丘地帶ニ一致ス。

山岳地帶ハ山脈重疊シ、此ノ間ニ大森林ヲ形成シ、山丘地帶ハ隨處ニ小平原ヲ有シ未開地モ多ク平原地帶ハ松花江ノ中流地域ニ屬シ、土地肥沃ニシテ農耕地モ多シ。

河川ハ松花江及ビ牡丹江ノ兩河アリ、牡丹江ハ源ヲ牡丹嶺ニ發シ、松義嶺及ビ老張廣才嶺ノ間ヲ流レ鏡泊湖ニ入リ更ニ北流ス。松花江ハ山岳地帶ヨリ流ルヽ蛟法河、拉林河ヲ併セ平原地帶ニ於テ伊通河、飲馬河ヲ合シテ北流シ本省內唯一ノ可能舟航河川ナリ。

氣候　本省ノ氣象ニ就テハ新京、吉林以西ノ平原地方ト吉林以東ノ山岳森林地帶トハ自ラ其ノ趣ヲ異ナリ、卽チ京吉地方以西ハ概ネ平原地帶ヲ中心トシ略々新京ニ近ク、降雨量ハ吉林以東、敦化地方ヲ中心トスル方面ヨリモ稍少ナク、降霜期モ後者ヨリモ前者ハ長カシ。

最高溫度	攝氏三三度（七月下旬至八月上旬）		
最低溫度	攝氏零下三四度（一月中旬）		
平均降雨量	最高　七七一、粍八〇	最低　五〇五、粍二〇	
降霜	吉林	初霜九月二十一日	終霜四月十七日
	新京	初霜九月二十九日	終霜五月四日

三、面積及ビ人口

面積　八九、九一〇、三五二平方粁（三五九、六四一、四〇八平方哩）

人口　戸數　七四〇、五五五戸（康德三年三月現在）

人口　五〇五九、五四七人

右ノ內日鮮人ノ人口數ハ次ノ如シ

日本人　一二、四四五人（約四、四一八戸）

朝鮮人　四四、四七八人（約九、六三一戸）

四、主要都市

本省ノ主要都市ハ次表ノ如シ

康德三年三月現在調

名稱	位置	戸數	人口總數	滿洲人	上ノ内 日本人	上ノ内 朝鮮人	其他
吉林市		二五、六九六	三七、八一七	二六、一四五	九、五二二	二、〇五三	九二
蛟河	京圖線中間	二、八二六	一四、六七〇	一二、八一一	三五九	一、五〇〇	
新站街	拉濱線中間	二、一三七	八、〇一〇	六、八二三	五五六	六三一	
敦化縣城	京圖線中間	六、六八一	三三、〇五五	三〇、一七一	一、二九五	一、五七五	一四
樺甸縣城	奉吉線東方	七、四三七	四三、四四四	四二、五四〇	一三六	七六五	三
磐石縣城	奉吉線中間	九、六三三	五二、三五二	五〇、六二三	一八〇	一、五四九	
烟筒山鎭	奉吉線中間	四、五三二	一三、九七六	一三、〇四八	五一	八七七	
呼蘭鎭	奉吉線東方	四、一〇三	一一、四四〇	一〇、六八二	一	七五七	
黑石鎭	奉吉線東方	三、四九九	一七、九〇九	一七、六八四		二二五	
吉昌鎭	奉吉線西方	一、九八〇	一一、五四八	一一、三六四		一八四	
伊通縣城	南滿線東方	二、八三三	一五、六〇一	一五、五〇〇	七一	三〇	
雙陽縣城	京圖線南方	一、三五三	八、〇七六	八、〇四七	一五	一四	
九台縣城	京圖線中間	二、〇四五	一三、三〇六	一三、一一八	九六	九二	
公主嶺	南滿線中間	二、八六七	一五、一五六	一四、六三二	二四	四九二	八

三

四

長嶺縣城	新大綫西方	三、〇〇四	一八、六八二	一八、六五五	三三	四	
乾安縣城	新大綫西方	一、一八八	六、三六六	六、三四五	三		
扶餘縣城	新大綫東方	三、二五五	六三、一六一	六三、〇八四	一四	三三	一〇
五家站街	北滿綫西方	一、六七三	一四、一九八	一四、一九一		六	一
農安縣城	新大綫中間	三、一六六	一三、〇四一	一三、九六七	四九	一六	
張家灣	北滿綫中間	一、三六六	八、二三八	八、一八二	九	二七	
楡樹縣城	北滿綫東方	三、七一七	一七、二四三	一七、一六四	四七	四三	

五、地方行政

(一) 沿革

古代ヨリ清朝末期時代

本省ノ地ハ古代粛愼國ニシテ漢晋代ニハ挹婁ニ、北晋代ニハ勿吉ニ、唐代ニハ渤海國ニ屬シ、宋代ニ於ケル契丹女貞ノ地トナリ。元代ニ於テハ開元路ノ北境ニ屬シ、明代ニハ初メ建州、毛憐等ノ衛地ニ屬シ、次ギニ遼東都指揮司ヲ設ケ之レヲ統轄セシム。清代ニ於テ順治十年昂邦章京（康熙元年將軍ト改稱）一名、副都統二名ヲ設ケ之レヲ寧古塔ニ駐セシメテ此地ヲ鎭守セシメタリ。康熙十年副督統一人ヲ吉林ニ移駐セシメ舊吉林省政ノ嚆矢ヲナシタリ。康熙十二年初メテ吉林城ノ築造ヲ行ヒ、十五年寧古塔將軍ヲ此地ニ移駐セシメテ寧古塔ニハ副都統ヲ駐セシムルニ止メ、三十二年ニハ吉林副統都ヲ更ニ伯都納ニ移駐セシメ、同五十三年ニハ三姓ニ佐領（翌年協領ニ改ム）琿春ニ協領ヲ設クル事トセリ。

雍正三年再ビ吉林副都統ヲ設ケ、翌年吉林ニ永吉州ヲ設ケシヲ初メトシテ泰寧縣(寧古塔)長寧縣(伯都納)等之レニ次ギ、光緒ニ入リヨリ漸次府縣ノ設置ヲ見ルニ至レリ。光緒三十三年將軍副都統ノ官ヲ改メ巡撫ヲ置ク事トシ四道(長春、濱江、依蘭、琿春)ヲ分設シ、始メテ吉林省政ノ規模ヲ備フルニ至レリ。即チ東三省全般ノ軍事及行政ニ關シテハ東三省總督ヲ置クト共ニ巡撫ハ各省一般行政ノ最高機關トシテ新設行省公署ノ長タリ、茲ニ軍民兩政ガ明確ニ分劃サレ、省政務ハ概ネ巡撫ノ專決掌理ニ屬シ特ニ性質緊要ナルモノノミニ付キ總督ノ指揮ヲ仰グ事トセリ。

斯クテ吉林行省公署ニ交涉、民政、提學、提法、度支ノ五司及旗務處ノ六機關ヲ置キ各司ノ長ヲ司使ト稱シ夫々掌管事項ヲ掌ラシメタリ。

越ヘテ宣統三年十月武漢革命ノ勃發ト共ニ翌年二月愛親覺羅三百年ノ社稷ハ覆ツテ民國共和政府ノ樹立ヲ見ルニ至レリ。

民國時代

民國新政府ハ萬機ノ新制更新ヲ計リ、民國元年三年總督巡撫ノ制ヲ廢シテ各省都督ヲ置キ省内ノ文武兩政ヲ統轄セシモ翌三年一月敎令第二號ヲ以テ劃一的現行各省行政官廳組織令ヲ發布シ、新タニ各省行政公署ヲ置キ民政長之ガ長トシテ行政ヲ掌リ軍政ハ護軍使之レヲ掌ル事トナリ軍民分治ニ還元セリ。

次ギニ翌四年五月敎令ヲ以テ省官制ヲ公布セラレ、行政公署ヲ巡撫使公署ニ、民政長ヲ巡撫使ニ夫々改稱シ、又護軍使ヲ鎭安將軍ト改メ鎭安佐將軍行署ヲ置キ、更ニ五年將軍ヲ改メテ督軍トナシ、巡撫使ヲ改メ省長ト稱スルニ至レリ。十二年督軍ハ更ニ東三省保安副司令ト改稱セラレ、翌十三年副司令ヲ改メテ督辦トナシ吉林ニ吉林軍務善後事宜督辦ヲ置ク。次ギニ十七年十二月二十九日易幟アリ、靑天白日旗東三省ニ飜ルヤ所謂黨政期ニ入リ翌年二月五日吉林省政府改組成立ニ關スル訓令ヲ發セラレ、吉林省ハ中央國民政府令ヲ奉ジ督辦ヲ改メテ東北邊防軍駐吉副司令長官トナシ同時ニ省長ヲ廢シ委員制ノ省政府ヲ設ケ、常任主席委員ヲ置キ副司令ハ舊制ニ據ル事トシ略々省政府ノ改織ヲ完了セリ。其ノ後省政府ノ組織ハ幾變遷ヲ經テ二十年九月滿洲事變ノ勃發トナリ省政情ハ茲ニ一變スルニ至レリ。

滿洲事變後

民國二十年九月十八日滿洲事變勃發スルヤ、恰カモ省政府主席張作相不在中ノ吉林省城ニ於テ當時ノ東北邊防軍參謀長熙洽氏ハ省政府從來ノ組織ヲ改メ吉林省長官公署トナシ臨時政府組織大綱ヲ決定シ、自ラ長官トナリ同月二十八日全滿ニ率先シテ獨立ノ宣言ヲ發セリ。其ノ後民衆ノ請願ニ依リ鋭意民心ノ安定、時局ノ收拾ニ奔命スルト共ニ地方ニ割據セル反吉林軍ニ對シテハ討伐宣撫ヲ開始シ、翌年二月漸次反吉林軍ヲ敗退シ、時局ハ愈々安定ニ趨キ、省民ノ時局ニ對スル認識漸次深マルヤ、之等ハ舊東北政權ノ苛政ヨリ逃レテ滿洲人ノ滿洲新國家獨立ヲ要望スルノ聲隨所ニ起ルニ至レリ。

即チ十一月初旬吉林在住旗人要人及朝鮮居留民其他二十一縣民代表等三百餘名ハ省城ニ集合シテ故國滿蒙獨立ヲ懇請スル處アリ、更ニ二月二十五日吉林各法團ハ全國ニ新國家建設ノ通電ヲ發シ、又同日省城ニ於テ建國促進大會開催セラレ、各省聯繫シテ愈々結束ヲ固メ獨立ノ氣勢ヲ擧ゲ、各地ニ澎湃タル新國家建設ノ機運熟シ遂ニ三月一日滿洲國ノ建國トナレリ。

(二) 省行政機構

省行政ノ歴史的經過ハ沿革ニ於テ述ベタル如ク幾變遷ヲ經テ滿洲事變ニ至リ、建國後モ省區劃ニ就テハ舊東北四省區劃ヲ姑息的ニ其儘踏襲セシタメ省政上妥當ヲ欠ク處尠ナカラズ幾多ノ不便困難ヲ有シ、茲ニ從來ノ積弊ヲ除去シ、省政連絡上ノ圓滑ヲ圖リ中間機關トシテノ機能ヲ充分ニ發揮スルタメ康德元年十二月地方制度ノ改革ヲ斷行シ、從來尨大ニ失シタル地域ヲ濱江、間島、三江等省ニ分讓シ、殘リ一市十七縣一旗ヲ所管區域トナス。省城吉林ハ省ノ中央部ニ位シ、交通ノ樞要地點ニシテ中間行政機關トシテ其ノ機能ヲ圓滑ニ發揮シ得ル事トナレリ。

今省行政機構ノ組織ヲ示セバ次ノ如シ

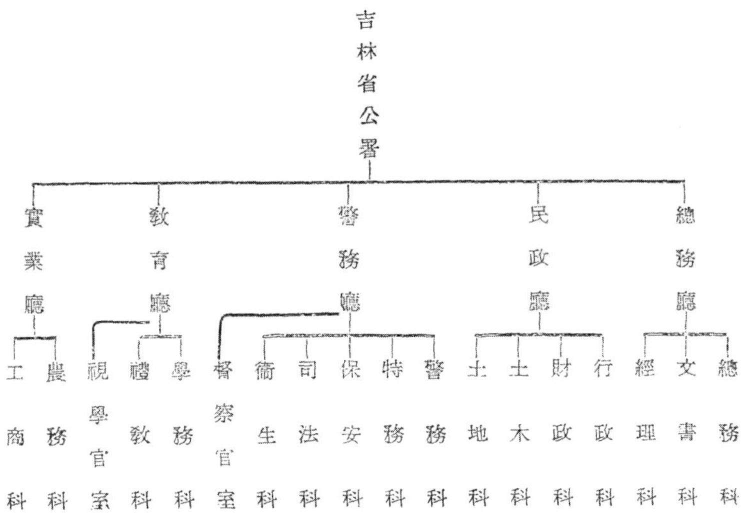
吉林省公署
總務廳
總務科
文書科
經理科
民政廳
行政科
財政科
土木科
土地科
警務廳
警務科
特務科
保安科
司法科
衛生科
督察官室
教育廳
學務科
禮教科
視學官室
實業廳
農務科
工商科

七

(三) 管下地方行政

一、吉　林　市

吉林ハ舊名船廠ト稱シ文字通リ昔ヨリ船舶ノ集マル地點ニシテ農産物ノ集散、商工業發達ノ中心地トナリ人口モ次第ニ增加シテ現在十三萬ニ達シ當省内ニ唯一ノ都市ナリ、民國十八年ニハ市政ノ發展ヲ圖ルタメ中央ノ命ニ依リ市政籌備處ヲ設置シ、舊來ノ商埠地事務所及市政公所ノ事務ヲ引繼ギ滿洲事變ニ至レリ。大同元年三月一日滿洲國ノ成立ト共ニ更ニ一層市政籌備ノ機能ヲ充實シ、大同二年商埠地區劃整理ノタメ埠務科ヲ新設シ土地ノ出租ヲ開始スル外康德元年ニハ省城營業附加捐ノ徵收ヲ本市ニ移管シ、永吉縣立中學校一、小學校十六校及各種ノ社會施設、救濟機關ヲ警察廳其他ヨリ移管、康德二年十二月籌備處組織職制ヲ變更シ、從來警察廳ノ管理ニ屬セル衛生及社會ニ關スル一般行政ヲ何レモ市政籌備處ニ移管セリ。

斯シテ市政籌備處所設置以來六ケ年漸ク諸般ノ工程ヲ完了シ、康德三年四月一日市公署ノ誕生ヲ見ルニ至レリ。

新市制ノ特長ハ省長ノ監督ヲ受ケ縣ト同格ノ行政官廳ナリ、市ハ官治ナルモ自治權ヲ認メ、諸議會ニ依リ民意ガ或程度迄市政上ニ反映ス。尙ホ市官吏中ニ特ニ參與官ヲ置キ、市長ヲ輔佐セシムルト共ニ市ノ機務ニ參劃セシム。

市長ハ市ニ於ケル單一ナル執行機關ニシテ外部ニ對シテ市ヲ代表シ、内部ニ於テハ市政ヲ統轄ス、市長ヲ補佐スルタメ參與官、科長、股長、吏員等ヲ設置ス現在ニ於ケル本市ノ分科組織ハ次ノ如シ。

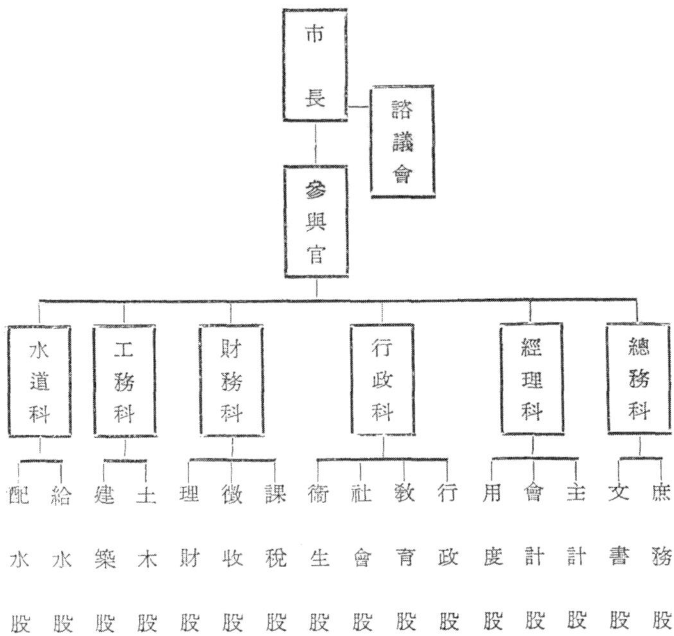

二、縣行政

本省ニ於ケル縣ハ總數十七ケ縣ニシテ之ヲ列記スレバ次ノ如シ。

永吉縣、長春縣、扶餘縣、德惠縣、磐石縣、九台縣、楡樹縣、懷德縣、伊通縣、農安縣、長嶺縣、舒蘭縣、雙陽縣、敦化縣、額穆縣、樺甸縣、乾安縣

縣制ハ市制ト共ニ地方自治團體トシテ重要ナル行政單位ナリ、縣政ノ刷新充實ハ國家建設ノ基礎ニシテ建國當時ヨリ當局ハ諸舊弊ノ芟除、治安ノ整備、財政ノ確立、民衆ノ教化等萬般ノ縣政ニ意ヲ用ヒタレドモ當省ノ縣別ハ依然舊制度ヲ踏襲シ來タレリ。大同二年八月ニ至リ民政部ハ訓令第五三三號「各縣臨時改組辦法」ヲ以テ縣公署ノ改組ヲ命ジ、參事官、指導官、經理官ノ配置ト相俟テ該辦法ニヨリ現行政ヲ實施スルニ至レリ。

縣公署ノ組織ハ一科四局ヲ置キ、從來ノ縣公署ト各局トノ分立ハ一元的ニ縣公署ニ統制包括セラレ、事務ノ運行ハ合理化シ冗員ノ淘汰ヲ計リ、他面豫算制度、會計制度ノ確立ニヨリ舊幣ノ根源タリシ請負制度ノ撤廢ト財務ノ公正ハ略々所期ノ目的ヲ達シ、縣政ハ其ノ面目ヲ一新スルニ至レリ。

今各縣臨時改組辦法ニヨル縣公署組織ヲ表示スレバ次ノ如シ。

但シ丙丁類ニ屬スル縣ハ教育局ノ設置ナク內務局ニ教育股ヲ設置ス

縣長―參事官
- 總務科―庶務、文書、會計各股
- 內務局―行政、實業各股
- 警務局―警務、保安、司法各股
- 財務局―徵收、理財各股
- 教育局―學務、禮教各股

三、旗行政

本省内ニ旗政ハ敷カレタルモノハ郭爾羅斯前旗ナリ、本旗ハモト一種ノ王國ヲナシ完全ニ自治ヲ行ハレ來タレドモ康德元年十二月地方行政制度ノ改革ヲ契機トシテ本省ノ所管ニ屬スルニ至レリ。

總面積六〇萬晌、人口蒙古人一六、五一〇人、漢滿人二〇、〇〇〇人ト推定ス。

本旗ノ行政ハ奎蒙克塔斯哈喇ヨリ四世ノ孫固穆ガ崇德元年徵明ノ功ニヨリ札薩克輔國公ニ封セラレテヨリ十二代今日ノ齊默特色木不勒ニ至ル迄約三百年來ノ傳統ヲ有シ而シテ本旗ノ開墾ハ乾隆年間札薩克恭格喇布坦ガ私ニ流民ヲ私招開墾セシメタルニ端ヲ發セリ。

從前ノ旗制ハ所謂札薩克旗制ニシテ其ノ組織ハ次ノ如シ。

札薩克—協　理—管旗章京—｛管旗梅倫／印務梅倫｝—印花札蘭—達筆帖式—學習筆帖式

「札薩克」ハ旗長ニシテ全旗務ヲ掌理シ世襲旗ニシテ其ノ最高輔佐機關トシテ二名ノ協理アリ、台吉中ヨリ選バレ印務、軍務、旗務ヲ分掌ス。「管旗章京」ハ旗情ニ通スル有能者ニシテ梅倫階級ヲ經タモノヨリ拔擢シ事實上旗政ノ事務的統轄者トシテ旗内一切ノ行政ヲ掌ル。「管旗梅倫」「印務梅倫」「印務札蘭」ノ三職ハ常ニ印務處ニ在リ管旗章京ノ命ヲ受ケ旗務ヲ分掌ス。「達筆帖式」「學習筆帖式」ノ二職ハ所謂書記ニシテ旗公署以外ニ各地局ニ配置ス。

滿洲建國後大同元年七月敎令第五十六號ヲ以テ各旗制ヲ敷ク事トナリ、之ニ依リ本旗ハ新地方制度實施ト共ニ勅令第百六十八號ヲ以テ十二月一日ヨリ旗制ヲ施行スルニ至レリ。

旗公署ノ組織並ニ事務分掌ハ次ノ如シ。

旗長
- 參事官
- 總務科（人事、文書、會計其他事項）
- 内務科（自治團体、公共組合ノ監督、教育、宗教、勸業、土木交通其他行政）
- 警務科（警察衛生又自衛團ニ關スル事項）

四、街村制

街村制ニ就テハ民國時代ニ法令ノ發布アリシモ未ダ徹底的ニ實施ノ例モナク、滿洲建國後モ未ダ街村制ノ確立ヲ見ルニ至ラズ、省下治安確立第一主義ニ基キ保甲制度ノ强化ヲ圖リ保甲本來ノ目的達成ヲ期スルト共ニ村政ヲモ兼ネ實施シ來レリ。爾來全省治安ハ愈々確立ノ機運ニ至リ、產業建設、農村振興ヲ圖ルト共ニ愈々地方行政ノ基礎單位タル村行政整備確立ノ必要ヲ認メルニ至リ、康德三年度ヨリ街村制實施ノ準備ニ着手シツヽアリ。

六、財政

（一）概説

滿洲建國直後從來省財政ノ無統制極マル狀態ニ鑑ミ、鋭意財政整理、經理ノ明朗刷新ヲ期スルタメ豫算經理主義ノ徹底、歲入歲出混淆防止、接濟金ノ整理、冗員ノ淘汰等舊弊打破ヲ斷行セリ。大同元年六月財政ノ中央移管ト共ニ財政廳ヲ廢止シ大同二年度ニ於テ省公署民政廳內ニ財務科ヲ設ケ縣市豫算決算ニ關スル事務ヲ管掌セシム。縣會計規則ニ就テハ各縣行政組織ノ改革ニ伴フ新豫算樣式ヲ規定シ各縣ニ示達セリ。斯クシテ紊亂糊塗セル地方財政ハ行政ノ劃一刷新ト共ニ舊弊ヲ打破シテ明朗潤然タル新制ヲ行フニ至レリ。

本省財政ノ概要ヲ見レバ康德元年度歲出歲入額ハ四、八七七、六〇二圓、康德二年度ハ二、三四四、五一〇圓、ニシテ元年度ニ比較シテ約半減セル會計年度改正ニヨル半年分ナル所以ナリ。康徳三年度ノ歳入歳出預算額ハ六一七一、二三八圓ニシテ治安ノ確立スルニ從ヒ地方財政ハ漸立良好ニ趣キツヽナルモ東部各縣磐石、額穆、敦化、舒蘭並ニ西部乾安、長嶺等縣ノ如ク未ダ自給自足ニ到ラザル狀況ナリ。

（二）縣別財政

建國以來銳意舊政權時代各縣財政ノ積幣打破ニ努メ地方財政ノ確立、刷新ヲ企圖シ、徵稅請負制度ノ廢止、徵稅機關ト會計機關トノ分離及ビ豫算制度ノ確立並ニ地方稅制ノ改革ヲ斷行シ、縣財政ハ漸次改善整備サレツヽアリ。

然ルニ東部各縣磐石、長嶺、額穆、乾安等ノ如ク未ダ自給自足シ得ザル地方ニ對シテハ中央ヨリ行政補助費ノ發給、行政借款ノ貸出ヲ行フト共ニ農民金融機關ノ設立、春耕貸款ノ融通等農民金融ノ圓滑ヲ期シ、更ニ當局トシテハ農村更生ノ積極的方策ヲ講ジ農村恢復ト共ニ縣自体ノ財政確立ノ促進ヲ期シツヽアリ。

今康徳三年度縣別歳入歳出ヲ表示セバ次ノ如シ　（附表別紙）

一四

康德三年度各縣項目別歲入一覽表

	經常部						臨時部							
	由財產所生之收入	使用料及手數料	交附金	納付金	雜收入	縣稅	歲入缺款補塡費	捐助金	滾入金	結餘金	縣債	國庫補助	阿片販賣受附金	土木費
永吉	8.888	2.394	4.550	5.280	82.113	329.577				13.336		5.176	2.550	
長春	6.103	13.469	3.100		132.659	255.150			31.998	35.836				
扶餘	21.423	13.815	3.900	664	1,150	320.070		2.000	41.461	118.214		29.855		
楡樹	4.402	10.070	4.000		37,401	372.963				35.810		2.722		
懷德	2.758	23.607	4.000		41.052	373.484						6.210		
九台	52.856	6.584	2.800	5.784	22.209	290.907				102.290		1.582		
德惠	1.080	5.281	2.057		35.787	229.979		5.268	10.850	57.965	1	32.303		
磐石	1.344	13.666	1.751	1.200	30.012	104.927	228.975		1.224		115.001	16.110		3.250
伊通	19.389	6.697	2.950		38,937	281.675		5.000	3.100		3	10.448		
農安	5.200	4.585	1.650		32.657	236.557				72.826		1.088		
長嶺	2.157	733	350		15.607	75.311	17.451					6.220		
舒蘭	4.050	5.045	3.118		33.089	150.120	87.428				92.501	9.136		
雙陽	9.637	2.967	2.905	1.476	15.984	212.228		1.700	350	10.000		1.626		
敦化	502	3.730	1.675		17.963	91.634	57.255			18,074	32.500	8.887		
額穆	1.756	6.398	1.375		13.750	104.165	100.697				40.000	13.332		
樺甸	769	10.206	1.731	8.610	25.552	172.166	30.714		13.225		45.001	16.635		
乾安	7.000	1.179	7.160		891	56.353				8.000		2.633		
計	129.314	130.427	49.072	23.014	576.813	3.657.266	522.520	11.969	102.302	472.351	325.007	163.963	2.550	3.250

康德三年度各縣項目別歲出一覽表

	經常部												臨時部						
	祭祀費	公署費	警察費	敎育費	土木費	社會事業費	衞生費	屠宰場費	電話局費	勸業費	其他	合計	土木費	建築費	公債費	補助費	調査費	其他	合計
永吉	200	92.343	195.342	48.445	1.600		550		6.551	2.000	6.502	353.533	6.000	4.100	26.625	160	1.000	62.446	100.331
長春	1	71.856		68.810	2.600		701	5.295		7.367	38.140	224.770	60.000	29.836	4.217	7.600	1.500	150.392	253.545
扶餘	400	79.908	138.244	71.381		1.200	440	1.925	3.564	800	3.081	300.943	61.545	6.500			1.500	182.064	251.609
楡樹	400	87.949	160.858	72.374	2.000	5.081	4.140	2.797	5.410	6.118	3.004	350.131	13.639	16.212		710	1.611	85.067	117.239
懷德	387	82.960	142.631	85.491	4.082		3.872	2.508	5.978	2.183	3.752	333.844		1.500	104.581	1		11.185	117.267
九台	400	79.612	115.122	73.539		1	220	2.088	1.807	3.190	3.364	279.343	40.000	63.060		802	1.823	79.984	185.669
德惠	400	65.814	99.200	63.448	1.800	11.178	1.600	2.564	4.728	2.042	3.005	260.779	24.593		57.796		708	36.699	119.796
磐石	400	54.939	138.774	33.806	1.000		250	1.070	7.752	1.224	2.504	241.809	31.780		65.001	61.470	900	116.500	275.651
伊通	400	60.497	109.167	47.861		1.488	650	2.607	7.726	2.754	6.519	239.669	16.205	8.400	8.252	1.177		92.586	126.620
農安	360	55.773	115.412	46.879			500	1.385	6.486	2.135	3.096	232.026	10.000	7.872	18.367	430		85.868	122.537
長嶺	120	34.381	48.706	14.898			400		1.703	3	1.404	101.615		450	8.464		1.300	6.000	16.214
舒蘭	400	54.920	121.961	29.954	900		240	1.760	4.100	3	2.505	216.743	7.630		66.614		1.000	82.500	167.744
雙陽	244	49.705	107.842	26.253			2.040		3.274	203	2.348	191.909	9.359				2.380	55.225	66.964
敦化	316	44.623	82.142	21.038		2.000	300	828	1.863	300	2.003	155.413	3.415		39.312		1.200	32.880	76.807
額穆	400	58.518	99.776	30.635	1.000	960	1	1.619	5.578	200	2.004	200.791	4.750		30.001		5.930	40.001	80.682
樺甸	110	51.384	139.234	28.981		4.858	150	1.168	3.821	300	2.175	232.181	20.225	1	26.001		1.200	45.001	92.428
乾安	180	26.637	42.818	6.352			100		2.969	450	1.354	80.860		350				2.006	2.356
計	5.118	1.051.819	1.857.229	805.235	14.982	26.766	16.154	27.614	73.310	31.372	86.760	3.996.359	309.141	138.281	455.231	72.350	22.052	1.177.824	2.174.879

尚ホ省下十七縣中歳入缺款ニヨリ補助ヲ要スルモノ大同元年度ハ實ニ十三縣四四〇、〇〇〇圓ニ達シタルモ漸次ニ確立ヲ見康德三年度ハ特殊事情ニ置カレタル六縣ニ對シ一九七、〇〇〇圓ヲ補助ニ止ル程度ニ至リタリソノ狀況左ノ如シ。

歳入欠款補塡金狀況表

項目＼年度	國庫補助 欠款補塡	國庫補助 事業補助	縣債	合計	備考
大同元年	四四〇、〇〇〇			圓 四四〇、〇〇〇	補助縣數 十三縣
大同二年	三六五、九六九			三六五、九六九	〃 十縣
康德元年	三三四、三三三		一九二、〇〇〇	五二六、三三三	〃 九縣 水災ノタメ減收ニヨル額大ナリ
康德二年	一四九、二六二	一四五、〇〇〇	一三八、七六九	四三三、〇三一	〃 六縣 但シ半年分ナリ
康德三年	一九七、一二七	九〇、〇〇〇		二八七、一二七	〃 六縣

康德二年度以降ノ六縣ハ磐石、舒蘭、樺甸、額穆、敦化、長嶺縣ナリ、磐石、舒蘭ハ治安恢復ニ伴ヒ近年中自立ノ見込アルモ其他四縣ハ特別ナル財源ヲ與ヘサレハ自立ノ見込ナキ縣ナリ

七、金融機關

本省ニ於ケル金融機關ハ滿洲全般ニ於ケルト同ジク滿洲國自體ノ金融機關ト外國系金融機關トニ二大別サレ更ニ滿洲國側金融機關トシテハ從來ノ錢莊其他舊式銀行トニ分ツコトヲ得、

滿洲事變以來中央銀行成立シ、濫發セル舊紙幣ノ回收ヲ行ヒ、又支那系資本ノ本國引揚ゲモ少ナカラズ、「デフレーション」ハ急速ニ進ミ、又地方治安ノ紊亂ニ因リ糧棧ノ閉店大地主ノ移住等ニ依リ地方農民金融全ク梗塞シ正ニ枯渇ニ瀕スル狀態ナリ。政府ハ茲ニ於テ春耕貸款、商工貸款等辦法ヲ以テ應急的融資ヲ圖ルト共ニ金融合作社ヲ設置シ、自力更正ノ途ヲ講ジ、漸次農村金融ノ圓滿ナル發達ト農民ノ福祉增進ニ努メツヽアリ。

（一）滿洲國側金融機關

一、新式金融機關

滿洲國側ノ新式金融機關トシテハ滿洲中央銀行吉林分行ノ外ニ功成玉、福順德、天和興等アルノミ、

滿洲中央銀行吉林分行ノ概況ハ次ノ如シ。

所在地　吉林省城西大街
本省內支行所在地　吉林省城河南街、敦化、樺甸、磐石、伊通、農安、長嶺、德惠、扶餘、楡樹、公主嶺。
營業開始日期　大同元年七月一日
營業狀況

中央銀行吉林分行康德二年營業統計表

項別 / 金額	預金		貸出		爲替 受入		爲替 拂出	
	國幣	金票	國幣	金票	國幣	金票	國幣	金票
	16.150.137 23	1.086.451 76	32.711.322 94	21.234 77	15.705.717 35	1.348.494 95	16.561.853 20	461.231 94

備考、上表ノ統計ハ七、十一兩ヶ月ヲ含マズ

二、舊式金融機關

舊式金融機關トシテハ從來儲蓄會、銀號、票莊、錢舖、當舖等アルモ大同二年十一月敎令第八十六號ヲ以テ銀行法ヲ公布シテ以來錢莊、錢舖並ニ銀號ハ新タニ銀行法ニ據リ營業ヲ爲サントスルモノ多キヲ加フルニ至レリ、舊式金融機關ハ多ク近代都市ニ集中シ縣城鎭ニハ僅カニ當舖アルノミ、錢舖ノ存スル所ハ極メテ稀ナリ、而カモ事變ト共ニ之等地方ニ存在スルモノハ殆ンド閉店シ、其ノ復活ハ他種商舖ニ比シ極メテ遲々タルモノナリ。本省管內ニ於ケル舊式金融機關ヲ見レバ錢莊、錢舖計六十二戶中新京ニ三十二戶、吉林市ニ二十五戶アリ。當舖八十八戶ノ中新京ニ二十四戶、吉林市ニ二十一戶アルノミ。

三、其他金融機關

(イ) 金融合作社

事變以來地方金融極度ニ梗塞シ、地方中小農商民ノ困却甚シカリシ爲メ政府ハ春耕貸款、商工貸款ノ制ヲ設ケ之ヲ緩和セントセシモ種々ノ理由ニ因リ充分ナル運用ヲ見ルニ至ラザリシノミナラズ商民ハ依然トシテ金融難ニ追ハレリ、茲ニ極簡單ニ而カモ能フ得ル限リ低利ノ貸付ヲナシ得ルト共ニ相互扶助自力更生ヲ根本精神トスル協同組合ノ組織ニヨリ地方ノ實情ニ卽

二〇

スル金融合作社創設ヲ要望スルノ聲漸次旺盛トナリ、康德元年三月十一日永吉縣ニ、四月十五日額穆縣ニ夫々合作社創立總會開催セラレ合作社ノ創立ヲ見ルニ至レリ。當時未ダ其ノ據ルベキ金融合作社法ノ發布ナク暫時財政部總長委任ノ下ニ省長之ヲ監督スルコト、シ夫々創立後一ヶ月ヲ經テ營業ヲ開始セリ。

次ニ康德元年九月十七日金融合作社法發布セラレ、永吉、額穆ノ兩合作社ハ該金融合作社法ニ據ル金融合作社トシテ同年十二月十三日財政部大臣ノ設立許可アリ、引續キ懷德、九台、磐石、長春、伊通、雙陽、楡樹、農安、德惠、扶餘ノ各縣ニ夫々金融合作社設立ノ許可アリ。

之等業務ニ就テ最近統計ヲ示セバ左表ノ如シ。

省內合作社業務統計

（康德三年七月末現在）

（負債）

社數	社員數	出資金	諸準備金	政府貸下基本金	借入金	預金及定期積金	雜勘定	利益金	合計
三	一六、四九四	九四、四六〇、〇〇	二四、三七七、三三	二四〇、〇〇〇、〇〇	七一、〇〇〇、〇〇	一、二四三、〇七九、〇〇	八、九六〇、四四	一四九、三六一、四七	二、五三二、三五九、一三

（資產）

未收出資金	貸付金	預金及郵便貯金	雜勘定	損失金	現金	合計
七二、五六二、〇〇	一、四八五、〇三四、〇〇	七八五、五八三、一四	六四、九六九、七七	一一二、七六〇、〇三	一〇、三二六、一〇	二、五三二、三五九、一三

（ロ）大興股份有限公司

舊軍閥時代奉天、吉林、黑龍江各省官銀號ノ附屬營業トシタル特產物ノ買賣、當舖、電燈、水道、鑛山、製粉、酒造、製織、油坊、航運、印刷、林業、製鹽等ハ約六十有餘店ニ達シ、滿洲建國後之ヲ中央銀行ニ移管シ、事業ノ整理廢合ヲ實施シ、大同二年六月同行ヨリ分離シテ附屬事業中三十八店ヲ擱キ大興股份有限公司ヲ設立スルニ至レリ。本公司ハ本店ヲ新京ニ置キ本省內ニハ營業分店ヲ設ク、其營業ノ根幹タルハ當業（質屋業）ニシテ庶民金融機關トシテ重要ナル役割ヲ演ジ、擔保品ハ各種衣服類、毛皮類、貴金屬、銅錫物其他穀物等ニシテ貸出利率ハ時ニ依リ異ナルモ最近ハ月三分、期限ハ普通十二個月乃至十八個月、貸出總額國幣六、七百萬円ニ達スト云フ。

四、特殊金融

（イ）春耕貸款

大同元年度ニ於ケル春耕貸款ハ匪害水災ヲ被レタル貧農ノ春耕ヲ接濟スルタメ自作農ニ對シ縣長ノ責任ノ下ニ無利子ヲ以テ貸放セリ。

大同二年度ニ於テハ前年度水災ノ被害モアリ、春耕貸款ノ必要切實ナルモノアリシタメ春耕貸款辦法ヲ定メ水災匪禍ニヨリ窮乏セル農業經營者ニ對シ同年耕作ニ必要ナル種子、勞力等ノ諸經費ニ充當スル資金トシテ既墾地一晌ニ付國幣三圓ヲ限リ舊吉林省國幣四百八十萬零六百元ヲ限度トシテ滿洲中央銀行ヨリ貸出スコトニナレリ。之ガ爲メ春耕資金監理委員會本部ヲ、縣ニ同分會ヲ置キ、資金借受人ノ認定、金額ノ査定、元利支拂ノ鑑定其他ノ重要事項ヲ審議セシム、本貸款ノ貸放ハ既墾地ヲ擔保トシ省監理委員會縣分會保證ノ下ニ行ヒ、小作農ハ借受シタキ者ハ農耕資力ノ窮乏セル地主、自作農及ビ地主ヲ連帶債務者トスルヲ要シ、月息八厘翌年四月末迄返濟セシムル事トセリ。本省ノ貸放額ハ五三二、一〇四円ニシテ康德二年九月現在ノ回收額ハ四〇八、八一六円ナリ。

康德元年度ニ於テハ前年度ヨリ貸放條件ヲ緩和シ、「農民復興貸款」トシテ天災、匪禍ニヨリ窮乏セル農民ニ對シ舊吉林省國幣三百六十萬圓ヲ限度トシ復興資金ヲ貸與スルコトヽナレリ。即チ本貸款テ借受シタキ者ハ既墾地ノ地劵ヲ擔保トスルヲ要スルモ擔保物件ヲ有セザル者ハ村長、十家長、地方紳士ヲ含ム五名以上ノ連帶保證書ヲ以テ農民復興貸款監理委員會及同縣分會ノ保證ヲ承ケ借款ヲナスコトヲ得ル事トシ、借受金額ハ既墾地一晌當リ國幣九圓ヲ限度トシ、月息七厘貸付日ヨリ三年以内ニ元利ノ完濟ヲナスヲ要シ、貸付期日ヲ康德元年六月末ト定メタリ。本省各縣ニハ合計國幣一、五一〇、五四二、圓ヲ貸放シ、康德二年九月現在ノ回收額ハ一一二一、三九七圓ナリ。

康德二年度ニ於テハ春耕資金貸放要綱ヲ定メ政府ハ資金ノ斡旋ヲナシ縣ニ於テハ轉貸資金ヲ起債セシム。窮乏特ニ甚シキ德惠、舒蘭、伊通、敦化、磐石、樺甸、六縣ニ限リ貸放スルコトヽセリ。轉貸資金ノ總額ハ三二五、〇〇〇圓ニシテ康德三年七日末現在ノ償還金額ハ一二四、三二二・九六圓ニシテ尙ホ未償還額ハ二〇萬圓アリ。

(ロ) 商工復興貸款

商工ノ復興産業ノ助長ヲ計ルタメ康德元年商工復興貸款ノ貸放ヲ行フコトトナレリ。卽チ水災、匪禍等ニヨリ被害ヲ蒙リ窮乏セル商工業者又ハ特産買付資金ニ窮乏セル商工業者ニ對シ其運轉資金トシテ當吉林省國幣四百萬圓ヲ限度トシ借受希望者ヲ以テ組織セル各縣商工復興資金借款俗會員ニ對シ中央銀行ヨリ貸出ヲナセリ。本省各縣ノ貸付金額ハ國幣七七二、〇七二圓ニシテ康德二年九月現在ノ返還額ハ二三五、七一八圓ナリ。

(ハ) 二荒地復興資金

本省ニ於ケル農耕地ハ建國後打續ク天災匪禍ニ因リ康德二年度ニ於テハ二二〇、〇三三陌ノ二荒地ヲ生シ、ソノ爲ニ收獲量ニ於テ二九〇、四四五瓩、價格ニ於テ一五、三九二、五八五圓ノ減少ヲ來シ延イテハ國家收入上多大ノ影響ヲ生ゼリ、今ヤ日滿軍警ノ絶大ナル努力ニヨリ地方治安モ概ネ回復ノ曙光ヲ見來リタルニヨリ此ノ機ニ地方産業ヲ開發シ民力ヲ涵養シ併セテ縣財政ノ確立ニ資スル爲康德二年八月ヨリ東部六縣(敦化、額穆、舒蘭、伊通、磐石、樺甸)ニ於ケル二荒地ノ復興ヲ計劃シ中央ト再三接衝ノ結果同年末二荒地復興辨法ヲ作成シ、更ニ本年一月中央銀行ヨリ復興資金四十萬圓ヲ借入レ之ヲ以テ右六縣ノ二荒地二三、三三四陌ヲ復興スルコトヽナリ、三月二十日省ニ二荒地復興委員會、縣ニ同公會ヲ設置シ、本事業ノ達成ヲ計ルコトヽナレリ。

（二） 外國側金融機關

一、日本側金融機關

本省々城ヲ中心トスル日本側金融機關トシテ滿洲銀行、吉林銀行ノ二行アリ。康德二年上半期ノ營業状態ヲ示セバ次ノ如シ。

滿洲銀行吉林銀行康德二年營業統計表

種別／銀行別	預金 國幣	預金 金票	貸出 國幣	貸出 金票	爲替 受入 國幣	爲替 受入 金票	爲替 拂出 國幣	爲替 拂出 金票
滿洲銀行	3.208.437.97	9.453.161.07	1.621.501.33	13.004.682.22	1.035.874.00	7.834.923.00	587.844.00	9.254.127.00
吉林銀行	275.846.36	2.332.886.10	—	3.817.398.48	106.887.00	806.897.00	59.781.00	863.703.00

備考 七・十一兩ヶ月ヲ含マズ

二、中國側金融機關

中國側金融機關トシテ本省城ニ分行ヲ有スルモノハ中國銀行交通銀行ノ兩行アリ。今康德二年度ノ營業状態ヲ示セバ次ノ如シ。（但シ交通銀行ハ康德三年十一月ヨリ經業ヲ停止セリ）

（附表別紙）

二四

中國銀行交通銀行康德二年營業統計表

類別／銀行別	預金				貸出			
	國幣	金票	鈔票	銀大洋	國幣	金票	鈔票	銀大洋
中國銀行	9.043.877 04	191.364 48	1.605.529 58	1.101.872 04	2.849.733 69	37.275 32	335.914 50	71.344 00
交通銀行	1.667.543 56	171.301 76	185.186 18	1.818.464 79	1.128.668 35	9.702 33	130.404 68	508.361 51

類別／銀行別	爲替							
	受入				拂出			
	國幣	金票	鈔票	銀大洋	國幣	金票	鈔票	銀大洋
中國銀行	350.639 37	42.577 48	4.336 56	118.521 16	554.597 24	62.724 58	24.168 13	30.757 23
交通銀行	76.183 76	—	—	244.861 95	57.353 34	—	—	87.201 63

備考　七・十一兩ヶ月ヲ含マズ

八、産業、經濟

（一）農業

一、自然的條件

（イ）氣象　氣溫ハ春秋ノ兩季短ク、夏冬ノ兩季長ク且寒暑ノ較差極メテ大キク、月平均氣溫ハ七月最高一月最低トシ農耕期四月ニ至ラバ急激ニ氣溫上昇シ成熟ヲ完了シ收穫ニ入ル九月ニ至ラバ急激ニ下降ス。而シテ冬季ニ於ケル地中ノ凍結ハ各地ニヨリテ異ルモ平均凡ソ一米乃至二米ニ及ブト稱ス。

雨量ハ極メテ少ク日本内地ニ比シ年總量其ノ三分ノ一ニ過ギザルノミナラズ雨期ノ出現又大陸的特徴ヲ有シ特ニ春耕期雨量少ナキハ農作上不利ヲ來タシ之ガ爲メ三年一回程度ノ發芽不良ニヨル不作ヲ來ス。雨量ハ概ネ七、八兩月ヲ最大トシ、九月以降ハ激減スルヲ常トス。風向ハ大體西南一定シ風速ハ比較的大ナリ。

農作物發育期ニ於ケル日照時數ハ長ク初霜ハ早ク晩霜遲キタメ無霜期間ハ割合ニ少ナシ。

（ロ）土壤　現今農業地トシテ開拓シタル耕地ノ大部分ハ第四紀古層又ハ新層ニ屬シ地質學上最モ新シク形成シタル沖積層及ビ洪積層ノ壤土並ビニ植土ニシテ砂土及礫土ノ分布ハ比較的少ナシ。

其化學的性質ニ就テ見レバ有機質並ニ窒素ノ含有量乏シキノミナラズ石灰、硫酸ノ成分モ不足ナルモ燐酸ノ含有量ハ比較的多ク、而シテ其ノ物理的性質ハ一般ニ極メテ纖細ナリ凝集力、附着力ニ重粘ニシテ孔隙容量ニ乏シ。從ツテ空氣ト雨水ノ浸透不良ナルモ水分及養分吸收力ハ極メテ大ナリ。

二、土地利用及作付狀況

（イ）土地利用狀況

二六

本省ハ山岳地帶、山丘地帶及ビ平原地帶ニ分チ、土地利用ノ最モ多キ地方ハ勿論平原地帶ニシテ山丘地帶ニモ隨所ニ小平原盆地アリヨク利用耕作セラルヽ狀況ナリ。

今土地利用狀況ニ就テ見レバ左表ノ如シ。

地方別土地利用統計表

實業部農務司編「康德元年度農業統計」（單位陌）

市縣旗別	總面積	可耕地			不可耕地	總面積ニ對スル比率（%）				可耕地ニ對スル比率（%）	
		既耕地	未耕地	小計		可耕地	不可耕地	既耕地	未耕地	既耕地	未耕地
永吉	2・159・160	314.470	55.440	369.910	1.789.250	17.1	82.9	14.5	2.6	85.0	15.0
額穆	1.572.260	65.200	51.140	116.340	1.455.920	7.4	92.6	4.2	3.2	56.0	4.4
敦化	849.500	55.720	432.940	488.660	360.840	57・5	42.5	50.9	6.6	11.4	88.6
樺甸	461.530	86.760	32.700	119.460	348.070	25.4	74.4	18.6	7.0	72.6	27.4
磐石	331.660	100.580	26.190	126.770	204.800	28.2	61.8	30.3	7.9	79.3	20.7
伊通	508.520	213.720	—	213.720	294.800	42.0	58.0	42.0	—	100.0	—
雙陽	125.500	124.910	—	124.910	590	99.5	0.5	99.5	—	100.0	—
九台	497.470	167.300	21.370	188.670	308.800	37.9	62.1	33.6	4.3	88.7	11.3
長春	375.730	269.010	34.420	303.430	72.300	80.8	19.2	71.6	9.2	88.7	11.3
懷德	282.450	215.250	57.470	272.720	9.730	96.6	3.4	76.2	20.4	78.9	21.1

長嶺	477.580	117.920	113.500	231.420	246.160	48.5	51.5	24.7	23.4	49.1	50.9
乾安	349.430	51.580	170.390	224.970	124.460	64.4	35.6	15.6	48.8	24.3	75.7
扶餘	464.310	294.800	14.740	309.540	154.770	66.7	33.3	63.5	3.2	95.2	4.8
農安	391.550	306.080		306.080	85.470	78.2	21.8	78.2		100.0	
德惠	—	—	—	—	—	—	—	—	—	—	—
榆樹	754.300	460.500	62.970	523.470	230.830	69.4	40.6	40.6	8.3	88.0	12.0
舒蘭	1.669.820	123.930	534.860	698.790	971.030	41.8	58.2	58.2	34.4	82.3	17.7
	11.276.770	2.970.730	1.648.130	4.618.860	6.657.910	41.0	5 80	26.3	14.7	64.3	35.7

即チ可耕地ハ全面積ノ四一%、既耕地ハ可耕地ノ六四%強ヲ占メ尙ホ三五%餘ノ未耕地ヲ有シ、事變以來匪禍水災等ニヨリ既耕地ハ廢耕地トナリタルモ相當アリシモ目下治安ノ恢復ト共ニ廢耕地ハ漸次回復シツヽアリ。尙ホ將來移民事業ヲ奬勵スレバ耕地面積ノ擴大增加ハ充分ニ期待シ得。

更ニ本省內農家戸口及ビ一戸當リ耕地面積ニ就イテ見レバ次表ノ如シ

各縣別農家戸口及ビ一戸當リ耕地面積

縣別	農家戸數				農家人口	一戸當リ平均
	總戸數	自作農	自作兼小作農	小作農		耕地面積
永吉	七五、三七七	三六、一八二	一六、五八三	二二、六一二	四五六、六七八	一五、七四〇

二七

額穆	九、九八二	四、七九一	二、一九六	二、九九四	八八、四〇七	一四、三
敦化	八、四二五	四、〇七九	一、八五六	二、五三〇	四八、八〇〇	九、三
樺甸	一七、三八五	八、二四五	三、八二六	五、二二五	一五、二六九	三、五
磐石	一六、七一五	八、〇二三	三、六七七	五、〇一五	一三、三五三	七、五
伊通	四〇、一二〇	一九、二六八	八、八二六	一三、〇二六	二六二、七三七	四、八
雙陽	一六、八四〇	三、八二三	五、九〇六	八、〇五三	一八、三六七	四、六
九台	三八、八二五	一八、六四一	八、五四四	一二、六五〇	二五〇、一九六	四、一
長春	六〇、〇〇八	二六、八〇四	一三、二〇一	一八、〇〇一	四三六、八二三	三、九
懷德	三六、四七九	一七、五二〇	八、〇二六	一〇、九四四	二七四、三四三	五、六
長嶺	一七、三三四	八、三三一	三、八〇九	五、一九四	二九、九〇五	六、六
乾安	七、四五一	三、五六〇	一、六四一	二、二三〇	五三、五七一	五、六
扶餘	三二、九三三	一五、八〇五	七、二四六	九、八八二	三二〇、五四三	八、三
農安	三一、三六八	一五、〇五七	六、九〇一	九、四一〇	一七一、四五〇	五、五
德惠	三二、五二九	一〇、八一四	四、九五六	六、七五九	一五八、四三七	五、四
楡樹	六七、九九六	三三、六三八	一四、九五九	二〇、三九九	五〇八、八七八	五、三
舒蘭	三五、四二〇	一七、〇〇六	七、七九四	一〇、六三〇	二〇五、三一〇	六、九
合計	五四五、一九六	二六一、六九六	一一九、九四五	一六三、五五五	三、六五一、〇八四	六、七

即チ本省ノ農戸數ハ五四五、一九六戸ニシテ全省戸數ノ七五%ヲ占メ約四八%ハ自作農、二二%ハ自作兼小作農、三〇%ハ小作農トシ一戸當リ耕地面積ハ平均六、七陌ニシテ其ノ最大ナルハ永吉縣一五、七陌最小ナルモノハ樺甸縣三、五陌トス。

(ロ)作付狀況

普通農作物ノ大宗ヲナスモノハ大豆、高粱トシ、粟、包米、小麥等之ニ次ギ特用作物トシテハ煙草、麻、蘇子等ナリ、又近時朝鮮人移民ノ激增ト共ニ水稻ノ栽培漸ク盛ントナレリ。

今康德二年度ニ於ケル農作物作付面積及收穫量ヲ見レバ次ノ如シ。

吉林省各縣別農作物作付面積一覽表

康德二年九月一日現在（單位陌）

種別 / 市旗縣別	普通作物										工、園藝作物				合計
	大豆	其他豆類	高粱	粟	玉蜀黍	小麥	水稻	陸稻	其他雜穀	計	麻實	荏	其他工園藝作物	計	
永吉	85.272	8.375	37.179	49.728	25.235	277	3.787	4.572	17.091	231.516	107	930	2.368	3.405	234.921
額穆	15.691	661	3.303	4.542	5.574	454	7.211	—	4.006	41.442	12	784	483	1.279	42.721
敦化	10.245	841	4	4.495	2.735	2.059	1.172	—	5.893	27.444	20	435	1.200	1.655	29.099
樺甸	7.236	882	4.416	3.958	7.526	395	841	69	2.446	27.769	16	3.218	2.588	5.822	33.591
磐石	14.183	1.586	8.904	6.095	11.185	49	1.950	233	4.031	48.216	16	422	963	1.406	49.622
伊通	56.283	5.695	53.499	34.828	3.820	3.692	900	3.677	10.830	173.124	261	793	6.002	7.056	180.180
雙陽	46.674	3.815	32.701	28.957	2.104	—	494	1.363	7.362	123.470	6	129	839	974	124.444

九台	68.055	2.719	35.745	42.159	1.621	1.106	479	1.179	9.220	162.280	184	192	6.601	6.977	169.257
長春	87.629	2.815	76.574	76.648	10.465	1.400	1.835	2.580	8.521	268.467	66		1.870	1.936	270.403
懐徳	59.412	5.479	66.906	40.669	2.890	1.173	1.435	4.043	13.740	195.747	700	700	6.642	8.942	203.789
長嶺	12.207	11.284	26.041	33.275	28.935	5.063	—	—	16.245	133.140	468	5.463	5.802	11.733	144.873
乾安	5.056	1.460	7.401	14.341	8.025	—	—	—	11.902	49.085		323	1.205	1.528	50.613
扶餘	73.312	6.644	50.402	52.693	11.455	11.455	458	4.582	12.601	223.602	458		5.040	5.498	229.100
農安	50.502	20.352	52.970	65.436	32.638	8.363	590	111	22.670	253.632	4.470	663	11.283	16.416	270.048
徳惠	48.839	2.701	27.908	25.117	4.884	6.977	977	2.791	16.186	136.470	419	558	2.093	3.070	139.540
楡樹	128.957	6.700	60.304	63.654	10.051	16.751	335	8.040	33.167	322.959	1.005	1.005	10.051	12.061	335.020
舒蘭	39.010	2.123	13.722	12.445	12.061	1.246	568	458	11.625	92.658	11	501	1.577	2.089	94.747
總計	804.553	84.222	557.979	559.037	181.204	60.360	23.032	33.698	206.936	2.511.021	8.219	16.116	66.612	99.947	2.601.968

吉林省各縣別農產物收穫量一覽表

康德二年九月一日現在（單位瓩）

種別／縣別	普通作物										工、園藝作物				合計
	大豆	其他豆類	高粱	粟	玉蜀黍	小麥	水稻	陸稻	其他雜穀	計	麻實	荏	其他工藝作物	計	
吉林省	903.363	66.212	718.504	628.209	240.462	53.057	63.119	41.503	219.195	2.933.625	4.512	8.012		12.524	2.946.149
永吉	96.699	6.623	50.794	51.558	47.127	287	10.674	5.897	21.474	291.133	52	422		474	291.607

額穆	19.903	613	4.410	4.483	6.839	236	20.950	—	4.943	62.377	3	425		428	62.805
敦化	9.876	766	3	3.297	2.930	2.216	3.527	—	5.114	27.729	6	269		275	28.004
樺甸	9.277	1.076	6.318	4.615	12.007	296	3.118	62	2.084	38.853	6	2.031		2.037	40.890
磐石	16.542	1.330	15.130	7.717	2.251	56	6.780	294	5.177	74.336	9	208		217	74.553
伊通	66.117	3.816	68.919	36.813	5.376	2.683	2.615	4.041	10.982	201.362	163	491		654	202.016
雙陽	62.513	4.407	46.126	32.196	2.708	—	1.188	2.312	9.129	160.579	4	130		134	160.713
九台	65.453	2.189	41.663	48.095	1.841	1.113	1.422	995	8.245	171.026	182	103		285	171.311
長春	85.664	1.943	91.126	72.879	13.227	969	3.518	2.444	5.435	280.205	40	—		40	280.245
懷德	52.994	4.193	71.665	34.413	4.118	800	2.509	2.699	9.746	183.442	536	[illegible]		945	184.387
長嶺	6.182	6.525	16.313	21.651	20.672	2.359	—	—	8.560	82.262	257	1.457		1.712	83.974
乾安	3.237	874	4.583	9.109	5.274	—	—	—	9.269	32.346	—	161		161	32.507
扶餘	93.766	6.456	83.617	82.412	17.687	10.951	1.065	6.868	18.271	321.093	343	—		343	321.436
農安	43.184	13.676	53.123	61.001	34.601	6.983	958	119	17.029	230.654	1.775	199		1.974	232.628
德惠	65.444	2.716	46.299	41.368	8.293	6.670	2.273	3.905	23.065	200.033	337	498		835	200.868
楡樹	166.102	6.847	95.702	102.165	15.519	16.165	714	11.248	45.571	460.033	737	931		1.668	461.701
舒蘭	40.410	2.108	10.413	14.437	20.892	1.273	1.800	619	15.102	116.162	4	338		342	116.504

三一

三、農家副業

農業經營上比較的不利ナル自然的條件ニ制約セラルルコト大ナル本省農業ニ於テハ農家經濟ノ增進ハ農閑期ノ有効ナル利用ト副業ニ依ル多角的經營ニ依リ之ヲ補足スルノ外ナシ。從ツテ從來本省農家ノ副業ハ少シトセズ、嘗ダ其多クハ自然物ノ原始的採取或ハ家內工業的ノモノトシ其指導改良ハ本業ノ指導改良ト共ニ農業指導ノ中心ヲナスモノナリ。

今本省ニ於ケル農家副業ノ主要ナルモノヲ擧グレバ次ノ如シ。

一、冬期間ノ伐木集材

二、牛馬車及橇ニヨル穀類木材其他ノ運搬

三、山貨採取、山貨ハ本省ノ主要特產トシテ五十數種ニ上リ藥草、毛皮類、菌類、麻類、煙草及小梨、山葡萄、山楂子等ノ果實類ヲ主トス。

四、澱粉製造

五、人蔘栽培、養蜂、養鹿、

六、木炭製造及薪ノ採取

七、羊豚鷄ノ飼育ト魚獲

八、小賣商ノ兼營

四、農家經濟

本省ノ農家經濟ハ全滿的農業恐慌ノ波及ヲ受ケ著シク疲弊ニ陷レリ、蓋シ事變以來農村ハ匪害ニ因ル耕地ノ荒廢、水災、蟲害冷災等天災ニ因ル農產物ノ減收、穀價ノ暴落ニ依ル收入ノ銳減並ニ其他ノ社會的經濟的綜合タル原因ニ依リ著シク經濟破綻ノ現象ヲ來タシ、之レヲ救フベク方策ヲ講ズルモカヽル慢性的農業恐慌ハ直チニ之ヲ打開匡救シ得ズ、故ニ今後國家經濟ノ發展、產業ノ開發ヲ圖ルタメニハ農村ノ振興對策ハ最モ重要ナルコトハ言ヲ俟タズ。今試ミニ永吉、敦化縣ノ農家經濟收支狀況ヲ見レバ次表ノ如シ。

農家經濟收支狀況表

收入之部

康德三年十一月現在調查

調查場所	農家番號	經營樣式	耕作面積	家族數	農產物收入	副業收入	雜收入	臨時收入	合計
永吉縣五區	1	自作	一三晌	一五	六〇二.七三	三一.八三	一三.三一	—	六四七.八七
〃	2	自小作	二	七	四一三.六〇	一四.九三	四.〇〇	八七.三三	五一九.八六
〃	3	小作	三	一四	五九五.二七	一一.六七	—	八.三三	六一五.二七
敦化縣一區	4	自作	一五	九	四七五.六〇	二〇.〇〇	一〇〇.〇〇		五九五.六〇
〃	5	自小作	八	八	三六九.〇六	一〇.〇〇	六〇.〇〇		四三九.〇六
〃	6	小作	五	七	二四二.四〇	五〇.〇〇	六〇.〇〇		三五二.四〇

支出之部

農家番號	生活費	肥料仔種費	飼料費	農具	建築費	交際費	稅捐公課	雇傭費	小作料	借金本利返還	臨時費	合計
1	五七三.六二	三三.七六	四六.九八	二.八九	—	一六.六六	四〇.二五	五六.四〇	—	二〇.〇〇	二六.六六	八一七.二三
2	三六三.六八	二七.一〇	六五.〇七	三.〇七	二四.〇〇	九.五〇	二五.六三	四三.〇〇	一三七.〇〇	一.六〇	三三.三三	七三三.八七
3	三四三.四六	三六.〇四	五五.〇六	二.四一	—	五.〇〇	一六.一八	六.三八	二一〇.三八	五.〇〇	七三.三三	七五四.二四

4	三五五・六〇	三六八・三三	二七・八〇		四〇	三一〇〇	三〇〇〇	九三・三六	一〇〇〇〇	—	三一〇〇	七六二・四八
5	三四五・四三	一六八・一七	八三・五〇		七〇	—	一三五〇	三〇・四四	一三〇〇〇	九三・八八	一〇〇〇	六二七・九三
6	一七〇・七七	三三・三五	一〇・八〇		三〇	一〇〇〇	一五〇〇	一七・〇〇	—	九三・五五	—	三八七・三三

收支決算之部

農家番號	收入總額	支出總額	差引	缺損ノ收入總額ニ對スル%	備考
1	六四一・八〇	八一七・三三	(—)一六七・五三	二六・一%	作柄ハ水害、虫害並ニ低溫ニ依ル六割減少
2	五二九・八六	七二三・八七	(—)一九三・〇二	三六・四%	〃
3	六二五・一七	七四四・〇四	(—)一三九・〇三	一三・六%	〃
4	五九五・六〇	七六二・四八	(—)一六六・八八	二八・〇%	作柄ハ平年ヨリ三割減收
5	四三九・八六	六二七・九三	(—)一八八・〇七	四三・〇%	〃
6	三五三・四〇	三八七・三三	(—)三三・九三	九・一%	〃

右表ノ統計ヲ見レバ農家經濟ハ如何ニ疲弊ナルヤヲ知ル事ヲ得、永吉縣ノ農家ニ於テハ被害ニ依ル減收ハ著シク缺損ヲ來タシ卽チ(2)號ノ缺損ハ收入總額ニ對シ三六・四%ヲ最高トシ(3)號ノ、一三・六%ヲ最低トス、勿論之レハ省下各縣農家經濟ノ標準ト成リ得ザルモ農村恐慌ノ現象ヲ充分ニ窺知シ得ラル、敦化縣ノ農家ニ於テハ(5)號ノ缺損ハ收入總額ニ對シ四三・〇%ヲ最高トシ、(6)號ノ九・一%ヲ最低トシ比較的缺損ハ少シ、之レハ東部地方ニハ比較的作柄良好ニシテ農產物收入ノ外ニ多期ニハ運搬作業、薪裝、山貨ノ採取等ニ依リ收入ヲ補充シ得ルタメ農家經濟ノ恢復ハ比較的可能性ガ多キケレドモ西部

地方農會ノ如キハコノ點ニ於テハ薄弱ナルタメ今後多イニ營農法ノ改善、副業ノ奬勵ヲ講ジ之ヲ補ハザルベカラズ。

一五、農業機關及農業施設

1. 農業機關

農業機關トシテハ各縣ニ農會アリ、本省各縣農會ハ民國十六年公布ノ農會條例ニ基キ設立セレラ其ノ組織内容ハ不備不完全ニシテ本來ノ機能ヲ發揮シ得ザル現狀ニアルヲ以テ康德三年七月二十二日附省訓令第九六四ヲ以テ暫行吉林市縣農會會則例ヲ發布シ、現存農會中差當リ最モ重要ナル市縣農會ヲ本年八月末日迄ニ改組シ、名實共ニ市縣ノ側面的助長機關ニシテ農業ノ改良發達ヲ圖ル團體タラシメントスル方針ナリ。

2. 農業施設

(イ)吉林省立農事試驗場

本場ハ光緒三十四年ノ創立ニ係ルモ從來試驗成績トシテ見ルベキモノナシ、滿洲建國後組織ヲ改メ康德元年度以降事業ノ再興ヲ計リツヽアリ。現在場内ノ土地利用概況ヲ示セバ左ノ如シ。

總面積	四六陌
内譯	
採種圃	一二陌
試作及試驗場	一陌
苗圃	三陌
廳舍、溫室、園藝地	八陌
其他所管地	二二陌

現今場務ハ樹藝、園藝、牧畜、養蠶、養蜂、調査ノ各項ニ分レ場長以下技士二名事務員三名農夫十五人アリ、年預算ハ一萬餘圓ナリ。

(ロ)青年訓練所ノ設置

一般農民ノ技術的向上ヲ圖ルタメ農民訓練所ヲ設置シ、康德二年六月之ガ第一回指定縣トシテ永吉、額穆、九臺、磐石、伊通各縣ヨリ五名宛ヲ選拔吉林省立農事試驗場ニ收容シテ訓練ヲ施シ十月二十三日終了シ、各縣ニ歸鄕シテ農村ノ中堅人物トシテノ活躍ガ期待サレリ。尚ホ本年度ハ敦化、九台、磐石、伊通、雙陽、長春、楡樹、扶餘八縣ニ於ケル指定模範村ヨリ各三名宛ヲ收容シ實地訓練ヲナシツヽアリ。

(ハ)其他苗圃、種畜場、工藝講習所等アリ、今後益々其ノ擴充整備ヲ圖ル方針ナリ。

（二）畜産業

我國ノ農業ハ所謂有畜農業ニシテ畜産ハ農業ノ一部門トシテ存立發達シ農業經營上最モ重要ナルモノナリ。本省ノ家畜ノ主要ナルモノハ牛、馬、騾、驢等ノ役畜並ニ副業トシテ飼養サレタル豚、鷄等アリ。其ノ分布狀態ハ西部ノ平原地方ニ於テハ馬、騾ヲ多ク使用スルタメ其ノ飼養頭數ハ比較的多ク、東部山岳地方ニ於テハ農耕ニ牛ヲ多ク使用スルタメ牛ノ飼養頭數ハ比較的多クナリ。近年農村ノ恐慌並ニ匪賊ノ掠奪ニヨリ家畜ノ飼養頭數ハ著シク減少シ、東部各縣ノ如ク治安不良ナル地帶ニハ役畜ノ缺乏ハ甚ダシキモノニシテ今春二荒地復興ヲ企圖スル際縣當局ハ畜役ヲ他縣ヨリ購入ヲ斡旋シ補充法ヲ講ゼリ尚ホ將來農村ノ復興ヲ圖ルタメニハ家畜ノ增殖改良ヲ圖ル事ハ最モ重要ナリ。

現在家畜ノ飼養頭數ハ次ノ如シ（康德三年十一月現在）

牛　七〇、九八〇頭

馬　三六一、五三九〃

騾	一五九、九〇八〃
驢	五八、七四五〃
緬羊	三一、一六九〃
豚	七一八、三二一〃
鶏	一、一一一、一七〇羽
合計	二、五一一、九三二

（三）林業

一、分布狀態

本省ハ舊省時代ニ於テハ前清時代封禁ノ結果最近ニ至ル迄比較的優秀ナル森林ニ蔽ハレ、其ノ面積約千百九十萬陌約五十億石ト稱セラレ滿洲國唯一ノ森林地帶ナレドモ、新省制ニヨリ省區劃縮少セラレ最モ蓄積量豐富ナル三姓地方ヲ始メ濱綏線沿線並ニ豆滿江流域ノ森林ヲ分譲シ、僅カニ松花江及牡丹江上流地域ノ樺甸、額穆、敦化、舒蘭ノ四縣ヲ主トシ、永吉、磐石兩縣ノ少量ヲ含ム面積九九六、八八八陌蓄積一五八、五一三、〇〇〇立方米ヲ有ス。而カモ其ノ伐採急ナリシ爲メ嘗テ密林ニ蔽ハレタル額穆縣ノ西境老爺嶺ノ森林ノ如キハ既ニ疏林ト化シ今ヤ植林ノ要ヲ痛感ス。本省ニ於ケル林業ノ地位ハ農業ニ次グ重要產業タルヲ失ハズ。

省內森林面積及材積一覽表

（康德二年十月實業部林務司調）

縣名	森林面積（陌）	材積（立方米）		
		針葉樹	濶葉樹	計

樺甸	四五、四〇〇・〇	一七、〇一六、〇〇〇	五三、一七五、〇〇〇	七〇、一九一、〇〇〇
額穆	三〇、四〇〇・〇	一三、八二六、〇〇〇	四〇、〇四〇、〇〇〇	五三、八六六、〇〇〇
敦化	一六八、八〇〇・〇	七、六四一、〇〇〇	二〇、三七六、〇〇〇	二八、〇一七、〇〇〇
舒蘭	五三、七〇〇・〇	五三七、〇〇〇	四、五六四、五〇〇	五、一〇一、五〇〇
永吉	一五、〇〇〇・〇	—	一、三七五、〇〇〇	一、三七五、〇〇〇
磐石	一三、五〇〇・〇	—	一、〇六二、五〇〇	一、〇六二、五〇〇
計	三二六、八〇〇・〇	三八、〇一〇、〇〇〇	一二〇、五三三、〇〇〇	一五八、五三三、〇〇〇

二、出材狀況

本省内木材ハ比較的搬出ノ便ヲ有スルガ爲メ代採モ亦盛ンニ行ハレ樺甸縣地方ノ如キ松花江本流上流地ヨリノ木材ハ松花江ニヨリ流下セラレ額穆、敦化兩縣ヨリノ出材ハ吉敦鐵路開通前ニ於テハ雙岔河ヲ中心トスル冬出濶葉材並ニ蛟河ヲ中心トスル夏出針葉、濶葉兩材ノ搬出盛ンニ行ハレ拉法河、戈雅河、蛟河、烏林河等松花江支流ノ森林ヨリ伐採シタル木材ハ編筏セラレ松花江本流ニ依リ吉林ニ出材セシモ鐵道開通後ハ運搬ノ確實性、運搬日數ノ短縮、金融ノ利便等ノ關係上沿線各驛ヨリ搬出スルニ至リ從來水出八割陸出二割ノ割合ナリシガ今ヤ其ノ地位ヲ轉倒セリ。現事業區域タル敦化、額穆、舒蘭、樺甸ノ四縣ヨリノ出材量次ノ如シ。

	康德元年度出材數量	康德二年度出材數量
建築用材	七〇八、〇〇〇石	一二二八、四二九立方尺
鐵道枕木	二、三〇〇、〇〇〇挺	三〇二、〇〇〇挺

電柱	六、〇〇〇本	——
坑木	一六、〇〇〇本	八六、五五九本
燐寸軸木	六、〇〇〇石	二、五〇〇石（用材中之ヲ含ム）

尚ホ松花江ニ依ル最近木材流下情況ハ年ニ約六〇〇筏（元木約十二萬本）アリ。

三、林場ト林業公司

民國元年國民政府ハ所有者無キ山林ハ總テ之ヲ國有ニ歸スルコトヽナシ、次ギニ同年十二月「東三省國有林發放規則」ヲ同三年ニ「森林法」ヲ公布シ、國有林ノ伐採ハ總テ林務局又ハ森林局ニ對シ踏査申請ヲナシ其ノ許可ヲ受クルヲ要スルコトヽセリ。然ルニ其拂下ニ當リ使用セラルル地圖ハ不完全ナルノミナラズ拂下境界ハ河川、山背ヲ以テセシ爲メ林場ノ重復ヲ來スコト少ナカラズ、之ガ爲メ常ニ紛爭ヲ釀シ、特ニ此種紛糾ハ吉敦沿線ニ多ク、黃花松甸子林場ニ於ケル官銀號ト各林場トノ重復セルモノ實ニ三十五個所ノ多キニ達セリ。故ニ滿洲建國以來政府ハ其整理解決ニ腐心シ遂ニ大同林業公司ノ創立ヲ見ルニ至レリ。

現有森林ニハ國有林、公有林、私有林ノ外ニ寺院學校ニ對シ基本財產トシテ民國政府ヨリ附與セラレタル寺廟林學有林アリ。

今省內林業公司ノ主ナルモノハ次ノ如シ。

一、大同林業公司

從來松花江上流及ビ牡丹江上流地方ノ林業權ハ始メ舊官銀號ノ所有ナリシモ後大倉、王子ノ諸會社ヲ始メ各方面ヨリ伐採權ノ爭奪行ハレ紛爭絕エザリシタメ滿洲國政府ハ中央銀行其他權利所有者ヲシテ額穆、敦化、樺甸ノ三縣並ニ寧安縣南端ノ林場ヲ返還セシメ國有トシ新タニ大同林業公司ヲ設立シ同地方ノ林業ヲ統制スルコトヽシ大同二年十一月省城內二道碼頭ニ創立事務所ヲ設置シ。資本金五百萬圓（鐵路總局二百萬圓、林場權所有優先株二百萬圓一般公募百萬圓半額拂込）トシ本社ヲ新京ニ置クコトヽセリ。

二、吉林松江林業公司

民國二年二月吉林省支那人有力者及官銀號ノ合資組織ニヨリ資本金小洋一百萬元ヲ以テ林業製紙ヲ目的ニ創立サレタル純支那側法人タリシモノナリ。該公司ハ濛江縣內ニ一個所其他縣外ニ數個所ノ林林場ヲ所有スルガ創立以來事業不振ナリ。

三、興 吉 公 司

樺甸縣韓家ノ事業トシテ伐木ニ從事セシモ負債整理上滿鐵ヨリ民國十二年十一月數回ニ亘リ約八十萬圓ノ借款ヲ受ケ林業部ハ興吉公司トシテ獨立シ滿鐵ハ該公司樺樹林子一帶ノ林場ヨリ枕木ヲ採伐納入セシメ其代金ニテ貸金ヲ償還セシムル計劃ナリシモ其後不振ノ爲メ、回收困難トナレリ。經營區域ハ樺甸縣方面ニ面積十九萬町步立木蓄積約千三百萬石ト稱ス。

四、額穆縣森林保護救濟民生組合

額穆縣ハ松花江、牡丹江上流々域ノ森林地帶ヲ占メ一億七千九百萬石ノ推定材積有シ本省優位ノ林產縣ナルニ拘ラズ縣ノ東半嶺東地區ハ早クヨリ匪賊ノ蹂躪スル所トナリ其森林盜伐モ盛ンニ行ハレシタタメ同地窮乏農民ノ救濟、森林保護及ビ保甲制度强化ノ目的ヲ以テ康德元年十二月二十六日額穆縣森林保護救濟民生組合ノ設立許可ヲ得タモノナリ。本組合ハ舊縣城額穆索ニ組合總事務所ヲ置キ各保ニ分事務所ヲ設ク。伐採地點ハ馬鹿溝、北大秧、靑溝子、官地東馬鹿溝、二道溝、三道溝上掌、四道溝トシ前三者ハ黃泥河子驛、後四者ハ敦化驛ニ出材シ大同林業事務所ニ賣渡スモノナリ。事業資金ハ各保甲內ニテ民衆所有ノ土地點ヲ擔保トシ額穆金融合作社ヨリ約一萬圓ノ借款ヲナシ之ニ充ツ。

大同林業事務所ハ同組合ニ對シ國有林伐採ヲ遵守スベキヲ條件トシ前記地區內ニ於テ紅松角材及丸太十萬石以內ノ伐採ヲ許可シ伐採期限ハ康德二年三年三十一日迄トシ搬出期限ハ康德二年五月三十一日迄トセリ。

（四）鑛　業

一、金屬鑛業

本省ニ產出セラルヽ金屬鑛ハ樺甸縣ニ於ケル砂金ヲ以テ唯一トシ產金地十數個所ニ達シ松花江本支流沿岸ニ分布セルモ今日ニ於テハ夾皮溝ヲ除キ凡テ廢鑛トナリ。老金廠及ビ栗子溝ハ夾皮溝ト共ニ老韓家ノ嘗テ稼行セシ所トシ、又色勒河、金銀廟河流域、頭道柳河ヨリ五道柳河ニ至ル流域及ビ金銀廠口子ヨリ大小沙河子ニ至ル總延長六百里ノ間ハ由來採金夫蝟集シ長白山下ノ黃金國ト謳歌セシ所ナリ。其他樺甸縣寄リ磐石縣下ニ呼蘭川、黑石鎭、頭道溝、大泉眼及ビ其縣ノ南方帽兒山並ビニ額穆縣下樣木條子溝、北大洋、胡家店等ノ產金地アリ嘗テ稼行或ハ試掘セラレシコトアルモ何レモ廢鑛トシテ今日ニ及ブ。

砂金ヲ除キ磐石縣石咀子ノ銅、大猪圈礦洞子ノ鐵、半截河ノ鉛及ビ永吉縣水泉甸子、大藍旗屯ノ鐵、官馬咀子ノ鉛等アルモ何レモ貧礦ニシテ目下稼行セラルヽモノナシ。

二、非金屬鑛業

本省ニ於ケル非金屬鑛產ハ石炭及石灰岩ニシテ石炭ハ比較的各地ニ分布シ品質ハ何レモ良好ナラザルモ其埋藏量一億二千九百五十萬瓲ニ達スルト稱ス。目下稼行中ノモノハ缸窰炭田（永吉）火石嶺炭田（九臺）奶子山炭田（額穆）及ビ南大溝、沙河子ノ炭坑（伊通）トシ天合興炭田（樺甸）半拉子門（伊通）及ビ滿鐵ノ所有ニ係ル寬城子陶家屯並ビニ石碑嶺炭田（長春）ハ休坑中ナリ。

石炭岩ハ奉吉沿線タル大椅子山、七箇頂子、駱駝磊子（磐石）及ビ九臺縣飲馬河驛ノ南方タル石頭口門、平安堡、圍山子並ビニ永吉縣下二道溝ニ埋藏量相當豐富ニ存在シ品質又良好ニシテ新タニ設立セル大同洋灰股份有限公司ハ其原料ヲ磐石縣下ニ仰ギ石頭口門ヨリ圍山子ニ至ル間ハ既ニ范家一族ノ稼行ニ係リ范家石灰窰トモ稱ス。

（五）商　業

本省ノ商業ハ滿洲國ノ對外貿易ノ躍進ニ總ヒ進展シ、京圖線、拉濱線ノ貫通ニ依リ北鮮並ニ日本トノ交通連絡ハ緊密ナルニ從ヒ本省ノ商業經濟ノ發展ハ一層促進サレ、日本商人、日本商品ハ相當奥地ニ至ル迄進出スルニ至リ新京、公主嶺ニハ同業組合ヲ組織シ二千ニ餘ル組合員ヲ擁シ又新京、公主嶺、吉林ニハ輸入組合ヲ組成シ夫々其ノ發展ヲ企圖シツヽアリ。

各地ニ於ケル滿商ノ狀況ハ近代都市ヲ除ク各城鎭ノ商舖ハ依然舊式經營ニ據リ其以下ノ村屯ニアリテ攤床或ハ僅カニ行商ノ手ニ依リテ日用雜貨ノ借給ヲナシ居ル狀態ナリ、滿洲事變後營業ハ一時停頓ノ狀況ニ陷リシモ最近ハ漸次恢復シ、今後治安ノ確立並ビニ農村ノ復興ニ依リ益々發展ノ見込アリ。

本省各地移入商品ノ主ナルモノハ綿布、綿絲、砂糖類、麥粉、煙草、煤油、鹽、毛織物、綢緞、鐵器、燐寸等ニシテ移出ノ主ナルモノハ粮穀ノ外ニ材木、山貨即チ葉烟草、麻、元蘑、木耳其他藥材、毛皮等ナリ。

今省下各縣商業ノ營業狀態ヲ表示スレバ次ノ如シ。

吉林省商業經濟狀況調査表

（康德二年度）

業別	商店總數	店員總數	資本金總額	總販賣高
雜貨及布疋業	一、一一二	九、五八八	一、三三四、一一六	一三、六〇四、五九九
下雜貨業	五五四	一、六六五	二四二、一六五	二、一九八、四三三
洋貨及京貨業	一六四	七七七	一五四、三一〇	一、〇七九、一三四
藥材店及藥業	五九三	三、二七一	六四四、七二八	一、九八七、四〇七

糧店及米麵業	三三八	三、一二八	九三五、八八八	一八、六六九、四九五
餜品及鮮貨業	四六六	二、三一三	三五〇、二四五	三、二六二、八四八
估衣業	六三	二六七	四六、四八〇	二六五、八二八
書籍文具業	四四	二〇〇	三〇、八五〇	一三〇、一〇八
紙烟業	四八	一八六	三三、三〇〇	六八八、八五八
五金器販賣業	五二	二三〇	三八、五四〇	一五六、〇〇九
鞋帽業	四四	一九一	一一、三四〇	一三六、七三三
鐘表及照像業	四六	一二一	九、〇〇〇	二二、九二八
飲食店業	三一一	一、五二六	五〇、八七五	三五一、五三六
旅館及店業	一八八	九〇五	一一八、四九〇	一七三、九八四
肉類業	六五	一九〇	一六、八四〇	二一三、六九三
質當業	三一	二八一	三一〇、四〇〇	一、三九三、九五三
石炭木材業	四	一八	二、〇九五	一八、六六五
山行皮張業	三五	一四二	二三、九四三	七八、五五四
茶葉店業	四	二六	一、〇五〇	三、五三四
煤油販賣業	二	五〇	二二六、〇〇〇	一三〇、一四九

共他	一六〇	一、〇二九	一九三、五五〇	一、一九七、九〇六
合計	四、三三三	二六、一〇四	五、七七四、二一五	一一五、七六四、四〇八

(六) 工業

本省工業ノ主ナルモノハ石灰工業及ビ吉林市内外ニ存スル製紙、燐寸、製油、製材等ニシテソノ外ニハ在來舊式家庭手工業タル燒鍋、油房、粉房、機染房、鐵爐、磚窰、皮舗等ノ雜工業アリ。カヽル手工業ハ交通不便ナル各地ニ於テ地場ノ需要ニ應ジ農村生活ヲ潤セル點ニ於テ重要ナル役割ヲ演ジ特ニ德惠、樺甸ノ白酒ノ如キ美酒ヲ以テ知ラレ更ニ吉林、新京、哈爾濱ヲ始メ其他各地ニモ移出ス。

本省ノ工業的將來ヲ見レバ販路トシテハ新京ヲ始メ相當廣大ナル背後地ヲ有シ、吉林郊外ノ地ハ工業地帶トシテ比較的好條件ニ惠マレ、原料ノ供給モ材木ノ蓄積ガ多ク、其他燃料トシテハ缸窰、火石嶺、奶子山等ノ炭坑ヲ近クニ有シ、土地、勞力又比較的安ク、工業用水ノ便ヲ有シ且ツ電力ノ廉價供給ヲ企圖シツヽアル等ノ事情ニヨリ製豆、製紙燐寸ハ勿論、交通ノ便ヲ利用シ多少ノ原料ヲ省外ヨリ仰グニ依リ製麻、製粉等工業ノ發展モ期シ得ベキモノナリ。

吉林市ニ於ケル主ナル近代工業ハ次ノ如シ、

(1) 燐寸製造業

吉林燐寸會社、樂志火柴公司、泰豐火柴公司及ビ金華火柴公司ノ四社アリ、總資本金九萬五千圓、ボイラー四、軸木排列機四十六台、抽拔機二十一台、乾燥機四十台ト從業員七九〇名ヲ擁シ一日ノ生産能力六十五箱ナリ。

(2) 製材業

目下營業中ノ製材公司ハ吉林木材興業株式會社及ビ製材公司(鴨綠江製材無限公司支店)ノ二社トシ總資本一百十萬圓、

ボイラー六、鋸機三十二台、從業員三三二名ヲ擁シ一日ノ生産能力八〇〇石ナリ。其他吉林製軸會社及ビ永年休業中ノ松江林業公司アリ、又日本人個人製材ニ濱明製材所吉林製材所アリ。

（3）石灰工業

石灰工業トシテハ大同洋灰股分有限公司アリ、本公司ハ資本金三百萬圓日滿合辦トシ本社ヲ吉林ニ置キ、事業トシキハ洋灰製造販賣、洋灰ヲ使用スル工事材料ノ製造販賣並ニ之ニ附帶スル事業ヲ主トス。

尚ホ本省管下各縣ノ手工業ハ之ヲ總括的ニ概親スレバ次ノ如シ。

吉林省各市縣工業經濟狀況調査表

業別	工場總數	從業員總數	總資本金	總販賣高
製米麵業	一五	二八	二、四八〇	五一、九四一
製油業	一三二	七〇二	二三〇、〇一〇	八〇二、二二四
製酒業	七四	二、七二七	九七四、八〇〇	四、二一七、六三九
製醬業	六一	三七六	四五、六二九	二九一、四一七
製糖菓業	一二四	五七七	八五、四八五	三三六、九八八
木器製造業	二一八	一、二九四	二三七、七〇四	一、一五二、三〇八
金銀製造業	一七五	八九〇	二〇九、〇一〇	一、三〇四、六一八
紡績及染業	八三	六二〇	六三、三八〇	二三五、九四七

印刷及製紙業	四七	三八二	二〇、〇七〇	九二、五五六
製衣業	一三二	六七二	三五、五八九	二三〇、〇四六
皮革製造業	一〇七	五二四	四〇、一六〇	一七〇、六六八
玻璃及製鏡業	七	三三	五、七〇〇	一三、五八三
鐵器製造業	二八〇	一、〇五〇	六一、三六五	三一七、六五一
磚瓦製造業	二八	二四二	一〇、八八〇	三四、四八一
修理鐘表照像業	六五	一四六	一九、九七五	七九、八八四
鞋襪業	三六	三七九	六八、八五〇	二四二、二五九
粉豆房業	二七	一六二	二四五、五四五	五一六、五四八
胰蠟製造業	二	六	一、二〇〇	二、六七七
飯店業	八四	六一〇	三六、一六〇	二八一、八九三
理髮業	六〇	二四七	六、九一五	二七、〇三四
其他	二三五	一、七〇八	二〇七、七八九	六八〇、九五九
合計	一、九九二	一三、三七五	二、五九八、六九六	一一、〇八四、二二一

九、交通

(一) 鐵道

本省ニ於ケル鐵道ハ既設幹線タル京吉線、吉敦線、奉吉線、京賓線、蛟奶支線ノ外京大線ノ新設開通並ニ京圖線ノ全通等アリ、愈々鐵道ノ便多キヲ加フルニ從ヒ、治安ノ確立、産業經濟ノ建設等ニ貢獻スル所大ナリ。今省內ノミニ付國道線延長ヲ一瞥スレバ次ノ如シ。

線別		延長距離		敷設費	敷設年月	備考
京圖線	京吉線	一二七、七〇	三八五、三〇粁	五三〇萬圓	一九〇九年起工	滿鐵ヨリ貸款
	吉敦線	二一〇、四〇		一、八〇〇萬圓	一九二六年起工	滿鐵ヨリ立替貸金
	敦圖線(敦化南溝間)	四七、二〇		不明	大同二年五月完成	
奉吉線(吉林―海龍間)			一八三、四〇粁	二、三〇〇萬圓	民國十六年六月起工	吉林官民合辦
京濱線(新京―蔡家溝間)			一五六、一〇粁		一八九七年起工	露國敷設
拉濱線(拉法―平安間)			一一〇、〇〇粁		大同元年六月起工	鐵路總局經營
京大線(新京―前郭旗間)			一四八、三〇粁		康德元年四月起工	滿鐵委任敷設
奶子山線(蛟河―奶子山間)			一一、〇〇粁		一九二九年竣工	大同二年三月鐵路總局移管
計			九九四、一〇粁			

(二) 水運

本省內ニ於ケル唯一ノ水運河川ハ松花江ニシテ其ノ源ヲ長白山脈ニ發シ、奉天省濛江縣ヲ南北ニ貫流シ樺甸縣永吉縣ヲ過ギテヨリニ舒蘭九台ノ縣界及楡樹德惠ノ縣界ヲ流レ扶餘縣ハ本江ヲ隔テ、農安乾安ノ兩縣ニ相對シ、其ノ下流ニ於テ嫩江ト會シ所謂第二松花江ノ本流ヲナス。其ノ兩岸ニハ十數港ノ埠頭ヲ有シ、概觀スレバ之ヲ吉林上流、吉林陶賴昭間、陶賴昭扶餘間、扶餘哈爾濱間ニ分ツコトヲ得。

(一)吉林上流ハ山嶽地帶ヲ流ル丶ガ故ニ急灘淺瀨多ク汽船ノ航行ニ適セズ獨木舟筏及薪炭、農産物ヲ積載スル小民船ヲ通ズル程度ニ止マリ省城ニ近キ五十粁餘ノ間小蒸汽船ヲ通ジ得ルノミナリ。

(二)吉林陶賴昭間距離一九九粁ニシテ本區間ハ水深三呎乃至五呎、河幅三百米乃至五百米アリ、解氷期間中ハ吃水ノ淺イ汽船及ビ荷船ノ往來アルモ吉林下流十粁間餘ニ所謂九站ノ險灘アリ彌流ナル爲メ汽船ト雖モ遡航困難ナリ。更ニ四十粁餘ニシテ烏拉街ノ險灘アリ、狹水道ナルタメ減水甚シキ時舟航ハ阻止サレ、此地ヨリ下流ハ平原地帶ヲナシ河幅廣ク水流緩カナリ。

(三)陶賴昭扶餘間距離一六二粁ニシテ本區間ハ河幅廣ク一粁ニ達シ減水セル時ト雖モ四百乃至五百米アリ、扶餘附近ハ增水時四粁乃至五粁ニ及ブコトアリ。水深ハ一般ニ淺ク二呎ニ過ギザル所アリ、且ツ年々水路ノ變移甚シク處々淺瀨ヲ生ジタメ汽船ノ航行ハ困難ナリ。

(四)扶餘、哈爾濱間距離一六八粁ニシテ扶餘ノ下流四浬ノ地點ニ二、三呎內外ノ淺瀨アリ、減水時航行ニ支障ヲ來スコトアルモ三岔口ニ於テ嫩江ヲ合シテヨリ急ニ水量增加シ普通八呎減水時ト雖モ四呎以上アルノミナラズ扶餘下流十二哩ノ地點ハ汽船ノ夜間航行モ自由ニシテ舟航ノ便アリ。

松花江ニ解氷期前五箇月餘卽チ十月下旬乃至十一月上旬ヨリ翌年四月下旬ニ至ル間ヲ除ケバ航行盛ンニ行ハレ沿岸諸村ニ水運ノ便ヲ與フルコト大ナリ。尙ホ松花江結氷期及解氷期ニ就テ最近數十年間ニ於ケル平均月日ヲ見レバ結氷期十一月十日解氷期四月十五日トス。

(三) 道路

從來ノ道路ハ夏期降雨ノ際泥濘膝ヲ沒スルガ如キ惡道路トナリ殆ンド交通杜絶サルヽノ狀態ニアリ、僅カニ十一月ヨリ翌年三月ニ至ル間ニ於テ全地凍結シ河川溝渠ハソノ爲メニ橋梁ノ要ナク道路外ノ地ハ赤裸ノ空地ヲナシ其ノ通行自由トナルガ故ニ一年中ノ交通運搬ハ多ク此ノ間ニ行フ狀態ナリ。

此處ニ於テ政府ハ國防及治安ノ維持、內政機能ノ敏活ト經濟力ノ增進及疲弊農村ノ救濟及ビ鐵道補足等ノ見地ヨリ道路ノ新設補修ヲ企圖シ道路ヲ國道、縣道、區道、里道ニ分チ區道里道ハ專ラ縣並ビニ鄕村ニ於テ補修ヲナシ、縣道ハ國庫補助ノ下ニ省並ニ縣ニ於テ其ノ補修ニ當リ、國道ノ建設ハ國道局ニ依リ之ヲ實施セリ。今本省內ニ於ケル主要ナル國道ノ計劃路線ノ建設概要ハ次ノ如シ。

<table>
<tr><th>區間</th><th>距離</th><th>竣工期日</th><th>工事費</th></tr>
<tr><td>公主嶺—伊通間</td><td>五〇、八粁</td><td>康德元年七月三十日</td><td>一五三、〇〇〇圓</td></tr>
<tr><td>新京—伊通間</td><td>六七、七粁</td><td>康德元年八月十五日</td><td>二〇三、〇〇〇圓</td></tr>
<tr><td>公主嶺—懷德間</td><td>四五、三粁</td><td>康德二年六月</td><td>一五八、〇〇〇圓</td></tr>
<tr><td>新京—吉林間</td><td>一〇八、八粁</td><td>康德二年六月十五日</td><td>一、〇五二、〇〇〇圓</td></tr>
<tr><td>敦化—寧安間</td><td>二一九粁</td><td>康德二年六月</td><td>五三三、〇〇〇圓</td></tr>
<tr><td>新京環狀線</td><td>四八、七粁</td><td>康德二年十月</td><td>二三四、〇〇〇圓</td></tr>
<tr><td>新京—公主嶺間</td><td>六九粁</td><td rowspan="3">康德三年秋竣工豫定</td><td></td></tr>
<tr><td>五常—楡樹間</td><td>五二粁</td><td></td></tr>
<tr><td>伊通—磐石—樺甸間</td><td>一四九粁</td><td></td></tr>
</table>

一〇、文　教

(一) 教育方針

建國以來本省ニ於テハ立國ノ精神及ビ文教部ノ方針ニ則リ省教育方針ヲ定メ以テ具體的實現ヲ期セリ、卽チ

一、王道ノ眞義ニ基キ建國ノ理想ヲ明暢ニシ國家觀念ノ涵養ニ力ム

二、人格ノ陶冶ヲ基本ニシ勞働自助ノ精神ヲ振作シ、以テ道德教育ノ確立ヲ期ス

三、環境ニ卽シ、實生活ニ適應スル教授訓練ヲ施シ以ツテ產業教育ノ徹底ヲ期ス

四、國民生活ニ必要ナル知識、技能ヲ授ケ健全ナル身體發育ノ促進ヲ計ル。

以上ノ教育方針ニ基キ教材ノ一大取捨ヲ行フト共ニ授業ニ當リ常ニ補足的講授ヲナサシメ日語ヲ普及セシムルニモ單ニ語學ノ上達ヲ期スルノミナラズ眞ノ日本精神ノ理解ト日本文化ノ吸收ヲ目的トシ仍ツテ以テ混然タル日滿融和ノ精神ヲ把握セル第二ノ國民ノ涵養ヲナサントス。學校其他ノ施設方面ニ於テハ先ヅ國民普通教育ノ普及ヲ圖ル爲メ事變以來未ダ開校スルニ至ラザルモノノ開校ヲ促進スルト共ニ民衆學校ノ增設ヲモ圖リ、集團部落ニハ複級小學校ヲ設置スルノ方針ヲ採ルノ外私塾、私立學校ヲ指導監督シ小學校教員ノ檢定、諸研究會、講習會ヲ設ケ質的向上ヲ期シ從來文科偏重主義中學校ニ實科ヲ增設シ更ニ農業學校ヲ新設シ工科中學校ヲ充實セシメ產業教育ノ普及ヲ期シ且ツ女子中學校ニ家事、裁縫、手藝科ヲ新設シ以テ第二ノ國民ノ母トシテノ素養ヲ涵養セシメン事ヲ期ス。

(二) 學校教育

學校ノ現勢事變ニヨリ閉校ヲ餘儀ナクサレタルモノモ昨今治安恢復ト共ニ續々開校ヲ見、康德元年度ニ於テ八〇%、同二年度九〇%、同七月現在一一三校ヲ殘スノミトナレリ。現在省內ニハ幼稚園ヨリ專門學校ニ至ル各級學校ヲ合シテ約九百校

及ビ略々ト之ト同數ノ私塾アリ。又就學兒童ハ學齡兒童數ノ約一割五分ニシテ敎育ノ普及ハ尙前途遼遠ナリ。

公私立學校學生、敎員數

（康德二年七月現在）

縣別	校數		學生數	敎員數
	中學	小學		
吉林省立	二	四	四、五五四	二二一
吉林市	一	二七	七、八九九	一五九
永吉	—	九九	八、一九九	二五二
額穆	—	二八	一、八七八	五六
敦化	—	八	一、二七四	三三
樺甸	—	一八	二、二五五	五九
磐石	一	二二	二、二五一	七五
伊通	一	六三	三、四〇〇	一二六
雙陽	—	四七	二、五八一	八五
長春	—	六一	四、二九四	一〇五
懷德	三	一三九	五、一三四	三六二
長嶺	一	一五	一、二一三	三四

乾安	―	一	四五八	八
扶餘	二	三六	五、九四八	一三一
農安	一	二三	四、一〇五	一一三
德惠	―	六〇	三、四四二	九七
楡樹	一	九六	六、三七三	一五一
舒蘭	―	五〇	三、〇〇二	九四
九台	―	八二	一〇、二三三	一二六
郭爾羅斯前旗	―	一	九〇	四
計	二三	八七〇	七八、五八三	二、二九一

尚ホ學校敎育ニ關スル改革ノ主ナルモノハ次ノ如シ。

(イ)學校ノ內容、形體ノ整備　省立學校學生ノ制服制定或ハ改善、徽章、校旗ノ指定ノ外形的整備ヲ行フト共ニ入學試驗、學期試驗等ノ統制改善ヲ行フ從來區々ナリシ入學、進級、卒業ノ標準ヲ定メタリ、又省下全小學校ノ秋季卒業ヲ廢止シ卒業期ノ一元化ヲ行ヒ、從來無統制ナリシ學生ノ轉退學ニ關スル規定ヲ制定シテソノ取締ヲ嚴重ニセリ。

(ロ)敎員ノ素質向上トソノ配置　現在ニ於テ兒童敎育ノ重任ニ當ルベキ敎職員ノ身分待遇ニ關シテハ何等ノ規定ナク、動モスレバソノ素質向上ニ遺憾無キニ非ズ。依テ速カニ規定制定ヲ中央ニ要望スルト共ニ彼等ニ對シテハ自覺ヲ促シ又思想善導監督シ以テソノ向上ヲ計リ、師範敎育重視ノ建前ヨリ從來就職率不良ナリシ卒業生ヲ合理的ニ配置シ不良敎員ヲ淘汰シ、日系敎員事務員ヲ省立各學校ニ悉ク配置セリ。

(ハ)教科書配給　地方農村ノ疲弊ニヨリ之等農村兒童ハ唯出校教授ヲ受クルノミニシテ教科書ハ勿論學用品ヲ所持スルモノハ殆ンニ無キ狀態ナリ。斯クノ如キハ王道建國精神作興振作上一大欠陷タリト云フ可ク依テ康德元年度ニ於テ一七六、七〇五冊ノ無料配給ヲ行ハレリ。同二年度ニ於テモ治安工作ト關聯シテ日語及ビ教經ノ教科書四〇〇〇冊ヲ各縣ニ配給シ、着々ソノ不備ヲ補ヒツヽアリ、

(ニ)留學生　官費留學生、ヲ選拔スルニ當リ從來ノ無統制採用ヲ廢シ、嚴重ナル試驗ヲ課スル事トセリ。中國留學生ニ關シテハ其ノ父兄ヲ招致之ヲ日本或ハ國內ニ變更セシムル事ヲ命ジ大半ハ之ヲ實行セリ。現在中等學校以上留學生ハ官費自費ヲ合シ約百五十名ニシテ其ノ內半數以上ハ日本留學ナリ。

(三) 社會教育

克ク舊來ノ惡習ヲ矯正シ美俗ヲ保持シ優秀、誠實、剛健ナル國民ヲ以テ健全社會ヲ創生スル爲社會教育ハ緊要トナルモノナリ。況ヤ尙ホ文盲九割ヲ占メル現段階ニ於テ一般民衆ノ性情ヲ陶冶シ知識增進、身體鍛錬ニ資セムガタメニハ之ガ發達普及ニ全力ヲ傾倒スルノ要アリ。

(イ)民衆教育館　民衆教育ノ中樞タル民衆教育館ハ民衆學校、圖書館、閱報處、博物館、講演所ソノ他各種社會教育施設ヲ綜合聚集シテ一體トセシセノナリ。只現在ニ於テハ經費ノ不足ヨリ夫々獨立經營、ニ任セネバナラヌ狀態ニアリ、康德二年六月現在デハ民衆教育館ハ十八ケ所、圖書館ハ四ケ所民衆學校五十六、日語學校五ヲ算ス。

(ロ)教育會　教育團體タル教育會ハ舊政權時代ニモ「吉林省教育會規行章程」ニヨリ省並ハ縣ニ組織設置セリ。大同二年十二月之ヲ改組シテ新教育會法ニ據ラシメ內容ノ改善鞏化ヲ圖レリ。本省內ニ滿洲帝國教育會吉林分會以下一市十七縣ニ各支會アリ、職員總數一六五名、會員總數一、六一五名アリ。

(ハ)萬國道德會　本會ハ吉林ニ總分會ヲ置キ分會ヲ漸次各縣ニ增設シ道德ヲ提唱シ、社會福祉ノ增進、風教ノ刷新ヲ宗旨ト

シテ學校經營、施藥、救濟等社會事業ヲ營ミツヽアリ。現在會數三五、會員三、七九四名、學校七、講演所五アリ。

(ニ)童子團　吉林省ノ童子團ハ大同二年十一月、當時ノ教育廳長榮孟枚氏ガ團長トナリ、吉林童子團ヲ組織シタルヲ嚆矢トス。

次ギニ農安、雙陽兩縣ニ同樣組織ヲ見、現在デハ八童子團三三四名ナリ。又此種團體トシテ青年團、青年會、婦女會等アリ之等ヲ合算スレバ五九團體六千名ノ會員アリ。

(ホ)體育　教育廳內ニ體育聯盟吉林省事務局ヲ置キ體聯中央事務局トノ連絡、管內各縣體育運動團體ノ事業補助、各種運動競技會ノ後援、運動競技ノ奬勵、代表選手ノ派遣等ヲ主管トシ、昨年度ハ日滿交驩競技大會ニ於ケル神宮ヘノ選手派遣、體育講習會、建國大運動會、全國スケート大會、體育週間等ノ行事ヲ行ヒスポーツノ發達向上ニ資セリ。

(四)　宗　敎

本省ニ於ケル在來ノ宗教ハ佛教、儒教、道教、回教喇嘛教其他アリ。外來ノモノトシテハ基督教（新舊）希臘教、及猶太教等アリ。斯ク多種ノ宗教モ個々ニ見ルトキ、根底的ニ全國民衆ノ信仰ヲ得タルコトハ尠ク微々タルモナリ、基督教等外來宗教モ其ノ眞ノ信仰ニヨリテ民心ヲ把握セリトイフヨリ附屬事業ヲ基礎トシテ波及シタル經濟的政策的ナルモノナリト爲スヲ妥當トス。

主要ナル宗教ノ概數ハ次ギノ如シ

宗派別	寺院數	信徒數
佛教	一三一	八九、四〇七
道教	一四九	一〇六、五四五
回教	二五	一八、三七七

天主教	二四	一〇、三〇四
耶蘇教	二二	一、八六一

各宗派別ノ概要ヲ述ベレバ次ノ如シ。

(イ)佛教　本省ニ於ケル佛教ハ舊省時代ヨリ比較的普及シ、傳來時期モ相當古ク約二千年前ナリト云フ。爾來盛衰ヲ繰返シ民國初年再ビ興隆セシモソノ微々、各地佛教會ノ本部、支部ノ連絡モ事變後ハ之ヲ斷チ活動ヲ休止スルニ至レリ。佛教ニ關スル慈善事業ニ廣濟慈善會、五義慈善會、中國佛教教會アリ。

(ロ)道教　老子ヲ祖トシ元來宗教ト稱シ得ザルモ後世偶像ヲ設クルニ至リ教派モ生ジ冠婚葬祭ヲ行フコト、ナレリ。本省ニハ龍門派多ク隨所ニ其ノ廟宇ヲ見ル、ソノ寺院ヲ觀、宮、廟（娘々廟城隍廟）ト稱シ、苟クモ滿洲人ノ住居スル都邑ニハ之ヲ見ザルナキ普及狀態ナリ。

(ハ)儒教　吉林ニ初メテ傳來セシ時期ハ隋唐ノ時代ト推定シ往時漢旗文化ノ進出ト共ニ相當普及スルニ至レリ、ソノ後一時中絶ノマヽ、清朝ニ至リ再ビ其ノ文化ヲ滿洲ニ移セリ。建國ト共ニ澎湃トシテ孔道研究興リ、其ノ黎明期ヲ現出セル觀アリ。右ノ歷史ニ徴シ文廟モ建立比較的新シク數モ少イ本省ニハ長春文廟、永吉文廟、農安文廟、德惠文廟、伊通文廟、雙陽文廟扶餘文廟、懷德文廟等アリ。

(ニ)回教　教徒ノ多クハ下層階級ニ屬シ、永吉長春縣下ニ行ハレ、清眞寺禮拜寺トシテハ吉林、新京、農安、扶餘、ノモノガ有名ナリ。

(ホ)基督教　滿洲進出ニハ悠久ノ歷史ヲ有シ、天主教ハ一八三八年佛人宣教師ヲ滿洲ニ派シ布教セシタリ、長老會ハ民國前四十四年頃英人ニヨリ布教ヲ行ハレリ。附屬事業ニ學校、病院、青年會等アリ。

以上述ベタル外ニ家裏家、在裏教、紅萬字會、大本教等アルモ悉ク微々タルモノナリ。

一一、社會

（一）社會事業

滿洲國ハ王道立國ヲ國是トシ建國以來民衆ノ爲メ政治ヲ標榜シ國利民福ヲ計リ、特ニ社會事業ハ其ノ社會行政上ノ重大事業タルニ鑑ミ民衆ヲ災害ヨリ救ヒ人民ノ福祉ヲ增進シ來レリ。建國以降本省內（舊吉林省當時ニ溯ル）ノ實施シタル救濟事業ヲ見レバ大同元年六、七月ノ交北滿一帶未曾有ノ水害ニ遭遇シ罹災民六〇萬ノ多キニ達シ、省公署ハ東北水災救濟委員會ヲ組織シ救濟員ヲ派遣、窮民收容所ノ急設ト共ニ粟（九、〇〇〇石）塩（一、八五〇袋）等ヲ配給シ經費ニ三〇、二四〇圓ヲ投ジ救濟ニ充テタリ。而シテ之ガ全面的救恤資金トシテ省公署ヨリ總計四四三、〇〇〇圓ヲ醵出セル外執政御下賜金五萬圓、中本省割當一萬圓、省長一萬圓、中央北滿水災救濟委員會救恤費五〇萬圓中ヨリ本省割當五萬圓、計五一〇、〇〇〇圓餘ヲ配給シ、專ラ罹災民ノ救濟ニ努メタリ。又冬季ニ入リ、酷寒ヲ控ヘテ衣食住ナキ被害民ノタメニ更ニ二十一萬圓ヲ醵出シテ衣服食料ノ配給ヲナセリ。

更ニ康德元年六、七月ノ交一月餘ニ亙ル降雨ニヨリ省內ニ貫流セル諸川ノ氾濫ヲ來シソノ被害豫想外ニ甚ダシキモノナリ此ニ於テ省公署ハ水災籌賑委員會ヲ召集シ應急對策ヲ講ズル所アリ。中央ニ對シテハ救濟案ヲ作成シ救濟費令達方ヲ申請セリ。之ニ對シ中央ヨリ取敢ヘズ十六萬圓ノ發給ヲ受ケ、又復舊事業費トシテ約三萬圓ヲ申請シ之ヲ各縣ノ實情ヲ參酌シテ特ニ必要ト認メタル十八縣ニ分配セリ。更ニ　皇帝陛下ニ於カセラレテハ特ニ水災ニ對シ御宸襟ヲ惱マシ給ヒ御內帑金六千圓ヲ下賜アラセラレ皇恩ヲ廣ク省民ニ分ツベク被害程度ニ關係ナク各縣二百圓ヲ三十縣ニ配給セリ。然ルニ水害ト冷害ノ爲メニ農作ハ不作ヲ來タシ冬季ニ入ルヤ食料ノ不足續出シ春耕期ニ入リ既ニ播種種子ノ欠如ヲ來タシ翌年度耕作ニ影響スル事アルベキヲ慮リ省當局ハ金融合作社ニ依ル資金ノ融通ヲ促シ漸ク春耕ノ緒ニ就クヲ得タリ。然ルニ本年六、七月所謂青黃不接ノ期ニ至ルヤ民食愈々欠乏シ遂ニ磐石、樺甸兩縣等ハ餓死者續出スルノ慘狀ヲ來シ、中央、省並ニ縣當局相呼應シテ救濟米ノ發給、義捐金ノ募集等ニ狂奔シ又復舊工事ニ着手シ凡ユル救濟策ヲ講セリ。然ルニ康德二年度正月以降ハ前年度ノ被害ニヨリ省下大多數ノ縣ニ於テハ食糧ノ不足ヲ來シ、全ク草根木皮ヲ食スルノ外ナキ悲慘ヲ隨所ニ現出スルニ至レリ。故ニ省ハソノ窮狀ヲ詳細調査ノ上一括シテ中央ニ對シ之ガ救濟方ヲ要求、三月以降前後五回ニ亘リ合計四萬一千四百五十一石ノ救濟粮穀ノ發給ヲ受ケ、直チニ窮乏各縣ニ貸付ケタリ。勿論貸付ケタルモノニシテ康德二年末迄ニ返却セシメ之ヲ義倉ニ積穀トシテ保管スル事ニナレリ。而シテ右ノ如キ極貧者ニ對スル現物救濟ノ外永吉、敦化、樺甸、磐石、雙陽、九臺、楡樹、舒蘭ノ八縣ニ平糶會ヲ組織セシメ、右ニ要スル資金三十萬圓ヲ中央ノ斡旋ニヨリ中銀ヨリ借款シ、粮穀ノ購入ヲナシ、平糶ヲ實施セリ。更ニ敦化、磐石、樺甸、伊通、德惠、舒蘭六縣ニ對シ春耕資金三十二萬五千圓ヲ借出シテナセリ。尚ホ中央ヨリ分配シタル官吏義捐金二千四百圓、一般ヨリ募集シタル災害義捐金一萬二百圓ハ夫々左表ノ如ク各縣ニ分配シ、更ニ省トシテハ從來縣ニ於テ保管シアル積穀ハ必要ニ應ジ之ガ貸出シ又ハ放賑ヲ認メル事トシ各縣ヨリノ要求ニヨリ放賑ヲ認可セル數量左ノ如シ。

吉林省各縣災民救濟表

市縣名	貸糧	耕貸農款	平糶貸款	官吏義捐金	一般義捐金	積穀
吉林市	四一七石	円	円	五〇〇円	円	
永吉縣	二、六四一		六〇、〇〇〇		一、二〇〇	三八九、四六〇
額穆縣	二、五〇二				一、〇〇〇	四〇一、九九八
敦化縣	三、一九七	四〇、〇〇〇	三四、〇〇〇			一八〇、〇〇〇

樺甸縣	三、四七五	四〇、〇〇〇	五〇、〇〇〇		一、八〇〇	三四四、二九〇
磐石縣	一四、八七三	三五、〇〇〇	四〇、〇〇〇		四、四〇〇	一〇六、〇一〇
伊通縣	五、六八八	五〇、〇〇〇			一、二〇〇	一、五四〇、〇〇〇
雙陽縣	二、一二五		三〇、〇〇〇		六〇〇	二六〇、四八〇
九臺縣	二七八		二六、〇〇〇	二八〇		九三三、六〇〇
長春縣				二六〇		三七九、〇〇〇
懷德縣	三、〇五八					
長嶺縣				二八〇		三〇〇、〇〇〇
扶餘縣				二八〇		
農安縣				二六〇		三、〇六八、七七五
德惠縣		八〇、〇〇〇		二八〇		六三四、八〇〇
楡樹縣			二、〇〇〇〇	二六〇		七四三、八二〇
舒蘭縣	三、一九七	八〇、〇〇〇	四〇、〇〇〇			
計	四一、四五一	三三五、〇〇〇	三〇〇、〇〇〇	二、四〇〇	一〇、二〇〇	九、二八二、二二三

（二） 社會事業團体

本省ノ社會事業團体トシテハ官營ニ屬スルモノト民營事業トニ分チ吉林市初メ各縣内ニ大小區々ニ存置シ、民營事業ノ主ナルモノハ世界紅卍字會、萬國道德會、理善勸戒烟酒會、世界大同佛教會、博濟慈善會、五台山向善普化佛教會等ニシテ官營事業トシテハ國立病院、游民習藝所、養濟所、濟良所、救濟院等アリ。今吉林市ノ主ナルモノヲ擧グレバ左表ノ如シ。

吉林市官營民營社會事業團体一覽表

官民營社會事業團體一覽表

吉林市

	名稱	設立者	目的	成立年月	事業及設立內容
官營事業	吉林國立醫院	大同元年九月一日省立病院として引繼かれ康德元年七月一日國立移管となる	價價又は無料を以て患者の治療をなす	光緒三十四年七月	醫療事業に從ひ現に醫師十名、藥劑士二名、看護婦十二名、其他使用人六十數名あり、國內醫療機關中最も完備せるものである別に醫學校を附設す
	永吉縣游民習藝所	永吉縣公署	游民及阿片中毒者其他を收容し、之に技術を習得せしめて自活の途を與ふ	民國十六年九月	木工科、織布科、縫級科、印刷科製鞋科、金工科等あり現在收容人員約三十名
	養濟所	永吉縣公署	窮民救濟並に孤兒養育	乾隆三十七年十月	現收容人員二百餘名
	濟良所	吉林省警察廳	娼妓生活を厭ふ妓女虐待驅使に堪へざる妓女等を收容保護する	民國二年三月	現收容人員七名、讀書、識字、學習、手工等を授く
民營	萬國道德會吉林總分會	王可耕杜知新	道德心振興	大同二年八月	宗派は儒教にして會員一百三十名道德宣講、疾病治療、子女教育等を行ふ
	世界紅卍字會吉林分會	魁覺空	災患救濟及び世界和平促進	民國十一年六月	儒、釋、道、耶、回五教合同し貧民救濟、施粥廠、難民收容所を設け施衣、施藥、施粥を行ふ

事業				
吉林廣濟慈善會	趙憲章	貧民救濟慈善執行	民國十一年十一月	冬季施粥、施衣を行ひ又死者埋葬供養等をなす別に育嬰堂を附設す
吉林省城慈善院附屬育嬰堂	吉林廣濟慈善會	貧困子女、孤兒及私生兒收容	民國十四年三月	育嬰堂、貧兒學校、簡易工廠等を建て無告貧困子女の救濟に任ず

(三) 協和會

一、協和會ノ使命及機構改組

滿洲帝國協和會ハ滿洲建國直後建國精神ノ作興ト民意ノ暢達ヲ圖ルベク大同元年七月二十五日正式ニ發會シ、爾來今日ニ至ル迄五星霜ヲ經過シ、ソノ間創設ノ使命ニ基キ、新興國民ノ精神作興、國民生活ノ向上、及ビ宣德達情等工作ヲ實踐シ國家ノ飛躍的建設ニ貢獻スル所頗ル大ナルモノアリ。康德三年七月成立第五週年紀念日ニ當リ滿洲國ノ現狀勢並ニ世界ノ大勢ニヨリ一層建國精神ノ昂揚ヲ必要トシ、茲ニ道義ニ依ル五族民衆ノ緊密ナル國民的結合並ニ道義建國ノ大精神ヲ世界ニ弘布セントスル此ノ曠古ノ大業ヲ使命トシ任務トスル協和會ノ飛躍的活動ハ森嚴ナル歷史的必然性ニ基キ益々重且ツ大ナリ。遂ニ協和會ノ組織機構ヲ改組シ、新シキ体制ノ下ニ活動ヲ開始スルニ至レリ。

今滿洲帝國協和會ノ綱領並ニ工作方針ヲ述ベレバ次ノ如シ。

滿洲帝國協和會綱領

滿洲帝國協和會ハ唯一永久、擧國一致ノ實踐組織体トシテ政府ト表裡一體トナリ。

一、建國精神ヲ顯揚シ。

一、民族協和ヲ實現シ。

一、國民生活ヲ向上シ。

一、宣德達情ヲ徹底シ。
一、國民動員ヲ完成シ。
以テ建國理想ノ實現、道義世界ノ創建ヲ期ス。

工作方針

本會ハ綱領ニ基キ次ノ工作方針ヲ定ム。

一、精神工作

東方道德ノ眞義、日滿不可分關係ノ眞髓ヲ全國民ニ理解信仰セシメ建國精神ヲ徹底シ國民思想ヲ統一ス。

二、協和工作

國民中ニ核心的指導力ヲ確立シ是ニ依リ民族相互間ノ軋轢、摩擦ヲ調整シ、各民族ヲシテ各其ノ處ヲ得セシメ其ノ福祉ヲ增進セシメツヽ、國民的融合ヲ圖ル。

三、厚生工作

建國ノ精神理想ヲ經濟生活、社會生活ノ上ニ實体化セシメ、百業ノ振興、國民生活ノ安定、向上ヲ圖ル。

四、宣德達情工作

國民ノ眞正ナル情意ヲ調査シテ之ヲ上達シ、上意ヲ下達シテ國民ヲシテ衷心ヨリ國政ニ悦服セシム。

五、組織工作

全國民ヲ動員シ訓練シ組織シ、官民一致、上下一体ノ渾然タル國民的組織体ヲ結成ス

六、興亞工作

建國精神ヲ擴充シテ汎ク東亞ニ及ボシ、亞細亞諸民族ヲ覺醒興起セシム。

二、吉林省本部及縣市本部ノ結成

本省ニ於テハ滿洲帝國協和會改組ノ規定ニ依リ康德三年九月十五日承德四週年紀念日ヲトシ、一齊ニ省本部並ニ縣市本部ノ結成ヲ完了シ、現在市本部ニ於テハ四三分會約二萬人ノ會員ヲ有シ、各縣共ニ逐次分會ヲ結成シテ會員モ漸次ニ增加シ愈々協和會運動ノ實績ヲ擧ケツヽアル狀況ナリ。今本省管下會勢一般ヲ示セバ次ノ如シ。

吉林省本部管下會勢一覽表

（康德三年九月末現在）

縣（市旗）本部別	分會數 結成	分會數 未結成	會員數	摘要
◎吉林市	四三	〇	二一、六七九	九月十五日市本部成立分會改組ニヨリ從來分會ハ地域的分會ニ編入ス 今後之ヲ基調トセラレ度シ
◎永吉縣	三八	七四	一五六、四六九	
額穆縣		五	四六九	八月末現在
敦化縣	四	三	五三九	八月末現在
◎樺甸縣	一三		一、七七九	八月末現在
◎磐石縣	五五		一、六九八	
伊通縣				
◎雙陽縣	七		一、七〇一	
◎九台縣	一	一〇	三、一一五	先月末總數及ヒ本月擴大數ニ相違アルハ一部分會ニ於テ以前入會者モ新入會トシテ取扱ヒタルニヨル

◎ 長春縣	一一	六	五、七七三	
◎ 懷德縣	八		二、〇一六	八月末現在
長嶺縣	一		一五一	長春縣本部報告
乾安縣				
◎ 扶餘縣	六	一一	二、六〇五	八月末現在
◎ 農安縣	七		二、一七九	八月末現在
徳惠縣	五		九七五	八月末現在
楡樹縣				
◎ 舒蘭縣	一六		三一、三六四	
郭爾羅斯前旗				
	二一五	一〇九	二三二、五三〇	

備考 1. 八月末現在トアルハ機構擴大ニ伴フ縣本部結成前ノ報告ナリ

2. 伊通、長嶺、乾安、楡樹、郭爾羅斯前旗ハ從來辦事處ヲ設置ス去ル九月十五日ヲ以テ縣本部成立セリ

3. ◎印ハ會工作ノ浸透セル地域ナリ

二、治安及警察行政

（一）治安肅淸工作概況

本省ハ由來其ノ地理的環境ト歷史的特殊性ニヨリ匪賊蟠踞ノ巢窟トシテ知ラレ特ニ建國當初ハ滿洲事變以來潰亂兵、保安隊、自衞團等ノ背反匪化セルモノ及土匪團ノ蜂起等ノ爲メ極度ニ治安紊亂シ大同元年夏季ハ其數十五萬ノ多キニ達セリ。之ガ肅淸ノタメ日滿軍警一致協力シテ討伐ニ當ル、ト共ニ縣治安維持機關ノ淨化統制ヲ行ヒ警務機構ノ基礎ヲ確立シ以テ匪賊ノ蠢動、反抗分子策動ノ餘地ナカラシムルト同時ニ軍警ノ素質向上並ニ能力增進ヲ圖リ逐次治安維持ノ主任務ヲ擔當セシメル方針ノ下ニ大同二年六月十日中央治維持會設立セラレ、省ニ於テハ從來ノ淸鄕委員會ヲ廢シ省治安維持會ヲ設置スル事トナレリ。之ニ依リ縣旗警務機構ノ淨化整備、地方不正規武裝團體ノ解除、從來ノ職業的自衞團ノ解除ト保甲連坐制ニヨル自衞組織ノ促進、戶口調査ノ勵行、隱匿武器ノ回收、警備通信網及ビ道路ノ完成等ニ務ムルト共ニ他面討匪工作ニ伴フ政治宣撫工作ヲ實施シ、漸次治安工作ノ實績ヲ奏シツヽアリタルモ康德二年ニ入リ匪亂依然トシテ已マズ依蘭ノ謝文東事件、大刀會匪、珠河縣一帶ノ中國、仁義、森山等合流匪、伊通、磐石地方ニ於ケル共產匪、青通匪ノ合流、京圖、奉吉沿線ノ鐵路襲擊ノ續出等々枚擧ニ遑アラズ、幸ニ治安維持會ハヨク軍部ノ討伐ト相伴フ諸工作ヲ行ヒ爲メニ全面的ニ影響ヲ蒙ル如キ匪害ハナカリシ。

次ギニ康德元年ノ十二月地方制度ノ改革ニ依リ管轄區域縮小セラレ、從來治安上最モ厄介視サレタル間島地區、依蘭地區濱江地區、及綏寧地區ハ夫々間島省、三江省及濱江省ニ分讓セラレ本省ノ匪賊地帶トシテ主ニ東部山林地帶ニ限ラルヽ事トナレ。卽チ敦化東方縣境ニ出沒スル共匪、舒蘭東北縣境ニ跳梁スル德林匪、樺甸、額穆、敦化縣境ニ蟠踞スル雙勝周太平匪、磐石縣ノ紅軍等ニシテ康德二年九月ニ至リソノ總數ハ一萬五千ト稱セラレ同年秋季大討伐ノ實施、保甲制度ノ確立、民間武器ノ回收並ニ集團部落ノ建設等ニヨリ匪民分離工作ヲ徹底セシメ、匪賊ノ銃器、彈藥及ビ食糧ノ補充ヲ遮斷シ匪勢ハ著シク衰微ニ至リ匪數モ激減セリ

然シテ本年八月ニ於テハ行動範圍ヲ縮少セラレタル匪團ハ一面共匪、政治匪ニ變シ兇惡ナル思想ヲ抱クト共ニ小匪分立ノ不可ヲ自覺シ大集團的傾向ヲ示シ東部省境地帶タル樺甸、敦化ノ東部地區ニ蟠踞シ居リタルモ我等ノ肅正討伐ニヨリ安圖撫松方面ニ逃走シ匪數ハ著シク減少シ十月中ニハ延匪數約二千名（出現回數九三）トナリ、十月以來東部各縣ニ對シ討伐ヲ實施スルト共ニ共匪ニ對スル思想的根本破壞工作並ニ治安道路、通信網ノ佈設集團部落建設工作等ヲ主トスル特別治安肅正工作ヲ實施セシメ十月上旬ヨリ二ケ月ノ豫定ヲ以テ省ヨリ工作指導班ヲ派遣シ之ガ徹底ヲ期シツヽアリ。

（二）　警察行政

治安工作ハ福利行政ノ基礎工作ニシテ殊ニ本省ノ如ク建國以來最モ治安紊亂セル地方ニ於テハ治安確立ノタメニ警察行政ハ最モ重要ナルノミナラズ、現在日本帝國ノ我國ニ於ケル治外法權ノ撤廢ヲ目前ニ控ヘ、警察行政ノ改善刷新ハ一層其ノ重要性ヲ認メルモノナリ。

今本省ノ警察行政ノ概要ヲ述ベレバ次ノ如シ。

一、警察機構ノ整備強化

康德二年度ニ於テ縣警務隊ヲ軍政部ニ移管シテヨリ各縣ノ警察力ハ治安狀勢ニ應ジ編成改組或ハ増減ヲナシ、現在吉林警察廳及ビ各縣警務局ニハ警察署**一一七**署人員合計**八、二八一**名（日系**二四六**名ヲ含ム）ヲ有シ、之等人員裝備給與等ニ關シ左ノ諸點ニ注意シ改善向上ヲ圖リツヽアリ。

（イ）行政警察官定員ノ増加　行政警察官ノ定員ハ素質待遇改善ト密接ナル關係ニアリ、管内ノ廣狹、地勢、交通、通信、戸口分布、地方産業、住民ノ性情殊ニ治安關係ヲ考慮シ決定スベキモノトシ、中央ニ於ケル規定ヲ基準トシ地方實情ヲ參酌

シ都市人口二百名、地方人口五百名ニ對シ夫々警察官一名ノ割合ニテ定員ノ合理化ヲ行ヒ全省ノ統制ニ資セリ、尚ホ警察ノ改善事務ノ圓活ヲ圖ルタメ日系警察官ノ増員ヲモ實施セリ。

(ロ)教育訓練　警察訓練所ヲ各縣ニ設ケ警察精神ノ徹底訓練、實際的智能技術及ビ威力警察官タラシムル爲メノ武術訓練等ヲ施シ、素質向上ヲ圖ルト共ニ從來縣公署中心主義ヲ廢シ、逐次警察署長ノ權限ヲ擴大シ教養充分ナル署長ノ配置ニ依リ署長中心主義確立努メ、ソレガタメ教養ヲ目的トスル署長ノ會同、單獨召致諸状況ノ聽取、署ノ監督巡視、賞罰其ノ他執務ニ對スル責任觀念ノ養成等ニ最善ノ努力ヲ拂ヒ來レリ。

(ハ)待遇改善　待遇ハ士氣活動ノ基礎ヲナシソノ素質ニ至大ノ影響ヲ及ボスモノニシテ之ガ改善ヲ考慮シ、被服、俸給、旅費、治療費等細目的制度ヲ規定シ他方淘汰、進級、拔擢、補充ノ適切ヲ期シ人事刷新向上ヲ計レリ。

(ニ)統制確立　縣警察機關ノ統制ハ警務局長ヲシテ任ゼシムル事トシ、首席警務指導官ガ直接輔佐シ任務遂行ニ當ラシム、行政警察、補助機關タル保甲牌自衛團等ノ系統ハ全テ警務局長ノ統制ニ入ルヽ事トシ本方針ヲ以テ統制ノ確立鞏化ヲ計レリ。

(ホ)裝備改善　現在滿洲國ノ過程ニ於テハ行政警察官ト雖モ當分相等ノ武裝ヲ整フル必要アリ、現在警察用銃器ハ概ネ舊式ニシテ機能低劣ナルモノ多ク之ガ改善ヲ圖ルト共ニ警備電話ノ架設モ万般ノ裝備充實ニ邁進シツヽアリ。

二、警察補助機關ノ整備指導

(イ)保甲制度ノ確立　本制度ノ確立爲メ各縣ニ保甲指導員養成所、保甲訓練所等ヲ設置シ保甲法ノ眞義徹底ヲ期シツヽアリ、尚ホ今年度ニ於テム街村施行ノ準備工作トシテ將來保甲制ヲ街村制ニ吸收スベク保甲ノ組織編成ヲ實施中ナリ。

各縣保甲制度實施状況ハ次ノ如シ

保甲制度實施狀況表

（康德三年十二月末現在）

廳縣名	警察區數	保甲數 保數	保甲數 甲數	保甲數 牌數	自衛團數 團數	自衛團數 團員數 無給 常備	自衛團數 團員數 無給 預備	自衛團數 團員數 有給	自衛團數 團員數 計
吉林	三	三	三六	一、五五一	三六	三六四	六、六九〇		七、〇五四
永吉	八	八	一〇九	七、二九六	五三	一、六〇〇	三七、三九〇	一、六七〇	三八、九九〇
額穆	六	一七	九二	一、〇九七	七八	二九二	五七八	九七二	一、八四二
敦化	七	七	六四	七三〇	五五	五三三			五三三
樺甸	八	八	六〇	三、〇六四	五四	一、五一三	四、一〇六		五、六一九
磐石	六	一六	一六七	三、一六〇	一二九	一、七一三		二、六五〇	一、七一三
伊通	七	八	七五	四、四八六	六八	五六五		一、三一二	五六五
雙陽	六	三	一六三	三、四八三	三	四〇七	四二〇		八二七
九臺	七	六	四八	四、二四〇	四七	四九五	二、二四七		四九五
懷德	八	五二	四八二	四、六四六	五二	二、六二九	三六三		二四、二五〇
長嶺	八	八	二六八	一、一三二	三〇	五〇〇		六〇八	五〇〇
乾安	四	七	七八	八二七	七	一九六	二五〇	一九六	一九六

扶餘	八	八	八〇	五、八四四	三六	一、一二〇		一、一〇二	一、一二〇
農安	五	三	八二	三、一〇〇	二五	六三			六三
德惠	六	三三	一六七	二、六六四	三三	八六三	三三		一、一六
楡樹	二	二	七八〇	七、五五八	六三	八九〇		四八	一、三八二
舒蘭	六	一六	一八五	二、五四九	九二	一、五七七	七、五三九	八〇九	一、五七七
合計	二四	二九	二、七〇五	二三、八八七	九四八	一五、八六八	六五、〇八四	一、四二九	八八、四〇一

（ロ）自衞團ノ整理强化　從來ノ保甲制度ニヨル自衞團ヲ漸次ニ理理シ、眞ニ愛鄕的義務觀念ヨリスル犧牲奉仕ノ本則ニ副ハシムベク努力シ又常ニ警察署長ノ掌握ヲ確實ニシ之ヲ指導指揮シテ連絡ソノ他ニ改善ヲ加ヘ自衞團ノ組織强化ニ努メタリ。

（ハ）集團部落　由來吉林省ハ地理的並ニ歷史的ニ複雜ナル特殊事情ヲ有シ、治安尙定マラザルモノアルヲ以テ之ガ對策トシテ被害民救濟及地方治安維持ト地方行政ノ確立ヲ兼ネタル施設ノ急速實現ガ叫バレ玆ニ匪民分離ヲ行ヒ、匪團ノ絕滅ヲ期スルニハ集團部落ノ建設ニ在ルヲ以テ。康德元年度ヨリ額穆、磐石、雙陽、伊通、敦化、樺甸舒蘭、永吉諸縣ニ其ノ建設ニ着手シタルガ所要經費ノ不足、ト建設工事ノ欠陷、匪團ノ勢力等ニ壓セラレ屢々襲擊ヲ受ケ建設數ヲ致フルニ足ラサリシカ康德二年度ヨリ建設補助金三〇、九一五円ヲ交付シ重點ヲ東部各縣ニ指向シ其ノ建設工事ニ着手セシメ更ニ本年度ヨリ三年計劃ヲ樹立シ其ノ完全ヲ期ス事トセリ、

現在省下集團部落建設狀況ハ次ノ如シ。

吉林省集團部落數一覽表

（康德三年九月一日現在）

縣名	自康德元年至康德三年計劃 康德元年	〃 二年	〃 三年	全上中完成未完成數 未完	完成	康德四、五年度計劃數 康德四年	〃 五年	備考
永吉	一	三	一三	一四	二	｜	三	未完中現在工事中ノモノ十三ヶ所
額穆	一四	一六	三二	一六	四六	一九	｜	未完ハ現在全部工事中 上欄ノ他ニ自立一二三箇所（現在着工中ヲ含ム）アリ
敦化	｜	三二	三〇	四三	一九	二一	二	未完四十三中現在工事中ノモノ三十一ヶ所既設中集家セルノミ圍壁ナク新シク建設ト同様工事ヲ要スルモノアリ
樺甸	｜	二一	一四	二八	七	八	二一	未完中現在工事ノモノ二十七ヶ所 他ニ着工中自立 二二三箇所アリ
磐石	一七	一	一六	一九	一五	五	一三	未完中現在工事中十七ヶ所 上欄ノ他ニ自立、未完成 二一四 計劃 康德三年度 二〇〇 康德四年度 二〇〇 康德五年度 二〇〇
伊通	｜	二	四	｜	二	｜	｜	
農安	｜	一	三	四	一	｜	｜	完成部落一ヶ所ハ鐵路自警村ナリ
德惠	｜	一	四	五	一	六	二	

榆樹	—	—	七五	七五	—	—	—	他ニ康德三年度計劃自立二一六箇所アリ
舒蘭	一四〇	二九五	一〇	一九七	二四八	九	一〇	未完中現在工事中ノモノ一八七ヶ所
計	一七一	三七二	二〇一	四〇一	三四一	五八	四一	未完、計四〇一ヶ所中現在工事中ノモノ二八五
備考	永吉、額穆、敦化、樺甸、磐石ノ五縣ハ指定ノミヲ計上シ他ハ指官自立合算計上ス							

七〇

吉林省全圖

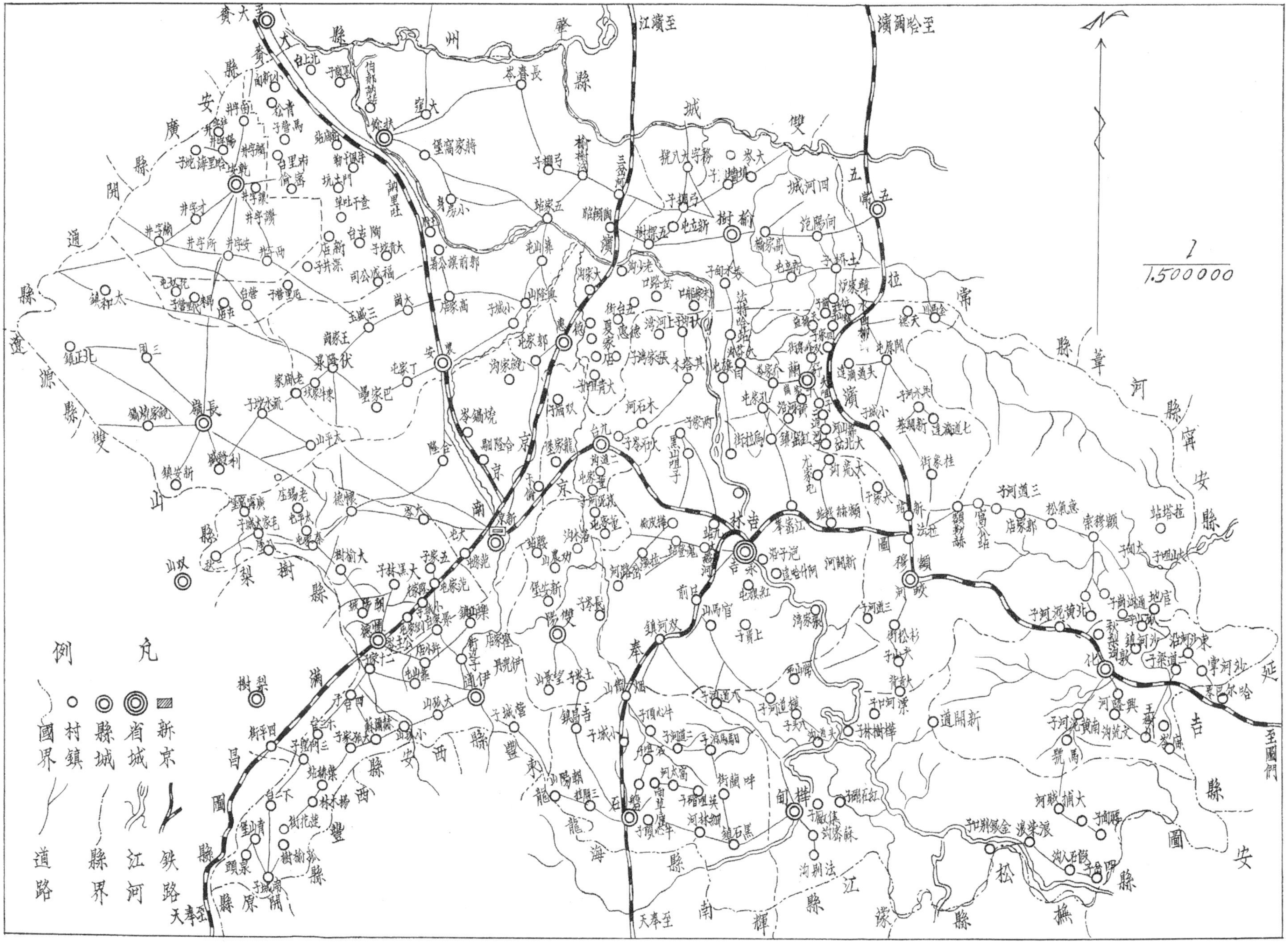

康德三年十一月一日印刷

發行者　吉林省公署總務廳總務科

印刷所　日滿印刷社

印刷人　大高和三

2

「満洲国」地方誌集成

第４巻　新吉林省概説／吉林省概説

2018年５月15日　印刷
2018年５月25日　発行

編・解説　ゆまに書房出版部
発行者　荒井秀夫
発行所　株式会社ゆまに書房
〒101-0047　東京都千代田区内神田2-7-6
電話　03-5296-0491（代表）

印刷　株式会社平河工業社
製本　東和製本株式会社
組版　有限会社ぷりんてぃあ第二

第４巻定価：本体18,000円＋税　ISBN978-4-8433-5375-2 C3325
◆落丁・乱丁本はお取替致します。